全国マン・チン分布考

松本 修
Matsumoto Osamu

インターナショナル新書 030

本文の記述について

① 引用文中の傍線と、文字の囲みは、すべて原典にはないもので、特別に注目して読んでいただきたいため、適宜、筆者が付したものです。

② ふつう「江戸時代」と呼ぶところを、「徳川時代」という表現に統一しました。これは、上方の京・大坂と対比される「江戸」という一都市と、「江戸時代」をはっきり区別して理解していただきたかったからです。したがって敢えて「江戸社会」と述べている場合は、東京の旧名称である「江戸」という都市社会に限定されます。

③ 「京都」のことを、現代を描く場合にも、ときおり伝統的な「京」と書いています。今も「京おんな」「京ことば」といった表現がありますが、筆者の出身地である江州(滋賀県)では、「京都」そのものを、「京」と呼びならわしてきました。そのいちばん自然な表現を、この本にも用いました。

分布図の作図について

① 分布図の作成に当たっては、見やすさを考慮し、一市町村に複数の語彙が共存する場合、「併用処理」(地域語を優先すること)を適用しました。

② 同様に見やすさを考慮し、同じ表現の市町村が連続する場合、数市町村をまとめてひとつの記号で示しました。

③ なお、すべての分布図は、筆者の指導のもと、山本静が作成しました。

目次

はじめに

この本は、一九九五年にテレビ番組『探偵！ナイトスクープ』に寄せられた二四歳の京都の独身女性からの依頼に対して、普段のように番組の中で「探偵」を派遣して応《こた》えるのではなく、この番組を独自のアイデアで企画して、今もなおプロデューサーの一角を占めている私、松本修自身が、こうして文章の形で、全力を込め、正面切って応えようとするものです。


京都の母が送ってくれたお饅頭がなくなったので、東京・新宿のオフィスで、

「私のおまん、どこにいったか知りませんか？」と、たずねました。

「私のおまんがないんです」

「おまえ、昼間っから何言ってんだ！」

職場では大騒ぎ。京都では「おまん」は、主に女性が使う、キレイで上品な言葉なのに。

もうこんな、恥ずかしい思いをするのは嫌です。

「全国アホ・バカ分布図」みたいに、その言葉の全国方言分布図を作ってもらえませんか。

そういった趣旨の依頼でした。この女陰《じょいん》を意味する言葉は、依頼者自身はまったく知らなかったのでしょうが、じつは「放送禁止用語」です。日本国憲法で「表現の自由」が保障されているとはいうものの、テレビやラジオは、その公共性を鑑み、「自主規制」している代表的な言葉のひとつなのです。依頼者には申し訳ありませんが、テレビ番組では絶対に採用できません。しかし、本でなら応えられる。テレビでできないことは、本でやってみせよう。

依頼から二三年も経って、ようやく私は、長年の宿願に決着をつけるために、ついに腰を上げることにしました。「オマンコ」、さらにこれと対《つい》をなす「チンポ」という言葉の謎は、いまだどの言語学者によっても、明らかにされていません。この謎の闇は深遠でした。女陰・男根語の世界こそ、日本における残された数少ない、たぶん最大の、人文科学の秘境だったのです。その未踏のジャングルに、私はたったひとり足を踏み入れることになりました。

女陰語は、日本で、どのように分布しているのか。その分布は、どのようにして成立したのか？　それがこの本の第一番のテーマです。

しかし、そのことと同様、さらに興味深いのは、私には次のようなことに思えます。

女陰語は、今、なぜ大っぴらに口に出せないのだろうか？

男根語である「オチンチン」「チンポコ」「チンポ」などならば、テレビでも、ネットでも、ときにかわいらしく、愛らしくさえある言葉として、日常的に口に出すことができるというのに……。もちろん、こうした男根語は、放送禁止用語ではありません。しかし、女陰語は、それが地方語であったとしても、絶対的にタブーである。どうして男女でこんな差があるのでしょうか。これこそ、男女差別の典型ではないでしょうか。

女陰語とは、それほどまでに神聖にして侵すべからざる言葉だとみなされてきたからでしょうか。いや、けっしてそうではないでしょう。それとはまったく逆に、この世で最もいやらしく、下品の極みの言葉とみなされ、何人《なんぴと》であれ、いっさい世間的に関わるべからざる言葉とみなされているからなのではないでしょうか。おそらく、これが実態でしょう。

実際女陰は女性の魅力的な身体美の一部を構成するものであるにもかかわらず、それを表す語はいつしか忌まわしきタブーの言葉とされ、口に出すのさえ憚《はばか》られる、「卑猥」きわまりない最低の地位にまで落とされてしまったのです。

そんな悲惨な運命を生きている日本の女陰語の代表、「オマンコ」とはいったい何なのでしょうか？　そして、その対でありながら、いともかわいく、愛すべき名称である「チンポ」「オチンチン」とは、いったい何なのか？　それぞれどういうルーツを持ち、どういう運命をたどって今に至った言葉なのでしょうか？

特に、気になるのは「オマンコ」を始めとする女陰語です。それらは、日本では最初から「はしたない」「汚い」「下品な」言葉とみなされてきたのでしょうか？

昨今、性教育の重要さが言われている中にあって、残念ながらこんな大切なことが、今まで小・中学校や高校、大学など教育の現場で、歴史上一度も、教えられることがなかったのです。仮に教えたいと思う奇特な先生が現れたとしても、先人の言語学者の中で、この言葉をまともに研究対象とした学者は、日本にただのひとりも存在していませんでした。

この本では、日本の歴史の中での「オマンコ」「チンポ」、さらに今は地方語として生きる、かつての中央語（京のことば）で女陰を意味する「ホト」「ダンベ」「マンジュー」「ヘヘ」「ボボ」「チャンベ」「オメコ」「オソソ」、あるいは男根を意味する「ヘノコ」「シジ」「マラ」「カモ」「チンボー」など、さまざまな語の、目まぐるしく京の都で繰り返された、まさに「栄枯盛衰の歴史」の跡を、全国方言分布図を解読することによって子細にたどります。そして、それぞれの言葉のルーツを明らかにし、そういった言語表現のアイデアを敢えて思いつき、また喜んでこれを受容してきた日本人の、「まっとうで美しき、よき心のさま」を解明しようと試みるものです。

女陰・男根語についての「言語地理学」（方言地理学ともいう）に則《のっと》った、本格的な人文科学的な研究は、日本という国家の開闢《かいびゃく》以来二〇〇〇年近く、これが初の試みとなるでしょう。女陰・男根という素材を通して、日本人の心の真実の姿を浮かび上がらせることをテーマとした本を読んだ人が、かつて日本にいたでしょうか。いや、間違いなく皆無であったでしょう。

これはテレビで実現することが叶わなかった、もうひとつの『探偵！ナイトスクープ』と言えるかも知れません。ときに高度に知的な内容を扱うこともありますが、これでどうや！というぐらい分かりやすく書くことに努めますから、ご安心下さい。それがテレビマンとして長年、生きてきた私の誇りです。明るい笑いもたっぷり届けましょう。

私は執筆しつつ、女陰・男根語に込められた情愛の深さに、胸を打たれずにおれませんでした。気づけば筆を止め、幼時を思い出しながら、ふとひとり目頭を押さえることもありました。そして両親や祖母、育ててくれた周りのすべての人々への感謝と、日本に生まれたことの、誇らしさと歓びを感じ続けました。

そんな静かな、深い愛に満ちあふれた書を、今、心を込めてあなたに届けます。

新書でありながら、三五〇ページを超える長旅です。でもその旅は、楽しく愉快で、快適であることを約束いたしましょう。その旅の途中で、あなたもまた、日本人であることの誇りと歓びを感じてもらえたら、どんなに嬉しいことでしょう。

湧き上がる歓びに心の奥底まで浸りたくなったら、読後に、好きなお酒でも用意して下さい。リッチな人には、たとえばドイツの上質な貴腐ワイン、トロッケン・ベーレン・アウスレーゼを。慎ましき民には、サトウキビで造られた、西インド諸島の安酒ラムのコーラ割りを。どちらも、等し並みに至福の時間をもたらしてくれるでしょう。

私は少しだけ張り込んで、「ポー」「ホー」「ホーミ」など、『万葉集』『古事記』以前、あるいは日本統一以前からの女陰の古語「ホト」をルーツとする言葉の彌栄《いやさか》う、琉球の二〇年ものの泡盛の古酒《クース》を戸棚から取り出して、大切にいただくことにしましょう。

子供の飲酒は許されていません。中高生の若き少年少女は、お酒のかわりに、味わってほしいものがあります。上質の「お茶」と「お饅頭」をです。読めば分かります。

この本を、私はぜひとも初々しい少年少女にも読んでほしいのです。男の子にも読んでほしいけれど、特に、両親や周囲の愛情をいっぱい注ぎ込まれて育ってきた幸福な女の子たちに。女性、そして人間として生きる尊厳を、過去、私たちの尊き祖先がいかに大切にして生きてきたかを知るためにも、ぜひ楽しみながら読んでほしいと思います。

さて、船出の時間が来ました。きっと男女それぞれに、生まれて初めて経験する、とてつもなくエキサイティングで楽しい、大冒険旅行となることでしょう。

ボン・ボヤージュ！

第一章　東京での「おまん」の衝撃

京都の若い女性からの切実な願い

一九九五年五月初旬のことです。ユニークな内容が書かれた一通の手書きの依頼文が、『探偵！ナイトスクープ』に寄せられました。そのころはまだパソコンが普及していませんでしたから、依頼は必ず、はがきか手紙で寄せられました。

手紙をくれたのは、京都市内に住む二四歳の女子学生でした。地元京都で学生になる前に、東京で働いていた時期があったようです。この依頼はまさにこの本のテーマ、なんと「女陰」の名称の全国方言分布図を作成してほしいと求める内容だったのです。こんなお願いが、若い女性から、しかも大真面目な文章で寄せられてくるとは、夢にも思っていませんでした。

私たちに依頼文が届いたのは、一九九一年五月二四日に「全国アホ・バカ分布図の完成」編を放送してから、ちょうど四年が経ったころでした。この放送をきっかけに、私が「アホ・バカ方言」の研究を仕事の合間に始め、『全国アホ・バカ分布考』を太田出版から上梓したのは、一九九三年七月でした。この女性はそれらを踏まえた上で、依頼文をしたためてくれたのです。

人は一生に一度は、感動的な名文を残す機会があります。絶妙な年齢のときに、誰にもできない珍しい体験をして、それを素直な心で、正直に文章に綴った場合です。この依頼文こそ、まさにそれに当てはまるでしょう。

とても真剣にして、真面目で、それだけに滑稽に読むことのできる文章です。事実の重みは、奇跡の文章を生むものだと思います。ぜひじっくりと味わってみて下さい。

探偵のみなさん、こんばんは。いつも楽しく拝見しています。

今日はとてもとても恥ずかしかった話をしますが、くれぐれも、本人はマジメなんです。ナイトスクープが全国で放映されるようになった今、ぜひみなさんで考えていただきたい重要なことがあるのです。ぜったい、ぜったいマジメにきいて下さい。

あれは三年前、東京で働いていた時のことです。母から「会社のみなさんでどうぞ」と、京都のおみやげを送ってもらった時に事件は起こりました。母は京都でおいしくて有名なおまんじゅうを送ってくれました。そして四、五〇人いた社員全員に無事おみやげを配り終え、さて、私もそのおまんじゅうをいただこうと思って机の上を見たら、なぜか見当りません。どうしたことかと思い、明るい私は、大きな声でまわりの人に、

「私の おまん 、どこにいったか知りませんか？」

とたずねました。

私は京都生まれの京都育ち、当たり前のようにおまんじゅうのことは「おまん」と言います。すると上司が、とてもまっ赤な顔をして、

「おまえ、今何と言った？」

と、慌てて聞き返したので、きょとんとした私は、

「いや、私のおまんがないんです」

と、何も考えずに答えました。するとまわりの人たちが大きな声で、

「おまえ、昼間っから何言ってんだ！」

と、大笑い。職場では、もう大騒ぎでした。私はどれぐらい恥ずかしかったことか。

京都では、看板にでも「生八ツ橋のおまん」と堂々と書いてありますし、女性はもちろんのこと、言葉のキレイな男性なら、何のためらいもなく「おまん」を使います。関西なら、誰もがふつうに聞いてくれます。私たち京都の人には、「おまん」は丁寧で、美しい言葉でありますし、変な目で見られるのはとても困ります。

それからあと、飛騨高山のおみやげで「さるぼぼ」というお守りがあります。それも私が前に、

「あ、さるぼぼちゃんや」

と言ったら鹿児島出身の彼が、

「えっ？」

と顔をまっ赤にさせ、言葉も出せないくらいになりました。年頃の娘でもありますし、

とても恥ずかしい思いをしました。

私はそれ以来、その二つの言葉を言うのが、ものすごく恥ずかしくなりました。そこで全国で、どの地域でどのように使い方がタブーになるのか、「全国アホ・バカ分布図」のように分かるといいのですが。

どうか京都の人たちが「変態」と思われないよう、よく調べていただけませんか。よろしくお願いします。


なんという強烈な、かつ面白い体験記であり、依頼文でもあることでしょう。

この依頼文は、当然のことながら即座に「不採用」となりました。先述のように、女陰語の放送はテレビでは自主規制の対象になっています。放送すること自体がタブーなのです。一九九二年に集計をまとめた**「女陰　全国分布図」**は、じつはこの依頼のはるか三年前に出来上がっていました。テレビでは無理ですが、しかし本にはすることができる。いつか本にまとめたときに、いちばんに彼女に届けよう。そう思って、私はこの依頼文を処分せずに、大切に残しておいたのです。

それが日の目を見るときが、やっとやってきました。

新しいコンセプト、さまざまな依頼者とともに

ここで、『探偵！ナイトスクープ』のことについて、少し触れさせていただきましょう。

テレビ番組『探偵！ナイトスクープ』は、一九八八年三月五日の番組開始以来、「依頼者の、超個人的な強い思い入れに寄り添って、その面白さを最大限に増幅させながら、解決に向かって突き進む」といった、新しい番組スタイルを作り上げ、それを三〇年余りも貫いてきました。そして切磋琢磨の末、六年をかけて一九九四年には、深夜番組でありながら、シェア（占拠率）六五％、視聴率三二％を超え、「お化け番組」と呼ばれるまでの人気番組に成長しました。レギュラーの深夜番組としては、日本のテレビ史上、空前かつ絶後でないかと思います。その間、「謎の爆発卵」（桂小枝探偵・一九九三年一二月二四日放送）や、「ゾンビを待つ3姉弟」（たむらけんじ探偵・二〇〇七年三月七日）、「10年以上口をきいていない父と母」（竹山隆範探偵・二〇一三年四月五日放送）など、爆笑や感動の名作を次々と生み出してきました。

それらが実現できたのは、タレントさんの傑出した才能や努力のおかげであったのはもちろん、その裏で番組を演出し続けてきた石田ひろき・北川文彦をはじめとするディレクター陣の熱い情熱と、磨き上げられた「腕」にこそよるものです。その構成を今も支えている要《かなめ》は、四十数年間絶えず私の右腕であり続けてきてくれた自称「大天才」の作家、百田尚樹です。これら構成・演出のサムライたちが見せるパワーは、日本一のレベルだと私は考えています。

『ナイトスクープ』は現在、主として深夜の時間帯で、ANN系列を中心に、系列外も含め全国三三局で放送されています。初代の探偵局長は、毒舌が売りの上岡龍太郎さんで、一九八八年三月五日の番組開始から、一二年あまり務めていただきました。

二〇〇〇年四月、上岡局長の芸能界引退のあと、半年余りの局長代行制時代を経て、二〇〇一年一月からは、番組の大ファンでいて下さった西田敏行さんが二代目局長に就任されました。西田さんは、上岡さんとはガラリと異なって、視聴者の一代表というスタンスで、毎週ハンカチを片手に愛の涙にくれながら、番組を牽引していただいています。

『探偵!ナイトスクープ』は当初から、今までのテレビにない、オリジナリティーあふれる番組としてスタートできました。何よりも、この番組を特徴づけるのは、「プレゼン形式」を番組の骨子としている点です。すなわち、タレントさん扮する「探偵」が直接、視聴者に向けてレポートするのではなく、番組を取り仕切る上岡「局長」に成果をプレゼンするという形式を採用したことが特別な創意でした。現代のテレビでは一般化していますが、この構成を採用したテレビ番組は、日本で嚆矢《こうし》であったと思います。いや、もしかすると世界で初めてであったかも知れません。少なくとも企画者の私は、かつて見たことはありませんでした。

さらに、「コメントフォロースーパー」や「つっこみスーパー」など、スーパーテロップを駆使して新たな笑いを創造する手法を、番組開始間もない一九八八年の時点で開発し、推し進めたのも、当時二〇代後半の若きディレクターたちのパワーでした。これは間違いなく、世界初の演出手法だったと確信を持って言えます。数年後、多くの東京の番組が、この手法を競うように後追いしました。

この番組は一種のドキュメンタリーなのに、特別に意図のある場合を除き、ナレーションを絶対に用いないという徹底したスタイルも、私たちのこだわりでした。

今「小ネタ」という言葉が、日本語の熟語として定着しています。これは石田ひろきディレクターが会議中に思いつき、一九八九年五月六日の放送から盛んに使い始めた言葉です。

こうした番組のオリジナリティーの多くは、ここ二〇、三〇年の間に、娯楽番組の域を超え、情報やニュース番組にまであまねく及んで、日本やアジアのテレビ界の大きな潮流として定着しています。それは私たちテレビマンにとって、ささやかな誇りでもあるのです。

視聴者は、幸いにも老若男女すべての層に愛していただいてきましたが、特に、ティーンエイジャーと幼い子供たちからの人気は今も昔も絶大です。

そのひとつのエピソードです。二〇〇三年に、一二歳の中学一年生の女の子の依頼に応えたことがありました。「お母さんから何も特技がないと言われているけど、ひとつだけあって、足を高く上げること。それでお母さんを驚かせたい」。そんなかわいいお願いをしてきた少女の名前は黒木華《はる》さん。今や演技巧者として名女優の階段を上りつつある、俳優界のエースです。

無名時代にご縁があると、どうしてもその健闘ぶりを応援したくなるものです。
二〇一〇年一〇月二三日号の『週刊現代』に、ノーベル賞受賞前の山中伸弥氏と神戸製鋼ラグビー部総監督だった平尾誠二氏の対談が載りました。おふたりが「親友」になるきっかけとなった対談です。この日、山中氏は少年のように心を解放して、こう発言されました。

山中　僕はラグビーは3年しかやりませんでしたが、柔道は8年やって、寝技でこういうパターンに入ったら絶対勝てるというのがあったんです。（中略）10年くらい前ですか、「探偵！ナイトスクープ」にハガキを書くように娘に言ったくらいです。「お父さんは、ヤワラちゃんと20回戦ったら、1回は勝てると言っていますので、やらせてあげてください」って（笑）。娘は呆れて本気にしてくれませんでしたが、僕は本気も本気だった。

これと同趣旨の探偵依頼は、このご発言よりも前に、京都大学の山中ゼミ生からも来ていました。「この依頼については、山中先生のご承諾も得ています」と書かれていました。娘さんに呆れて見放された先生は、ゼミ生に希望を託されたようです。
ただこの依頼は、お相手が国民的なスター選手ということがあり、残念ながら採用には至りませんでした。同様に、著名人の依頼もときおりあり、ビートたけしさんから手書きによるはがきの依頼もいただきましたが、実現はむつかしいと、恐縮ながら没になったこともあります。

依頼の採否はともかく、このように、有名人家庭も無名人家庭も、富める家庭も貧しき家庭も、知的な家庭もアホな家庭も、あらゆる家庭に入り込んで、まさに国民とともに、私たちはこの三〇年あまり、一生懸命、番組を作り続けてきたのです。

全国アホ・バカ分布図から四半世紀

二〇一六年の一一月五日、学生時代のクラスメートで行政法の学者である見上崇洋《みかみたかひろ》氏から、私は親愛の情の込もった「お誕生日メール」をもらいました。数年会っていませんでしたが、覚えていてくれたのです。私は喜んで、すぐにお礼の言葉とともに、

「今は、雑誌『kotoba』に発表すべく『オマンコの分布の謎』について研究しています」

と応答しました。すぐに返事が来ました。

「そういえば、大学に入って最初にクラスコンパをやったときにその話題が出て、『オマンコ』と『オメコ』の境界は？　というような話になったのを覚えている」

私はその宴会に参加したはずなのに、まったく記憶がありません。あとでクラス会があったときに聞くと、斎藤史郎《みちお》氏がよく覚えていて、自分が京都市出身だからというだけの理由で幹事を命じられ、寺町通四条上ルの「キムラ」の広間ですき焼きを食べたそうです。斎藤氏の記

憶では、途中から春歌・猥歌のオンパレードとなったとのことでした。

「今なら、セクハラでたいへんなことになるかも知れへんけど、あのころは、店の人も、周りのお客さんも、学生には甘かった。京都はそんな町やった」

と斎藤氏は、クールに回想していました。

「それで、どういう展開になったの?」

と私はメールで見上氏に聞きました。

「関ケ原あたりで言葉が変わるのでは、という話になったような気もするが、覚えてない」

当時京都大学法学部に女子学生は極端に少なく(具体的に言うと、同学年三三〇名のうち女子学生は七名でした。それでも経済学部ではわずか一名だったのと較べると、ずいぶん多い数ではあったのです)、女性はひとつのクラスにまとめられたため、私たちのクラスは全員男でした。

当時の法学部・経済学部は、私大も含めどこの大学でも、男女比はそんな状況でした。私たちのクラスメートは三九名と少数でしたが、全国各地の男たちが集まっていました。男同士親しくなるための話題のひとつが、それぞれの出身地の女陰の呼び名だったのでしょう。私は五〇年も前の、若きクラスメートたちの抱いた疑問に、今ようやく立ち向かおうとしているのです。さらに私は見上氏に聞きました。

「この言葉を勉強するために、春画《しゅんが》の詞書《ことばがき》(画に添えられたセリフなど)や艶本《えんぽん》に詳しい人に、教えを乞いたい。石上阿希さんを、あなた知っている？」

「もちろん。ぼくが副総長のとき審査のため博士論文を読んだ。よく書けていると思った」

彼は数年前まで立命館副総長を務めていました。そして彼らによる厳しい判定の結果、石上さんは、日本の春画・艶本の研究によって、世界で初めて博士号を取得したのです。今や石上さんは、春画・艶本の研究界の若きホープなのです。

「ぼくは石上さんに、手紙を書きたい。その際、あなたの名前を出してもいいですか？」

「お役に立ちそうなら、どうぞ」

こうして、私は石上さんに手紙を書く決意を新たにしたのです。

若き女性研究者・石上阿希氏への手紙

私が、石上さんに対して出した手紙は以下の通りです。私の「女陰」「男根」の研究が、上方の文献を探し出せないことで、最後の行き詰まりを見せていたからです。


初めまして、松本修と申します。

石上さまの博士論文の審査に参加した、見上崇洋の古い友人の一人です。

『日本の春画・艶本研究』（二〇一五）を拝読して、石上さまのことを知りました。ご研究に懸けられている、素晴らしい姿勢、いっぺんにファンになりました。

不躾《ぶしつけ》ながら、きょうはお伺いしたいことがあって、お手紙を差し上げました。それは、

「オマンコ」の類いに関しての、上方における古い文献の存在の有無について、であります。

石上さまは、世界中に散らばる春画・艶本の諸本にも目を通して研究を重ねてこられました。一度お教えいただけたらと、ずっと願っておりました。

石上さま。上方の春画・艶本の中に、「オマンコ」という語を、見かけられたことがあるでしょうか？　何よりもそのことをお教えいただきたいのです。

私は、三〇年前からテレビ番組『探偵！ナイトスクープ』に携わっており、四半世紀以上も前、大阪大学の徳川宗賢《むねまさ》先生からご指導を受け、**「全国アホ・バカ分布図」（図1）**を作って放送し、大きな反響を呼んだことがあります。

日本の本土方言の多くは、明治維新まで一〇〇〇年以上、文化の中心地だった京の都で流行《はや》りすたりした言葉です。京ことばは、じわじわと地方に広がっていきました。これはヨーロッパの学問に学んだ柳田國男によって、昭和初期に国内でも発見された法則で、柳田自身によって「方言周圏論」と名づけられました。

京の古い言葉で古いものほど、東北の北部や九州の西南部などの遠隔地に残り、新しい

凡例（推定伝播順）

①	ｱ	フリムン	（プリムヌ等）
②	ᑕ	ホンジナシ	（ホガネー等）
③	ɼ	タクラダ	（タクランケ等）
④	ᛉ	ホウケ	（フーケモン等）
⑤	▲	バカ	（バカタレ等）
⑥	v	ダラ	（ダラズ等）
⑦	×	ダボ	（ダンボ）
⑧	•	テレ、デレ	（デレスケ等）
⑨	ᄀ	コケ	（コケサク等）
⑩	∧	ゴジャ	（ゴジャッペ）
⑪	B	ボケ	（ボケナス）
⑫	◆	タワケ	（ターケ等）
⑬	T	トロイ	（トンロイ等）
⑭	U	ウトイ	（ウトッポ等）
⑮	♥	アンゴー	（アンゴ等）
⑯	I	アヤカリ	（アヤ等）
⑰	ↄ	ノクテー	
⑱	◉	アホウ	（アハー等）
⑲	★	ハンカクサイ	（ハンカ等）
⑳	●	アホ	
	■	オンツァ	（等）
	⌒	ホッコ	
	H	ホレ	

言葉は近畿に留まっています。

方言が描く、京を中心とする円の数は、柳田國男が自ら発見した「カタツムリ」の名称の方言の五重の円が唯一最多であると、六〇年もの間、信じられていました。しかし私たちの娯楽番組が戯れに「アホ・バカ」方言を調べてゆくと、みごとなばかりに一八周にも達する数多い円を描いていることが分かって、学界を驚かせてしまったのです。

この「アホ・バカ」調査に勢いを得て、私は将来の番組作りに役立つかも知れないと、独自に数百の語彙や文法の方言アンケート調査を、全国すべての市町村（当時は平成の合併前で、三二六一）の教育委員会に向けて行いました。

この結果、新たに分かった日本語の真実を少しずつ論文に纏《まと》めておりましたが、仕事がますます忙しくなり、研究は中断せざるを得ませんでした。しかし、六五歳にて朝日放送の勤務と大阪芸大教授の兼業から解放され

図1
全国アホ・バカ分布図

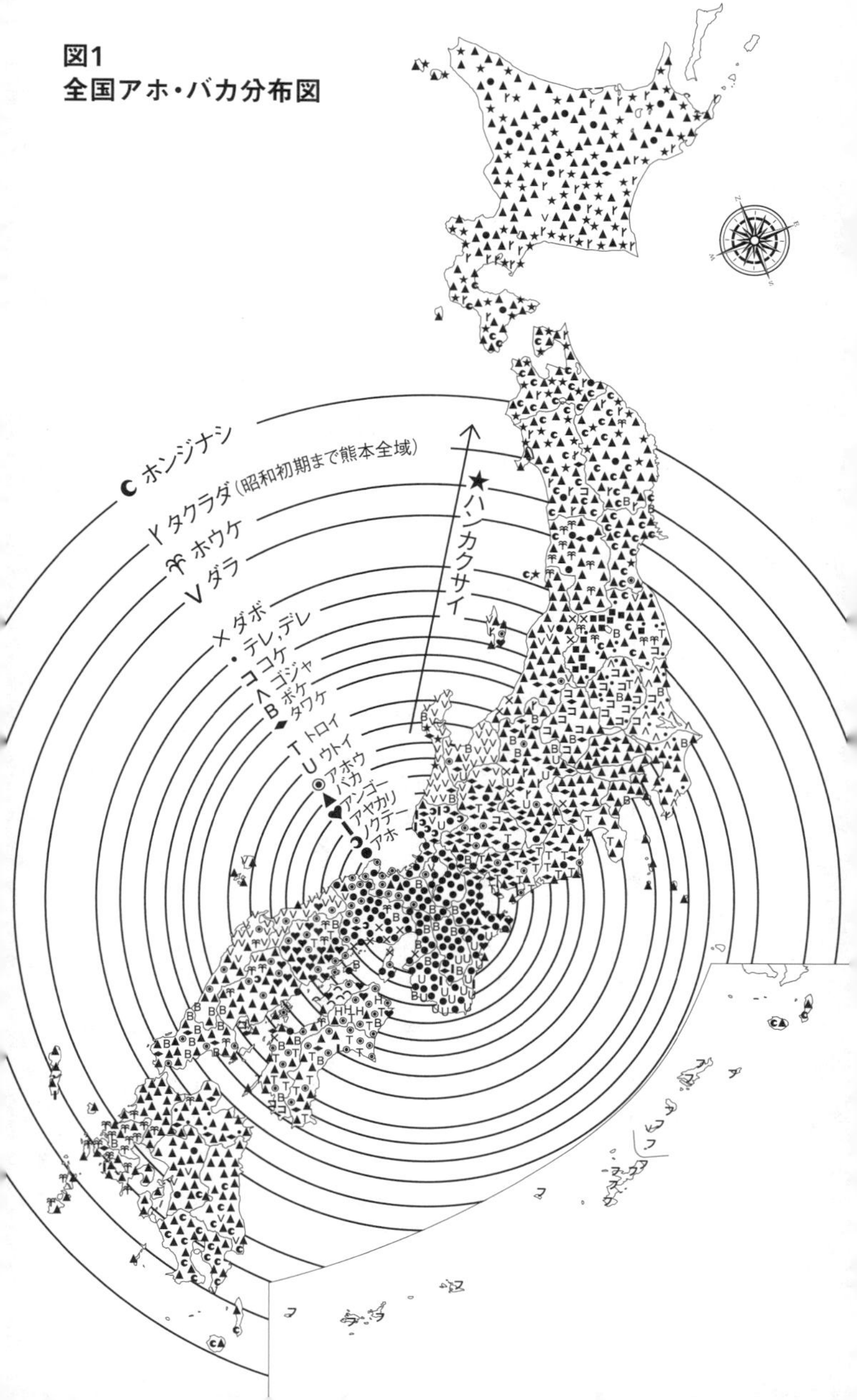

たことが契機となって、研究を再開しました。

最初に「女陰」「男根」から始めることにしました。「アホ・バカ」の次に世に問うべきはこれだ、という積年の強い思いがあったからです。日本人のまっとうな心根が、この言葉に端的に表れていることが、早い時点から感じられていたのです。

そこで本題に戻ります。「オマンコ」は明らかに周圏分布しており、上方で生まれたはずの言葉です。しかしその「オマンコ」が、上方の古い文献からは、まだどの言語学者によっても、一例すら発見されていないのです。「チンポ」の場合は、上方の文献から多数見いだされますが、そのルーツが何かは不明です。いまだ公開されず、私たち一般人が目にすることのできない、中世や近世初期の、特に「上方」の春画・艶本も多数お読みになっておられる石上さまなら、京の早い時期の「オマンコ」や「チンポ」の原形を発見されているのではないかと思うのですが、いかがでしょうか？


このような内容の手紙を石上さんに綴ったのでした。石上さんは、私の会見の希望をこころよく受け入れ、親切にも経験談と、私のための助言やコーディネートをして下さいました。そのことはまた、この本のずっとあとの方、第八章で詳しく述べることにいたしましょう。

研究費は三〇〇〇万円

朝日放送の勤務と、大芸大を辞めたら、パソコンを使ってのさらに正確な分布図作りと、その分析を行って発表すること、それはもう必ず私がやり抜かねばならないことでした。

『全国アホ・バカ分布考』やそのほかの書籍の出版で得た印税のすべて、およそ三〇〇〇万円は、主に東京・神田神保町に何度も出向いて購入した膨大な研究書籍代と、先にも述べた全国三二六一市町村のアンケート整理や分布図作りのアルバイト代などにすべてを費やしました。朝日放送からは独り者の身には十分な給料を得ていましたので、出版で得たあぶく銭は、ただひたすら研究のためにだけ使うことに、何のためらいもありませんでした。

アンケート整理で大学生活の四年間リーダーシップを取って、多くの大学の後輩の女子学生たちを集め、取り仕切ってくれた、神戸大学法学部生だった土田寛子さんは、このアルバイトで手にした数百万円のお金をすべて貯め込んで、ロンドンに留学し、イギリス人と結婚、今はかわいい娘の幸せな母として、心深く愛する夫とオックスフォードの郊外に住んでいます。彼女に、はるか学生時代に青春を懸けた努力の成果をとくと見せてあげたい、そんな思いも今の私にはあるのです。

アンケート整理は、土田さんが卒業しロンドンに去ったあとも、さらに数年続きました。その間、一九九五年一月に、未曽有の大惨事と思われた阪神・淡路大震災が起きました。みんなバイトに来なくなったなぁ、と嘆いていたら、そのみんなは震災ボランティアに出かけていたのです。やがて現地が日常を取り戻すと、彼女たちはまた戻ってきてくれました。私は彼女らに思い切ってかなりの高給を出していました。厳密で正確さを要求される苦労仕事が延々と続くからです。それを休んでボランティアに出かけていた、そのいさぎよい行動を今も私は誇らしく思い出します。

「女陰」方言のきれいな円

この「女陰」「男根」言葉は、「消滅の危機に瀕する」方言のひとつとして、文部科学省のバックアップのもと、東北大学教授の小林隆氏をリーダーにして（私と同じ、全国市町村の教育委員会への郵送によって）、二〇〇〇〜〇二年に調査された数多くの語彙の中に含まれ、そのデータは早くも二〇〇三年に報告書として公開されました。

この成果はさまざまな研究者に活用されています。「女陰」については『方言研究の前衛』（二〇〇八）に、中井精一氏の研究報告があります。ただしここでは、研究のテーマも異なり、言葉それぞれの分析や伝播順位などは、いっさい示されていません。

添付された口絵、きれいなカラー版の**「女陰　全国分布図」**をご覧下さい。これは私が、先述したように、一九九一年末に募集を呼びかけ、翌九二年初頭に回収した資料で作成した「女陰」の方言分布図です。回答者の多くは当時五〇代以上。なるべくなら地元の年配者を希望して回答を求めました。現代のようにテレビやインターネットなど、マスコミに毒されることの少なかった、戦前に育った世代が多数を占めます。それだけに、歴史的な方言としての資料的価値はきわめて高いものと思われます。

「女陰」も「男根」も、ほかの多くの言葉と同様、京を中心にきれいな多重の円を描いて分布していました。「周圏分布」していることは、明らかです。

方言の周圏分布とは、しばしば池に小石が投げ入れられたときに生じる「波紋」にたとえられます。水面のある一定の場所に石を投げ入れると、そこを中心点として、きれいな円を描いて波紋が広がっていきます。同じ場所に、次々と同様に石を投げ入れると、波紋は多重の同心円を描いて周囲に広がってゆくのです。その中心点をなすのが、京の都です。方言の多くは、地方で独自に生じたものではなく、京の都の、はるか昔の遺風を受け継いでいるのです。したがって、京都よりも東にある方言は、原則として西にもあって、古い言葉ほど時間をかけて遠くまで旅するわけですから、東北の北部と、九州の西南部との方言は、まったく同じものである、ということが少なくないのです。こうした方言分布のありようは、「多重周圏構造」と呼ばれます。この驚くべき周圏分布の真実が柳田國男による「カタツムリ」の方言分布を分析することによって一九二七年に明らかにされたことは、私がかつて調査結果をまとめた『全国アホ・バカ分布考』に詳しく書きましたから、ぜひ目を通して下さい。

ちなみに、一九九二年にアンケート回答を得た二、三百の語彙や文法を分布図にしてゆくと、ほとんどすべてが明確な周圏分布を見せていました。私は「アホ・バカ」を調査した者として、それは当然のことだと思いました。

ただし、かつての国立国語研究所編『日本言語地図』（一九六六〜七四）では、調査語二八五語のうち周圏分布していた語はわずか三〇％程度に過ぎませんでした。その調査語には特徴があって、品詞は名詞が半数を大きく超え、動詞や形容詞、形容動詞、副詞などは、かなり少数に留められました。逆に私の調査では、それらをこそ山と盛り込んでいたのです。さらに、おバカと言われようと、「女陰」「男根」といった方言までも。

私が調べた方言は、ほとんどの図で周圏分布していました。その厳然たる事実を目の当たりにして、方言周圏論の揺るぎなき学問的正当性に強く胸打たれました。周圏論を侮り、軽んじる論者（こんな人達も現実にいたのです）は、今こそ論破されねばならないとも考えました。

さて、「女陰」に戻りましょう。「女陰」について、本土に限って、遠隔地から見てみますと、「マンジュー」「ヘヘ」「ボボ」「オマンコ」「チャンベ」「メメ」「オメコ」「オソソ」などが、京京を中心にきれいな円を描いて分布していることが分かります。ほかに少数ですが「ツビ」や「サネ」「チャコ」などもあります。これらのいくつもが京を取り囲んで分布するところから、

「アホ・バカ」と同様、女陰語も「多重周圏構造」をなしていることは否定しようがありません。つまり、日本の本土の女陰語の多くは、かつて京で栄えた言葉であったのです。

たとえば東北や新潟に数多い「マンジュー」は、九州西南部の「マンジュー」と一致し、「ボボ」も北関東・甲信越と、九州に濃厚に分布しています。また関東の「マンコ」「オマンコ」は、高知県全域、香川県、愛媛県、山口県、岡山県を始めとする四国・中国地方などに濃厚な「マンコ」「オマンコ」と同一です。いずれも京を中心にきれいな同心円を描いています。「マンコ」「オマンコ」などは一般に、江戸・東京のオリジナルかと勘違いされていますが、それはまったくの誤りで、やはり京生まれであったのです。

ちなみに、「オマンコ」の西日本の分布を、つくづくと実感させてくれる、貴重な文献資料があります。土居重俊・浜田数義編の『高知県方言辞典』（一九八五）です。この書は、詳細には説明されていませんが、どうやら戦後の早い時期から、六〇歳以上の地元の人々の協力を得て、高知県内各地の方言を採集したもののようです。素晴らしいのは、各方言を使用する地域をすべて詳細に明記していることです。この本を読めば、ほとんどの市町村でまだ新語かと思われる、関西方言でもある「オメコ」とともに、古い「オマンコ」が併用されている実態が浮かび上がってきます。その記述の詳細を**図2**として図像化してみました。明らかに「オマンコ」は、遠い昔日《せきじつ》、京からこの土佐の大地にはるばる旅してきたことが偲ばれるのです。

**図2　高知県における
オマンコとオメコの分布**

『高知県方言辞典』
（土居重俊・浜田数義編1985）により作成

一方、琉球列島、すなわち旧琉球王国にも、その都であった首里《しゅり》（現・那覇市）を中心とするきれいな二重の周圏分布が見られます。琉球列島には、奄美諸島も含まれます。現在は鹿児島県の奄美地方ですが、一六〇九年に薩摩の島津藩に分捕られるまでは琉球王国に属しており、以来すでに四〇〇年以上経っているにもかかわらず、今なお琉球と同じ文化を共有しています。

そういう状況下、沖縄本島から南北にはるかに遠い先島《さきしま》諸島と奄美地方が「ピィ」や「ヒー」などであるのに対して、沖縄本島を中心として「ホー」や「ポー」「ホーミ」などが存在を主張しているのです。

言葉の伝播速度について

日本の都だった奈良、次に京を旅立った言葉は、年速一キロメートルほどのゆるやかなスピードで、日本の東西に拡散していきました。この年速約一キロとは、徳川先生が一九七二年に「ことばの地理的伝播速度など」というタイトルの論文で発表されたものです。すでに出来上がっていた『日本言語地図』の一集から三集までの二七語について、方向を五つ（すなわち、①東海道、②北陸、③中国、④四国、⑤南近畿）に分け、

一、京からどのくらいの距離まで広がっているか。

二、その言葉が最初に文献に出現したのはいつか（初出文献については、当時出ていたさまざまな辞書が拠り所とされた）。

という二つの要素から算出されたもので、その五つの方面ごとに、スピードの違いはあるものの、平均すれば、一年間におよそ九三〇メートル、すなわち約一キロ弱、広がり続けていったものであると計算できた、というものです。

後年、徳川先生は、完成した『日本言語地図』全六巻の六四の語彙を対象に「語の地理的伝播速度」というタイトルで同じ研究を再度行い、年速六二〇メートルと、伝播速度はさらにゆるやかだったという結論を導き出しておられます。

私が徳川先生の知遇を得たころは、まだ徳川先生は、年速九三〇メートルのお考えでした。私は、素朴な質問を先生に投げかけました。

「距離の算出法ですが、これは、その地に至るまでの、曲がりくねった街道の距離ですか？」

それなら、時代によって、街道の距離の長短も異なってくるのではないか。

「いいえ」と、徳川先生のお答えは、明快でした。

「京都からの、定規で測った直線距離です」

なるほど。時代ごとに街道がどこを通り、道のコンディションはどのような状態であったかや、海路を使ったかどうかなども、まったく考慮されていないということでした。きわめてざっくりとした、大ざっぱなものなのだ、ということが分かったのです。

たとえば京都と東京間は、鉄道や高速道路の距離にすると、道はかなりうねっていますから、ざっと五〇〇キロメートルはあります。しかし定規でまっすぐな線を引くと三五〇キロメートル程度です。京を旅立って地を這って江戸にたどり着くには、最初の「年速九三〇メートル」の研究では、三五〇年以上の歳月を必要とし、二回目の「年速六二〇メートル」の研究では、五〇〇年以上かかったことになるわけです。さらに遠方を考えると、京から青森県や鹿児島県までは直線距離で、七〇〇キロメートルくらいあります。ここまで達するには、最初の研究では、七〇〇年余り、二回目の研究では、一〇〇〇年以上かかったことになります。

ということは、二回目の研究では、東北の北部と、九州の西南部では、『枕草子』や『源氏物語』の時代の言葉をそのまま使って生活していることになり、小学校の「こくご」の教科書の教材には、『竹取物語』の原文が適切、などということになりますが、現実は、そういうことはあり得ないのです。

私は、個人的に二〇〇枚ほどのオリジナルな全国方言分布図を作ってきた実感からして、本土の遠隔地に当たる東北の北部や、九州の西南部が、都ではもう一〇〇〇年前にすでに使われなくなった言葉を残している例はきわめて少ないと思います。多くが室町時代（一三三六〜一五七三年）以降に京で使われていた言葉なのです。

私は、若き方言研究者たちによって、まったく別の手法を用いた、伝播速度の新たな算出方法が編み出されることを期待しています。じつは、それは徳川先生ご自身が、最初の論文で、明確に期待を表明なさっていることでもあるのです。論文の冒頭の一節にこうあります。

「この種の研究の積み重ねによって、言語地理学の再構する言語史に、ある種の絶対年代性を付与する道の開けることが期待される」と。

先生が、後進の誰かが研究を積み重ねることによって、自分の切り拓いた道を乗り越えていけ、と半世紀も前にお考えになっていたのは間違いないことです。何よりも、算出にあたっての、あっけないほどの大ざっぱさ加減が、このことを明確に示しています。徳川先生のご研究は、二、三百キロメートルまでとか、ある距離まではきわめて有効ではあっても、七〇〇キロメートルとかの長距離に適用するには少し問題があるのではないかとも思えるのです。

私は、先生の最初のご結論、「年速約一キロメートル」を、非常に大まかながらも真実により近いものと考えて、考えを進めることにします。なお方言学の泰斗でいらっしゃる井上史雄《ふみお》先生のご著作に、まさに『日本語は年速一キロで動く』(二〇〇三)があります。徳川先生の二つの論文を詳しく分析した上で、年速一キロ弱という目安について、貴重なものと考えておられるものと解釈できます。

さて、現在「ホト」が、鳥取県の西部、岡山県の北東部と鹿児島県の大隅半島の南端に、一カ所ずつしか残っていないことから、京では早くに失われ、奇跡的にごく一部の地域だけに残ったのではないかと考えることができます。年速一キロの法則に則れば、もし一〇〇〇年も前に都で使われなくなった言葉なら、東に向かった言葉は津軽海峡の海に没し、西に向かった言葉は東シナ海の藻屑と消えたはずなのです。

ただ私も一度、あり得ないような奇妙な話を、私より一歳年上のNHK大阪放送局の男性アナウンサーから聞いたことがあります。一九九二年七月、大阪である異業種交流会にゲストとして呼んでいただいたときのことです。そのアナウンサーは私にこう語って下さいました。

「一九七三年にNHKに入局して、初任地の青森放送局に数年おりました。あるとき、テレビの取材で、下北半島の、たぶんむつ市の界隈だったと思いますが、夕方、一軒の家を訪ねました。そうしたらおじいさんが、ソファのある居間に案内して下さって、『カケサセタマエ』とおっしゃったのです。最初、何の意味か分かりませんでした。『どうぞお座り下さい』の意味だと気づいたのは、何秒か経ってからです。これは、『掛けさせ給へ』なんだ！　と驚きました。まるで一〇〇〇年前の『源氏物語』の時代の言葉じゃないか！　そう思って、感動に打ち震えたのを覚えています」

「せ給ふ」。これも中央では早くに消えた平安時代の最高敬語のひとつです。それが下北半島にはまだ生きていた。おじいさんはこの最高敬語を、NHKの新米アナウンサーをもてなすためにわざわざ使ってくれたのです。こんな奇跡が、一九七〇年代の日本の地方にはまだ見られたのです。

「ホト」は『日本国語大辞典』第二版（以下、『日国』と呼ぶ）によれば、文献の上では『古事記』『日本書紀』にしか出現しておらず、すでに古代に中央で消え去った言葉なのかも知れません。鳥取、岡山と鹿児島の「ホト」も、「カケサセタマエ」と同様の、そんな奇跡のひとつなのでしょうか。

『日葡辞書』の女陰語

さあ、いよいよ本土の女陰方言の勉強を開始することにしましょう。

ポルトガル人のキリスト教宣教師たちが日本人信者の協力を得て作り上げた『日葡辞書《にっぽじしょ》』

（一六〇三～〇四）を見てみましょう。『日葡辞書』は、当時の京の都の言葉を、三万二八〇〇語も採用してポルトガル語で説明しています。京の卑語・俗語もたくさん拾い上げられていますが、それは京の庶民に布教するためや、庶民の懺悔《ざんげ》を理解するためにも必要だったからです。ポルトガル人宣教師のおかげで、京の言葉がこうして永遠に残されることになりました。『日葡辞書』こそ、当時の標準語であった京ことばを知るための、必須の典籍なのです。『日葡辞書』には、次のように書かれています（『邦訳 日葡辞書』による）。女陰語がなんと四つもあるのです。

ボボ（ぼぼ） 女の陰部。婦女子の使う言葉。
ツビ（開） 女子の陰部。卑語。
ソソ（そそ） 女の陰部。
へへ（へへ） すなわち、女性の陰部。

新旧の女陰語がその交代の時期を控えて、混在していたのでしょう。私にはこういう状態が、実感としてよく分かります。そのことを少しお話ししましょう。

私の出身地、滋賀県の琵琶湖の西北岸、高島市マキノ町海津《かいづ》（旧・高島郡海津村）は、京ことばが濃厚な地域でした。ここには女陰語として「オメコ」「オソソ」「ボボ」の三つが混在していました。現代では、「ボボ」は、九州方面に限った女陰語として有名ですが、九州だけというのはまったくの誤りで、実際には関西にも関東にも「ボボ」は見られます。『京都府ことば辞典』（堀井令以知《れいいち》編著・二〇〇六）をひもとくと、次のように書かれています。

オメコ［名］女陰。〈京都府全域〉**オソソ**とも。〈大原〉では明治時代まで**ボボ**といった。

京の大原でもかつて、「オメコ」「オソソ」「ボボ」の新旧の三語が拮抗していました。それとまったく同じ状況が、私の少年時代の郷里・海津にもあったのです。

小学校の三、四年くらいのことだったでしょうか、男のクラスメートのいたずらっ子のひとりが、嬉しそうな顔で、下ネタをあまり愛好しない学級委員である私のところにやってきて、「スモモも桃も『ボボ』のうち。悲しいことには、穴がない」

と言って、ゲラゲラ笑って走り去っていったことがありました。まだ男たちの誰もが、精通の経験もない年ごろのことです。私は男三人兄弟の長男で、姉や妹はいなかったものの、幼い女の子が人目もまったく気にせず道端にしゃがみ込み、おしっこをするのを何度も見てきましたから、陰部の中央に縦のくぼみがあって、スモモや桃に似ていることは知っていました。しかし、スモモや桃には、少女にあるような尿道の穴はありませんから、そんな発想を思い描いたこともありませんでした。それだけに、「うまいことを言うなぁ」と感心したのを覚えています。きっと誰かに教えられた、古くからある慣用句だったのでしょう。ちなみにその男は、二〇歳を過ぎたころに病死しました。

「スモモも桃も『ボボ』のうち」

と無邪気に言って喜んでいた彼が、果たして一度でも、「ボボ」という性の果実の歓びを知ったことがあったのかどうか、今も気になることがあります。

中学時代の性への関心

私は、昭和二四年（一九四九）一一月生まれ、団塊世代の最後の年の生まれです。映画でも大ヒットした漫画『三丁目の夕日』の主人公と同い年です。一学年に全国で二七〇万人もいました。今は一〇〇万人もいないということを考えると、どれだけ子供がうじゃうじゃいる、活気ある世の中だったかがお分かりでしょう。小学生になったのは昭和三一年（一九五六）。小学生から中学生にかけてのころは、日本はまだまだ貧しい時代でしたが、水道が敷かれ、蛍光灯やテレビ、洗濯機、冷蔵庫、炊飯器などの電化製品や、電話が入り、日々生活が豊かになってゆく喜びを肌で感じて暮らしていたものです。昭和三七年（一九六二）、中学校に進学するころになると、私たちは、大人たち並みに、性的関心を抱く存在に成長していました。

昼休みの時間、ひとりの男のクラスメートが、紙に裸の女体を描き始めました。長い髪に整った顔、大きめの乳房、腰は美しくくびれ、足を少しクロスさせたセクシーな立ち姿でした。家で何度も練習を繰り返して上達し、いよいよみんなにその描きっぷりを披露してくれたのです。男たちはそれを取り囲んで、特に股間部の描線の巧みさに感心しながらゲラゲラ笑いました。私も学級委員でありながら、そのひとりに喜んで加わっていました。

「この尻のラインをうまいこと描くのが、いちばん難しいんや」

そう言いながら、彼は何枚も何枚も、職人のように架空の裸女を描き続けました。

その日の授業最後のホームルームの時間、担任のまだ若い独身の田中保先生はしかつめらしい顔で教室に入ってきて、いきなり、その絵の一枚を頭上に掲げ、

「誰や、こんな絵を描いたのは！」

と、怒号を上げました。「怒られる！」と男たちは、一斉に身構えました。笑って見ていた私たちも共犯者なのですから。先生の迫力に押されて、絵を描いた張本人がおずおずと震えながら右手を上げました。

「お前かっ！」

どんなに叱られるのだろうと、みんなが怯《おび》えて先生を見ていました。

「こんな絵を描いて喜んでいるのか。女子生徒らが、ごもく箱（「ごみ箱」の京阪を中心とする語）にほかしてあったのを拾《ひろ》て、職員室へ届けにきた。こういうものをいやがる女子生徒が多いことを忘れるな。もう二度と、こんな絵は描くな！」

女子生徒が、架空の美女の裸体に嫌な思いをしているなどとは、まったく気づかないことでした。田中先生は、改めてその絵をじっくりと眺めました。

「なんちゅう、へたくそな絵や！」

嘆くように言って、こう張本人に宣言しました。

「どうせ描くなら、もっと上手に描け！」

そのひと言に、みんなが大爆笑しました。こっぴどく叱られるだろうと思っていた男たちはもちろんのこと、言いつけた女子生徒たちまでがそれ以上に笑い転げました。

お説教はそれだけで終わりました。直前まで激しい怒りと思われたのが、鮮やかなオチに入れ替わったのです。それ以降は、誰もヌードを描いて遊ぼうという者は現れませんでした。この冴えわたった若い先生の叱責の妙は、五六年たった今も、心にしみて忘れがたいものです。

二年後の一九六四年、最初の東京オリンピック開催の年、もう担任の先生は替わっていましたが、中学三年生の私は仲のよかった山下眞弐《しんじ》クンというクラスメートと、ミロのヴィーナスの石膏像を作り上げました。パリのルーヴル美術館から、ちょうどその年、京都市美術館にやってきたミロのヴィーナスに感銘を受け、さっそく自分たちでも作ってみたのです。幸い私たちの力作は、女子生徒の非難や、先生からの叱責を受けることもなく、無事、秋の展覧会に展示されました。

裸体女性像のスケッチで担任の先生から叱られた中学一年生のとき、もうひとつ、「保健」の授業で、印象的な事件がありました。

指導するのは伊吹甚也《いぶきじんや》先生。白髪で、近眼のまんまる眼鏡をかけ、その牛乳瓶の底のようなレンズを教科書にくっつけるようにして字を読む様子は、私たち中学一年の生徒の目にはいかにも「おじいちゃん先生」といった印象でしたが、この度《たび》取材を試みて、ご子息に当時の年齢を伺ったら、まだ五二歳の若さだったことが分かりました。ご経歴を教えていただいたら、京都薬学専門学校（現・京都薬科大学）を卒業して、郷里の滋賀の自宅で薬局を営んでいたのを畳んで、三七歳にして代用教員として教壇に立ったとのことでした。

当時、私たち生徒はそんなことは何も知らず、謹厳実直を絵に描いたような、真面目で心優しい、いちばんベテランの先生だとばかり思っていました。理科を教えるのが主で、書道の先生も兼ねており、書道の時間に、私は「松本薬店」の息子だというので、「薬」という字を分解して、「松本草楽」という筆名を頂戴しました。ちなみに昔は生薬を扱っていたせいか、うちは「きぐすりや（生薬屋）」と地元の人たちから呼びならわされていましたが、その実質は祖父母の代までのことで、実際はすでに大手の薬品メーカーの新薬と、普段着用の洋服・ベビー服などの「洋品」、雑貨などを販売していました。店は母親が取り仕切り、父親はバイク、のちには軽四輪で、近郊の山間部の在所に毎日商売に出ていました。

ある日、小学生のときに「スモモも桃も『ボボ』のうち」と、無邪気に言っていた例のクラスメートが、小さな悪だくみを考えました。教科書の、記述を指さして、

「ここに『月経』という言葉が書いたーる。これをわし、伊吹先生に聞いてみたろか」

と、ゲラゲラ笑うのです。伊吹先生は、きっとここを飛ばして、授業するに違いないとみんな思っていました。いくら教育のためとはいえ、伊吹先生は女体のことを話題にするような人ではありません。

私たち男子生徒は、詳しいことは知らないものの、小学校高学年のころから、女子生徒たち同士で、「あの子はもう始まってる」とか、「うちも、こないだ始まった」とか言い合っているのを聞いて、「月経」なる出血が、どうやら毎月訪れるらしいことをうすうす知っていました。こんな言葉を質問されて、謹厳実直の権化たる伊吹先生がどう答えてくれるのか、これはきわめて興味深いことでした。悪だくみの生徒は男たちの期待を背負って、授業中に、「はい！」と決然と手を挙げました。

「先生、教科書に書いたーるこの『月経』とは、何のことですか？」

ドキドキしながら、男たちはその答えを待ちました。女の子たちは、小学時代から、女子だけ集められて詳しく教えられているはずなのに、男は埒外《らちがい》に置かれたままでした。

伊吹先生は、生徒たちを見回して、静かな口調で、こうおっしゃいました。

「私がわざわざ説明せいでも、君らは、だいたい、そのことを知ってるやろ。それだけでええのや。女には、子を産むための準備として、いろんな苦労が待ち受けている。こういう言葉を面白がって、軽々しく口に出す人間は、男の値打ちというもんが下がるのや。男というものは、どんなときにも、値打ちのある男でないと、あかんのや。君らはこれから、大人の男になってゆく。そんな君らに私は、誰に恥じることもない、値打ちのある男に育ってほしいと思うのや。女はまた、そんな男に応えられるような、立派な女でいてへんと、あかんのや」

「月経」についての質問に対する回答が、「男の値打ち」であったとは、心底驚きました。そして私は、深い感銘を受けたのです。なんと素晴らしい、先生の回答だったことでしょう。私だけでなく、どの男たちも、女の子たちも、きっと同じ思いだったでしょう。誰もが食い入るように先生を見上げて、その言葉に耳を傾けていました。そこには何か、私たちが一度も経験したことのない、伊吹先生の高潔な人格に裏打ちされた、神聖な、幸福な時間が流れているように思われました。

御所ことば（女房詞）としての「ボボ」

さて、もう一度『日葡辞書』に戻りましょう。『日葡辞書』には先にも見たように、「ボボ」「ツビ」「ソソ」「ヘヘ」の四語が載せられています。

ところで『日国』という辞書は、忠実に初出例を提示することをモットーとしているので、この現行の第二版を見ると、四つの中で「ツビ」がいちばん古い言葉であることが分かります。『日国』には、平安中期の『和名類聚抄《わみょうるいじゅうしょう》』（承平年間〔九三一～三八〕）の用例が載せられています。ただし私は偶然にも『新編　日本古典文学全集』（一九九五）の『日本霊異記《にほんりょういき》』（弘仁年間〔八一〇～二四〕ころ）の中でも見つけましたから、「ツビ」は、実際は奈良時代にさかのぼるもっと古い言葉だったのかも知れません。そんな古い「ツビ」がいよいよ都で捨てられようとしていたのか、わざわざ「卑語」と書かれ、貶《おとし》められているのは印象深いところです。

これに対して、「ボボ」もわざわざ「婦女子の使う言葉」という注釈が加えられています。『日葡辞書』で、このように特別に「婦女子の使う言葉」と念の押されている語は、過去に行われてきたいくつもの文献研究の成果として、御所ことば、すなわち女房詞《ことば》であり、同時に、その影響を受けた室町幕府の武家ことば、さらに公家ことばなど、本来は上流階級、ハイソサエティーの言葉と確認されるものが多く、当時としては、きわめて上品で、洗練された、美しい言葉であったと認識されていたものと思われます。まず御所に勤める、あこがれの女官が使い始めて、やがて公式のハイソサエティーの女性、その次に一般の町衆の女性に広まっていった、当時としては最高に品格ある表現だったろうと思われるのです。

「ボボ」は、この『日葡辞書』に現れるのが、史上最初のことでした。古典的な「ツビ」とは逆に、この辞書が編纂されていた一六世紀の後半ころ、女陰語としての「ボボ」はまだ新しい言葉だったのかも知れません。

「ボボの意味の分布図」（**図3**）をチェックしましょう。西日本では、歴史の闇に消え去っていますが、東北の秋田県を中心とする地域や新潟県などでは、「ボボ」は「赤ん坊」を意味しています。もっと南、岐阜県飛彈地方に残る「さるぼぼ」は、猿の赤ちゃんの人形として世に知られています。この地域ではもちろん「赤ん坊」は「ボボ」と呼びます。

これらの内側の地域、すなわち京に近い地域では「ボボ」は「女陰」の意味に変わっていま す。このことは、次のことを意味するものと思われます。

「ボボ」は最初、京で「赤ん坊」の意味で使われ、全国に伝播した。しかし、一六世紀のころには「女陰」の意味に変わった。それがまた同じように京から全国に広まっていった。そういう変化があったのだと思います。なぜ、意味が変わったのでしょうか。

御所の天皇に仕える高級女官たる女房たちが、女陰を、今まで使ってきた語よりも、さらに上品に聞こえる言葉に変えたいと思ったのでしょう。それには「ボボ」と呼ぶのはどうか。

「ボボ」とは赤ん坊のことですが、その赤ん坊が生まれるところだからというので、女陰を新たに「ボボ」と呼ぶのはどうだろうか。どこか、かわいい感じがするではないか。思考回路はそのように働いて、高貴な女性も堂々と口にできる女陰語「ボボ」が生まれたのでしょう。

御所ことばと天皇

『日葡辞書』にはまた、女陰語とは別に、こういう記述も見つかりました。これらもまた「ボボ」と同じく、「婦人語」とされ、本来は上品な御所ことばです。

ヲマン（お饅）Mangiu（饅頭）に同じ。熱湯の蒸気で蒸して作った小麦の小さなパン。これは婦人語であって、本来の正しい語はMan（饅）である。

マン（饅）Mangiu（饅頭）に同じ。小麦で作る一種の小さなパンで、湯の蒸気で蒸したもの。これは婦人語である。

『日葡辞書』が編集されていた時代、すなわち安土・桃山時代（一五七三〜一六〇〇）のころまでに、食べ物としての饅頭は、御所ことば（女房詞）の影響があり、京の婦女子の間では、す

図3
ボボの意味の分布図

でに「マン」「オマン」と、呼ばれていたというのです。
『日葡辞書』は、わざわざ「本来の正しい語はMan（饅）である」と断りを入れています。接頭辞「オ」を付けるのは、本来の正しい用法ではないというのです。

私たちは、もともと御所ことばであった「オ」の付く言葉をたくさん使っています。「オヒヤ」とか「オナカ」「オメモジ」「オツム」「オナラ」「オデン」「オカズ」「オイシイ」などです。表現を丁寧にするための接頭辞「オ」は、ついつい遠い昔から使用されていたものと思いがちですが、それはじつは誤りで、「オ」が日常的に加わったのは、ようやくこの『日葡辞書』の時代のころからの、新しい習慣のようなのです。だから『日葡辞書』では、本来は「オ」は付けず、「マン」が正しいということを忘れないように、とわざわざ説明しているのです。

実際、『日葡辞書』よりも半世紀以上も早く、一六世紀前半に書かれたと思われる有職故実《ゆうそくこじつ》書『大上臈《おほじやうらふ》御《おん》名《な》之事《のこと》』には、「女房ことば」として、「まんぢう　まん」と、「お」抜きで書かれています。一四七七年から執筆が開始された、御所ことばで書かれた『御湯殿《おゆどの》の上《うえ》の日記』にも、早い時期、一四九〇年には「マン」と記され、「オマン」と、「オ」が付けられるようになったのは、ようやく一五七九年のことなのです。

接頭辞「オ」を付けることについて、濱田敦先生は『國語史の諸問題』（一九八六）で、次のように述べておられます。日本語史の一断面の、正鵠《せいこく》を穿《うが》った指摘なのでしょう。

> ……接頭辞「お」を冠することは、現代語ならばむしろ日常茶飯のことに属するけれども、中世末期頃においては、特に女房詞などと名づけられる言葉遣《づかい》に限って見られるものであった。

ちなみに『御湯殿の上の日記』とは、禁中の「御湯殿の上」の間《ま》で、天子に近侍《きんじ》する女官（女房）たちが交代でつけた日記で、天皇の御日常のさまを中心として、「御所ことば」（女房詞）によって書き記されたものです。先述のように文明九年（一四七七）に書き始められ、徳川後期、文政九年（一八二六）に至るまで、三五〇年近くの日記が今に残されています。まことに貴重な歴史資料です。その日記には、ときに宸筆《しんぴつ》（天皇の直筆）も見かけられるところから、天皇ご自身もよくこの御湯殿の上にはふらりとお出ましになって、この場で親しく女房たちと語り合われることもあったものかと思われます。

ところで、御所ことばは、女房詞と言われることもあるために、宮中に仕える女性だけの言葉であり、天皇などはご存知ではなかった、とみなす人もあります。しかし、実際にそんなことがあり得たのでしょうか。

その実相を明らかにしてくれるもののひとつが、『御湯殿の上の日記』に残された宸筆です。

天皇ご自身が、女房になりきって、ときおり女房の日記を執筆しておられるのです。たとえば元亀三年（一五七二）のお正月三日間は、正親町天皇《おおぎまちてんのう》（一五一七〜九三）が宸筆を染めておられますが、そこには、「いとよの御《お》まわり（「おかず」の意の御所ことば）」、「く御《ご》（「お召し上がり物」の意の御所ことば）のとき」、「御《お》ひしひし（「盛大」の意の御所ことば）なり」などと、御所ことば、すなわち女房詞の語彙が、流暢に、かつ豊かにちりばめられています。女房詞とも呼ばれてはいるものの、じつは女房詞こと御所ことばは、女房たちばかりの間で流通していただけではなく、男性にも、もっと突き詰めて言えば天皇にも共有されていた言葉であったことが、ここに明瞭に浮かび上がってくるのです。

この『御湯殿の上の日記』には、その日記の性格上、残念ながら御所ことばと思われる「ボボ」は出現しませんが、『日葡辞書』の出版された時代、この日記を書き記していた女房たちや、天皇にも、「ボボ」は親しい言葉であったことは間違いないだろうと思われます。

さて『日葡辞書』の時代の「オマン」は、四〇〇年以上も経った現代も、京都はもちろん、大阪などでも変わることなく使用されています。とりわけ京都の上品な女性は、ほぼ例外なく「お饅頭」のことを「おまん」、「お饅頭屋さん」のことを「おまんやさん」と呼んでいるのです。この章の冒頭で紹介した、二四歳の京の依頼者の女性も、饅頭とは「おまん」と呼ぶものとしつけられて育ってきたことは、すでに皆さんにもよくお分かりのことでしょう。

第二章　「虎屋」の饅頭へのあこがれ

女児たちの「マンジュー」

さて京で、いつのころ、なぜにまた、女陰が「マンジュー」と呼ばれるようになったのでしょうか。そのことを知るためには、中国から日本にいつ、「饅頭」という食べ物が渡来したか、ということをまず知っておかねばならないでしょう。

ひとつの有力な説は、日本で「マンジュウ」、中国では「マントウ」と呼ばれるこの「饅頭」は、南北朝時代の、一三四九年、中国から日本人の禅僧に導かれて渡来した饅頭職人・林浄因《りんじょういん》（一三三六〜九二）によって日本にもたらされたというものです。浄因は奈良に住んで、饅頭を作って業《なりわい》としました。林はやがて塩瀬《しおせ》姓を名乗ったため、この系統の饅頭は、塩瀬饅頭と呼ばれます。この饅頭が、やがて室町の京にも進出して、高級な食べ物としての地位を獲得していったというわけです。

しかし饅頭は、もっと以前から日本にあったという記録もあります。

それは林浄因が日本に伝えるよりもさらに一世紀ほど前の鎌倉時代、一二四一年に禅僧の円《えん》爾《に》が中国で学んだ饅頭作りを、博多に伝えたとするものです。これが京にも伝わって、虎屋と名乗ったというのです。ちなみに徳川時代になると、京・大坂・江戸、この三箇《さんが》の津には、これを受け継いだ多くの虎屋という屋号があったといいます。

渡来人の林浄因説、日本の禅僧・円爾説、どちらもあり得る伝承かと思います。私は、両方ともが、事実を伝えているもののような気がします。いずれにせよ饅頭の日本への渡来は、奈良か平安時代のころに饂飩《うどん》が渡来していたことほどには古いことではなかったのです。

もともと、中国の「饅頭《マントウ》」の中には、豚肉や野菜などが詰められていました。そういう時代の「饅頭《マントウ》」が日本に伝わったものと思われます。ところが現在の中国の「饅頭《マントウ》」には、じつは中に何も入ってはおらず、蒸しパンのような食べものに変質しています。日本に渡来する以前からすでに、中国では地域によって、中に詰め物がなかったとも言われています。中身に豚肉や野菜が詰められている食べ物は、現在の中国では「包子《パオズ》」と呼ばれています。

私はふらりと台湾に遊びにいった際、街角で蒸したてを売っているこの包子を、列に並んで買い求め、立ち食いすることを楽しみとしてきました。詰め物には豚肉や野菜のさまざまなバリエーションがあって、安いけれどじつにおいしくて、ささやかな喜びを与えてくれるのです。

日本に渡来して「マンジュウ」と呼ばれるようになったこの饅頭は、肉食がタブーであったため、中の詰め物の豚肉は、現代のように小豆《あずき》に砂糖を加えて作られた餡《あん》に変えられました。

分かりにくい『日葡辞書』の記述

『日葡辞書』は、優れた辞書と高く評価されていますが、この「饅頭」については、読む者の理解を苦しめる記述があります。「マンヂュウ」の項を読んでみましょう。

マンヂュウ（饅頭）　小麦の小さなパンであって、湯の蒸気で蒸した物。

饅頭とは、「小麦」の「小さなパン」であって、「湯の蒸気で蒸した物」であると。

これは、「をまん」を説明した「熱湯の蒸気で蒸して作った小麦の小さなパン」、さらにまた「まん」を説明した「小麦で作る一種の小さなパンで、湯の蒸気で蒸したもの」と、ほぼ同じような記述です。すなわち、これら三つの共通した「饅頭」についての説明は、①小麦を、②湯の蒸気で蒸した、③小さなパン、ということになります。

これは驚くべき記述です。大切な「餡」について、まったく触れられていません。日本で「饅頭」といえば、私は中に餡などが入っているものとばかり信じ込んでいました。しかしこれら記述を読む限り、それは誤りだったことになります。安土・桃山時代に限って日本の饅頭は、その中身に野菜や餡などが入らない、一種のパンと化していたのか。つまり日本の「マンジュウ」は、中国の「マントウ」と同じ変化を遂げていたのでしょうか。そこで『日葡辞書』の「餡」の項を探し、読んでみると、なんと、ちゃんと饅頭の中に餡は、あるではありませんか。読んでみましょう。

アン（餡）餅や饅頭の中の詰め物。

何のことはない、『日葡辞書』の時代にも、日本の饅頭には、ちゃんと餡はあったのです。明らかにこの辞書は矛盾を露呈しています。なぜこんな、おかしなことが起きたのでしょうか。『日葡辞書』の編集に携わったのは、ポルトガル人宣教師たちと、それをサポートする日本人の信徒たちでした。そのポルトガル人宣教師が誰であったかは、辞書には明記されておらず、現在もなお杳《よう》として知れぬままです。おそらくポルトガル人宣教師が、日本の饅頭に無知であったがゆえに、その説明から故意に餡の記述を切り捨てたのでしょう。

ポルトガルは、すでに一五五七年には中国の明《みん》から、マカオの永久居留権を獲得しており、イエズス会の明での布教活動も盛んでした。明の、まさにパンの一種とも言える「マントウ」に親しんでいたポルトガル人宣教師も少なくなかったでしょう。そんな宣教師が、明での経験を日本の「マンジュウ」の説明に持ち込んだのでしょうか。今後、『日葡辞書』の編集に携わった宣教師を特定する研究のためには、この「饅頭」についての過《あやま》てる記述は、けっして忘れてはならない要《かなめ》の事項となるでしょう。

あこがれの虎屋の饅頭

女陰が饅頭にたとえられたのは、蒸しあげた丸くて白く柔らかそうで、ふくよかな感じの外観が、女児の女陰に似ていると考えられたからではなかったかと思われます。

実際、幼い女児を持つ現代の若い母親たちに聞いてみると、その陰部を、「たしかに、お饅頭みたい」と言いますし、先日私も、仲の良い甥っ子の奥さんにお願いして、おむつ替えに立ち会わせてもらったのですが、「これは、饅頭そっくりだ！」と、感嘆せざるを得ませんでした。

さて、今は東京の銘菓店として知られる「虎屋」も、すでに室町の京で饅頭屋として栄えていました。明治維新による遷都のため、明治二年（一八六九）に天皇や皇族らが東京に住居を移すと、その需要に応えるべく、虎屋はまさに同年、京から東京に進出しました。

私には小林彩子さん（一九八四年生まれ）という、彼女が同志社女子大学の学生時代に仲のよかった、心さわやかな女友達がいます。今は郷里の金沢に住んで、もう三四歳、小学二年の娘と、二歳の男児の母親です。七、八年ぶりに会った機会に、「オマンコ」の由来を理解してもらおうとして、私は熱心にこの虎屋東遷のエピソードを語り聞かせました。当時の饅頭の貴重さを伝えたかったがためです。それを静かに聞いていた彼女は、突然言いました。

「朧谷寿《おぼろやひさし》先生が、大学の日本史の講義のとき、『天皇さんは、虎屋まで東京に連れて行った』

と、おっしゃっていました。『虎屋は、本社まで東京に移してしまった』と」

「その通りです。今も京に虎屋の旧本店は残されていますが、ギャラリーとなっています。虎屋の本社移転は、それほど皇室関係者の饅頭の需要が大きかったということなのです。京の、室町の至宝が、虎屋一二代目のとき、東京に持ち去られたのです」

私はいつか雑誌で読んだ、おしゃれな美人作家・林真理子氏のエッセイのことを思い出していました。林氏は作家の鋭い観察力で、次のように書いておられます。


以前私は皇太子さまの京都訛りを聞いて感動したことがある。維新をきっかけに京都から公卿たちが上京した。その家の中では京言葉が話され、娘たちは女官になった。そして幼い皇子に向かい、京の訛りのある声で話しかけたのだ。皇居の中では明治は決して遠いものではなく、今の生活に繋がっていくものなのである。(『週刊文春』一九九三年一月二一日号「小和田さんでよかった。」)


はるばる東京への移住から百数十年経っても、京のみやびの伝統は、今なお皇室に生き続けていたのです。

「今度、天皇陛下が退位されて、上皇になられるでしょう? この機会に、ぜひともお帰りいただきたいですね。京への上皇のご帰還は、今からでもけっして遅くはないのです」

「ああ、なんて素敵！　今上天皇さまには、京の御所がいちばんお似合いですわ」

「ぼくもいちばんそれがいいと思います。災害のあるたびに現地に赴かれて、膝を屈して、一人ひとりを見舞い、励まされるお姿、これこそ国民の統合の象徴としての、何よりも尊い今上天皇のお姿です。これほどまで国民のためをお考えになってきた、徳の高い天皇が、かつていらっしゃったでしょうか。そのお姿こそ、少なくともここ千数百年、美しく、誠実に生きてきた、伝統的な日本人の姿を、最も端的に象徴するものではないでしょうか。こんな方こそ、歴史ある京の御所にお住まいいただくにふさわしいと思うのです」

私は京の御所の、美しいたたずまいを思い浮かべながら、ついつい熱弁を振るってしまったのでした。

限りない貴重品としての「饅頭」

室町の京では、砂糖は貴重な輸入品でした。砂糖は、東南アジアや台湾、中国から、オランダ人などの手によって運ばれてきたのです。輸入された白い砂糖は、今で言えば和三盆をはるかに凌ぐ価値の高いもので、容易に庶民の手に届くものではありません。それをふんだんに使った京の虎屋や、今はなき二口屋《ふたくちや》能登（のちに虎屋に吸収合併されます）などの超名店の饅頭は、史上最高のステイタスを誇る、贅沢きわまるスイーツだったのです。室町の食品の、まさに宝のような存在だったのです。

京の虎屋や二口屋能登では、徳川時代を通して、「店売り」は行っていませんでした。御所の賄《まかな》いどころなどに注文伺いに回って、これに応じてお菓子を納めていました。「御所（禁裏）御用」に応えることこそが店のアイデンティティであったのです。あくまで御所が中心で、御所以外では、公家、門跡《もんぜき》（住職となった皇族・公家）、武家の京都所司代、参勤交代の殿様方、大坂の鴻池などの豪商といったハイクラスの人たちのみが、これらの店の饅頭を購《あがな》うことができました。したがって、一般の町衆には縁遠い高級品でした。ただ話に聞くばかりの、見るも叶わぬあこがれの品でした。しかし庶民には庶民用の、張り込めば買える饅頭店もあったのです。さらに思い切り安い、三文饅頭という庶民用の品もありました。

しかし徳川時代、京の庶民が、わが娘の女陰にイメージしたのは、そんな安物饅頭ではなかったでしょう。京の人たちは、幼い女陰を、華やぐ京の文化の最高級品のひとつ、あこがれの虎屋の饅頭になぞらえたのです。それを彷彿《ほうふつ》させる大坂の例を見ましょう。小咄《こばなし》集にあります。

娘の子を行水さし、前《まへ》を洗ふとき乳母がいふやう「御寮人《りやうにん》様のハ、とんと饅頭《まんぢう》じや」といへば此子いきすぎ者《もの》にて「とらやのか」といふた

（現代語訳：

娘の年ごろのお子様を行水させるとき、乳母が、こう言いました。

「お嬢様のは、まだお饅頭でございますわね」

そう言われておませな少女は、こう応じました。

「虎屋のでしょ？」と。）

（解説）まんぢう―いまだ子供なので、下腹部の三角地帯が、まだ無毛であるゆえ饅頭と見た。（「軽口腹太鼓」八木鰭助《ひれすけ》・一七五二、『秘籍 江戸文学選 八 江戸風流小咄』収録）


自分の陰部が、最高級品の虎屋の饅頭並みと誇るとは！ 読者はそのユーモアにニッコリ微笑んだことでしょう。一八世紀半ば、饅頭はまだ幼女の陰部として通用していました。

ちなみにここでの虎屋とは、京の虎屋とは資本の上でも系統としてもまったく関係のない店で、大坂・高麗橋《こうらいはし》詰にあった名店・虎屋のことです。この虎屋は正確には、「虎屋伊織」と言い、京の虎屋（こちらは正確には、「虎屋近江」）にも負けない、中国から輸入した最高級の砂糖を使った饅頭を「店売り」していました。ちなみにこの虎屋伊織は、大阪の和菓子の老舗中の老舗のひとつ、「鶴屋八幡」の源流です。大坂では、どんな庶民も、お金を出しさえすれば最高級の饅頭を買うことができました。徳川初期から「食い倒れ」の町と言われた大坂だけに、庶民はこの値の張る虎屋伊織の饅頭を、心から愛好していたのです。

大人の女たちの「マンジュー」へ

さて、『日国』は、女陰が饅頭と呼ばれた初出の文献として、京の仮名草子『都風俗鑑《みやこふうぞくかがみ》』（一六八一）の例を紹介しています。『新日本古典文学大系74　仮名草子集』版で読んでみましょう。ここではすでに「マンジュー」は、大人の女陰に用いられています。

肥《こ》へ油《〈あぶら〉》づきたる御居処《おゐど》の、蟻《〈あり〉》の門渡《とわた》り迄《まで》が、饅頭《〈まんぢう〉》に濡《ぬ》れ紙《〈がみ〉》をかけたる様《やう》に、心地《こゝち》よく見ゆるなり。

饅頭《まんぢう》…女性の陰部の意をかける。

校注には「饅頭《まんぢう》…女性の陰部の意をかける」とあります。「マンジュー」は、一七世紀の京では、すでに大人の女にも用いられるようになっていたのです。

さらにこの例と同じ年の一六八一年、京の遊郭・島原の遊女評判『朱雀遠目鏡《すざくとおめがね》』という文献にも、この大人の女の饅頭は出てきます。『角川古語大辞典』第一巻（一九八二）がそのことを教えてくれます。

御茶（筆者注：女陰のこと）のあたりはふくらかに、饅頭をあざむくごとくなるこそよけれ――（『朱雀遠目鏡』上）

すでにこの時代、京で饅頭は、大人の女陰をたとえるものとして用いられていたことが分かります。ちなみに「御茶」も女陰を意味していますが、これはのちに「チャンベ」を語るところでもう一度触れますから、ぜひ覚えておいて下さい。

さらに、一八世紀の大坂の文献には、饅頭が大人の女陰そのものであったことを示す、面白い文章があります。『婚礼秘事袋』（刊行年不明）という艶本の中です。ロンドン大学教授のアンドリュー・ガーストル氏が、『江戸をんなの春画本』（二〇一一）の中で書いていらっしゃいますから、次にそのまま引用させていただくことにしましょう。

（婿）「みやげのとらやまんぢう（虎屋饅頭）をしやうぐわん（賞翫）いたそう」
（嫁）「わたしがのは、おゆるし。どうやらもつたいない。ばち（罰）があたりますわいな」

男のほうは、まるで「とらやまんぢう（※「饅頭」は女性器の隠語）」を味わうようだと喜んでいるが、女のほうは、そのような高級品と比較されて、少し恥ずかしがっているようで、自分に「罰があたります」と言っているわけだ。

大坂の饅頭はあくまでも虎屋伊織。そのブランド力は周知され、ゆるぎないものがあったわけです。

さて、発生元の上方では「マンジュー」は、『日葡辞書』には載っていないものの、おそらくは室町時代以来、まだ無毛の子供の女陰を意味していたばかりでなく、徳川時代の早い時期には、すでに大人の女陰にも使われ始めていたのです。

川柳・雑俳の研究家であった岡田甫《はじめ》氏（一九〇五〜七九）によって編定された、徳川時代の江戸のエッチな俳句ばかりを集めた『定本誹風末摘花』（一九五二）を読んでみると、一七九一年刊の『末摘花』参篇に、「饅頭」ではなく、「毛饅頭」が二つ現れています。ひとつを読んでみましょう。

けまんぢう 万民是をしやうくわんす
（現代表記：毛饅頭　万民　これを賞玩す）

大人の女陰にはわざわざ「毛」をつけて「毛饅頭」と呼んでいることは、一七九一年の江戸では、まだ幼女に限定して「マンジュー」と呼ぶ習慣が残っていたとみることができます。

徳川期における、江戸の春画・艶本、さらに雑俳などにおける大人の女陰は、「ボボ」と呼ぶのが圧倒的です。「ボボ」の数多さに対抗して男根は「マラ」が主流です。江戸のこうした芸術は、「ボボとマラ」の芸術と呼んでいいでしょう。しかし「ボボ」に交じって大人の女陰を示す「マンジュー」も健在であり、やがて新たに「オマンコ」も参入するのです。

この京生まれの「マンジュー」は、大坂や、江戸（江戸は上方語を、同時代的にストレートに受容することも少なくなく、そのため江戸を「言語島」ともいう）に広まっただけでなく、遠く東北や九州には地を這って広まっていったものと思われます。東北や九州に残る古い言葉が、生誕地の京における正しい意味を現在まで大事に保持しているのはよくあることで、『鹿児島方言辞典』（嶋戸貞良・一九三五）にもこう書かれています。

マンヂュ――女の淫部をいふ。主として十四五歳以下の少女のをいふ。

ここで「十四五歳以下」というのは数え年の年齢で、今で言えば「十二、三歳以下」くらいになります。昔のことですから体の成熟も遅く、まだ無毛で、生理も始まっていない幼い少女

會本拝開《えほんはいかい》よぶこど梨《り》

絵の上の詞書の最後の6行が「此のよふに〜」。左下には猫が描かれている。

のことだったでしょう。京における当初の使い方が、およそ五〇〇年を経た昭和初期の時代に至っても、本土西南の果ての鹿児島で生き続けてきたことが分かるのです。

江戸社会の「マンジュー」

本来は赤ちゃんや幼児専用語であったのに、やがてこの言葉もまた、陰毛のはえた大人のために使用されることが多くなります。

たとえば江戸で、「此のよふにふつくりとしたまんぢうをくはずにゐられるものか」（春画『會《え》本拝開《ほんはいかい》よぶこど梨《り》』勝川春章画・一七八八）、「お前さんの饅頭をいつまでも食べとふござります」（春画『會《え》本《ほん》妃《ひ》女始《めはじめ》』喜多川歌麿、勝川春湖画・一七九〇）といったように、「マンジュー」は、「食う・食べる」べき、大人の女陰を意味するようになってはいましたが、「食う・食べる」と言っているところからも、まだ本来の食品としての「饅頭」のイメージを何世紀も引きずっていることが分かります。それは上方を離れ、江戸に至っても同じだったのです。

「マンジュー」は、たしかに女陰を示す表現ではあるものの、またしばしば「蒸したての」とか、「虎屋の」といったいわば枕詞をわざわざ付け加えています。これは女陰を婉曲《えんきょく》的に言い表し、女性にも抵抗感のない雅語《がご》の類いとして用いるためだったようにも思われます。上方ばかりでなく、一九世紀初頭の江戸社会でもその傾向はまだ維持されており、喜多川歌麿、葛飾北斎を始めとする、近世美術史に名を残す浮世絵の天才たちが「まんぢう」あるいは京風に「おまん」という言葉を、素晴らしく優美に描こうとして、次のような表現をしているのです。

○しつくりとして、できたての<u>まんぢう</u>ならべたやうなやはらかさ（勝川春章『浮世糸具知《うきよのいとぐち》』・一七八〇）

○むしたての<u>おまん</u>の中へ、かんざらししらたまをはさんだといふしろ物（葛飾北斎『多満佳津良《たまかづら》』・一八二二か）

○さつきのとらやのまんぢうよりまだふくれあがつたよふす。（柳川重信『天野浮橋』・一八三〇）

かわいくて優雅な「オマンコ」

奈良時代の貴族であり歌人であった山上憶良《やまのうえのおくら》が、次のように歌っています。

しろがねもくがねも玉も何せむに　まされる宝　子にしかめやも

（現代語訳：銀も金も、宝石ですらも、何の価値があろうというものか。それらよりも勝れる宝が、わが子というものだ）

憶良は、わが子を得て、心弾む幸福感に包まれます。およそ世の中に、この幸福に共感を覚えない親があるでしょうか。憶良の心情は、古今を通じて世界の親の心情でもあったでしょう。

こんな思い出があります。大学三回生、一九七〇年の夏のことでした。郷里の友人と大阪万博を見にいくため茨木の駅で降り、万博会場行きのバスに乗って座席に座りました。やがてバスは混んでゆき寿司詰めの状態になりました。私の目の前に、父親に連れられて乗ってきた幼い女の子が立ちました。私は即座に、自分の席を女の子に譲ってあげました。そのときです、三〇代半ばの父親がさっと私に向き直り、「まことに、ありがとうございます！」と、深々と頭を垂れたのです。私は何ごとかと、驚きました。こんな大人の男性が、二〇歳の青二才たる私の如きにそんな礼儀正しい感謝の態度をとってくれるとは、唖然とするほどの衝撃でした。父親というものは、わが娘のためなら、こんなことまでできるのか！　幼い少女は、母からはもちろんのこと、父からも、そんな風に大切に育てられているものなのかと、私は深い感慨に捉われたのです。

日本の父や母が、そんな大切なあどけない娘の、いたいけない女陰に、最大限のいとおしさの込もった名を与えたのは、ごく自然なことだったのです。

しかし、あどけない幼児のための言葉だった「マンジュー」が、やがて本家の京で大人の陰部にも使われるようになりました。そこで「マンジュー」を、都の婦女子はさらに愛らしさと上品さを加えるべく御所ことばをそのまま採用し、語尾「ジュー」を省略して、「マン」「オマン」としたのでしょう。そしてその後、またしても愛すべき幼女に限定して用いる「オマンコ」という言葉を生み出してゆきます。

「オマンコ」の江戸での出現の時期について、『近世庶民文化』における対談で、興味深い会話がなされています。『近世庶民文化』とは、先述の岡田甫氏が、一九五〇年に自ら創刊した雑誌です。この雑誌の、第一五号（一九五三年一月一五日発行）で、岡田氏は、性風俗研究家・

高橋鐵《てつ》氏（一九〇七〜七二）と「粋客酔談」と題された対談を行っています。
ここでは「オマンコ」は「於満古」と表記されています。恐るべき奇妙な漢字表現です。いったいどういう語源を意識しての、当て字だったのか不明です。読んでみましょう。

於満古の発見

高橋……於満古という言葉はいつ頃から遣われたものだろう。比較的新しいと思うが。
岡田……たしか英泉の絵本にあつたんじやないか、子供が銭湯の中で、女の局部を指さして云つてる詞書が……。川柳では、僕の調査ではやつと文政一〇年（一八二七）の句まで逆のぼれる。それ以前はまだ知らない。「おまんこのほとりに蛸は口があり」と云う句だがね。勿論こういう句がある以上もう当時は普遍的な言葉で、だがそれがあまり出て来ないと云うのは、その音調からして子供の言葉だつたんだろうと思う。

岡田甫氏は、さすがに俳句・雑俳の女陰語などの調査も極めた人らしく、「オマンコ」を、「その音調からして子供の言葉だったんだろうと思う」と、「オマンコ」が幼児の使う言葉であったろうことを、正しく意識しています。ただしこれが、上方からやってきた言葉であったということや、母親たちが娘に愛情を持って教え込んだ言葉であったはずだ、といったことに関して、自覚があったかどうかは疑問です。

『日国』には、「おまんこ」について、次のようにあります。

お-まんこ（一）女性の陰部の異称。陰門。

＊雑俳・柳多留-一二四（一八三三）「おまん子のむく毛は馬がこするやう」

『日国』ではこのように、「オマンコ」の初出を、『柳多留《やなぎだる》』の一八三三年としています。そしてなぜか、岡田甫氏がはっきり提示していた一八二七年の「おまんこのほとりに蛸は口があり」の例を見捨てています。さらに『日国』は、いきなり「女性の陰部の異称。陰門。」と、何のお愛想もなく、無機質に記述しているばかりなのです。こんないやらしい、助平な語は簡単に済ませたい。そうした、いかにもそっけない気持ちを感じさせます。しかも、これではまるきり調査不足です。この『日国』という、日本語に関する高度な知を集積した最大の辞書ですら、じつは春画・艶本といった「下品」な作品には無関心を貫いてきたからです。

近年、春画の世界的価値が見直されつつある中、私のような素人でも、「オマンコ」のもっと早い使用例を、『別冊太陽　錦絵春画』（早川聞多《もんた》監修、解説・二〇一五）の中で、簡単に見つけることができたのです。

江戸の歌川豊国の春画『逢夜雁之声《おうよがりのこえ》』の詞書《ことばがき》にありました。春画・艶本をもっと探せば、さらに古い例は見いだされるかも知れません。この『逢夜雁之声』、一八二二年の例を次に掲げてみましょう。きわめて読み取りにくい詞書を、長年の友人である、飛びぬけて美人の日本語学者、弘前大学副学長・郡千寿子《こおり》さんに頼み込んで、判読してもらいました。上品な女子大学の出身で伊吹先生並みに謹厳実直で羞恥心の人一倍強い彼女は、そのいやらしさに激しく赤面しながらも必死にそれに耐え、春画・艶本の解読にチャレンジしてくれたのです。さて、『逢夜雁之声』の、母親と風呂に入っている幼い男の子が母親に言うセリフです。

おっかア　おまへの[おまんこ]にけがたんとうあるから　ぬいてくれ　おもちゃの人形へ付《つけ》るからよ

（現代語訳：おかあちゃん、あんたの[おまんこ]に毛がたんとあるし、抜いて頂戴。おもちゃの人形に付けるからさ）

一方、同じ画の中で、隣りの湯舟に入ろうとしている大人の女は、こう呟いています。

このゆはさめたとおもつたら　まだゝ　ぢつは[ぼぼ]をやけどをしたやつさ

逢夜雁之声
子供の詞書は、絵の右上に、「このゆは〜」は右下の湯船にある。
立命館大学アート・リサーチセンター所蔵、arcBKE2-0007

（現代語訳：この湯はさめたと思ったら、まだ熱すぎる。じつは以前、ぼぼを火傷したことのある熱さだ）

このように「オマンコ」を使っているのは幼い男の子で、「ボボ」を使っているのは大人の女です。「マンジュー」から、江戸庶民が多用した「ボボ」を経て、ついに現代の共通語である「オマンコ」に至る、婦女子も自由に使える女陰語の変化のありさまを物語っている、象徴的なシーンです。

こうした春画を読み込んでいるうちに、またひとつ面白いシーンに出くわしました。『江戸名作艶本4　歌川国虎』（一九九六）の中の、『祝言《しゅうげん》色《いろ》女《な》男《お》思《し》』（一八二五年）の一シーンです。せっかくですからこれも引用してみましょう。仲良しの幼い少年と少女が、夜ごと演じられる両親の営みのまねをして、セックスごっこをして遊ぶという、とんでもないシーンです。男は少年、女は少女のセリフです。

男 おめへもつとめへをまくつてぼぼをだしねヱ
女 ヲヤヲヤ　またぼぼとおいいだよ　おまんことゆふものだよ
男 ソンならおまんこをだしねヱ
女 アイ
ト又をひろげると　男の子ちんぼをチヨイトおつ付ける
（現代語訳：
男「お前、もっと着物の前をめくって、ぼぼを出してごらん」
女「おやおや、またぼぼとお言いだよ。おまんこと言うものだよ」
男「そんなら、おまんこを出しねぇ」
女「はい！」
と、股を広げると、男の子は、ちんぼをちょいと押し付ける）

少年は日ごろ親の使っている「ボボ」をそのまま使い、少女は少年に、新しいトレンド語の「オマンコ」を使うように注意を与え、言い直させています。もちろんその方が、少女にとって、かわいくて、素敵だからです。ちなみにこのころ江戸では、まだ現代語「チンポ」ではなく、一時代古い「チンボ」が使われていたようです。

なお、作家の永井義男氏もまた『江戸の性語辞典』（二〇一四）で、こうした「オマンコ」の文例をいくつも挙げ、この時代、「オマンコ」が幼い少女のものであり、「かわいく、ほほえましい表現」であったことを強調しておられます。まさにその通りでしょう。

「オマンコ」は、幼い少女のための、かわいさを極めた言葉であったことは、間違いありません。そればかりか、「オ」の付いていない、シンプルな「マンコ」もまた同様に、かわいい「女児」のためのものであったことを、徳川後期の随筆で知ることができます。

国学者である喜多村筠庭《いんてい》（信節《のぶよ》）（一七八三～一八五六）は、随筆集『嬉遊笑覧《きゆうしょうらん》』（一八三〇）の作者として、よく世に知られています。筠庭の別の随筆集『筠庭雑考』（一八四三）巻之一で、「小児にチンボウ、女児にマンコ」と記しているのです。このように「マンコ」も、あくまで「女児」のためのものでした。

幼い少女に使っていた「マンジュー」や「ボボ」など、かわいい言葉が大人の女陰にも使われるようになると、幼女専用のまた新しく、さらにかわいく、愛くるしい表現が必要となったのでしょう。それが「マンコ」「オマンコ」だったのです。

「マンジュー」から「オマンコ」までの道程

すでに学んだように『日葡辞書』の時代には「饅頭」は、京の婦人語としては「マン」「オマン」と変化していました。同じ辞書で、小便は「シシ」と書かれています。しかし、のちに親愛を表す接頭辞「オ」を付け、また語尾にやはり親愛を表す指小辞《ししょうじ》「コ」を付け加えて、かわいく「オシッコ」としたのです。この語に限らず、先に見たように、貴重でおいしい「餡」を「餡子」と言ったように、愛すべきものの語尾に「コ」を付けるのは京の慣わしでした。

小林好日《よしはる》氏は、『東北の方言』（一九四四）で、「判子《はんこ》」、「根っこ」、「端っこ」、「隅っこ」、「人っ子」、「梯子《はしご》」、「おでこ」、「拳固《げんこ》」、「面子《めんこ》」、「ひよこ」、「ウンコ」などの例を挙げ、

どうやらこのコを付けることが中央にもあり、あるいは全国的に広まったのではないかと思われるふしがある。（筆者註：現代表記に改める。中央とは、京のこと）

と指摘しておられます。三一年後の『方言と標準語―日本語方言学概説―』（一九七五）の上《かみ》村孝二《むらたかじ》氏による調査と分析は、さらに深い認識へと足を踏み入れています。読んでみましょう。

薩摩大隅両半島の南端（枕崎・佐多岬地方・内之浦町）では指小辞コを使用する。鍋ンコ、下駄ンコ、魚ンコのように、ン〈の〉を介して名詞につく。これが奄美の指小辞 'kwa〈子〉と握手しつつ、本州東北方言のコと呼応する次第である。

すなわち、指小辞「コ」を名詞の末尾に付ける習慣は、東北ばかりではなく、じつは九州は鹿児島の薩摩半島、大隅半島でも同じようにあって、さらに奄美大島にまでも延びている。これこそはまさに方言周圏論の典型的な一例である、ということを上村氏は示唆しています。きわめて妥当な、正しい認識であると言えるでしょう。

このようにして、かつて京において、かわいい幼子の女陰としての「マン」に、さらに上品さ、優雅さ、そして親愛を増すため、語頭に「オ」、次に語尾に「コ」が付けられたのです。

こうして中世の最高級の贅沢な食品「マンジュー」に始まった女陰名は、やがて「マン」「オマン」という御所ことばを経て、ついに「オマンコ」という最高に愛すべき、慈しみ深き、かわいい呼称にまでたどり着いたのです。

女房詞の研究者の分析と天才作家の直観

「オマンコ」という言葉自体が生まれたのも、「ボボ」がそうであったのと同じく、やはり御所だったという可能性があります。御所ことば、すなわち女房詞とは、御所で天皇に仕える女房たちの言葉であったのはもちろんのことですが、女房と日常的に接しておられた天皇ご自身も共用されていた言葉であったかと思われるのです。

そんなことを考えていたとき、先述の日本語学者・郡千寿子さんが関西に出張してきて、阪神間の大学時代の旧友たちと『探偵！ナイトスクープ』のスタジオを訪ねてくれました。彼女は女房詞、すなわち御所ことば研究のスペシャリストでもあるので、私は「マン」「オマン」「オマンコ」などについて今まで考えたことのすべてを、彼女に投げかけてみました。人一倍羞恥心が強いはずの彼女ですが、学問に関わることとて、真剣に話を聞いてくれました。

「私は今までこうした類いの言葉については使用を控えてきて、つまり使用履歴がまったくなくて、有益な助言はできないと思うのですが……」

とおかしそうに微笑みながら、こう答えてくれました。

「たとえば往来物《おうらいもの》資料『女小学教草《おんなしょうがくおしえぐさ》』（一八五二）にも『女中詞《じょちゅうことば》』、つまり御所ことばとして『まんぢう　は　おまん』と書かれています」

「往来物って、まるで旅行記みたいですけど、実際は、徳川時代の子供用のテキストで、往復の手紙の形をとっているので往来物と呼ぶんですね」

「そうです。寺子屋などで使われた教科書です。特に『女中詞・御所ことば』が書かれているのは女の子用の教科書で、『女小学教草』も、品のある女性のたしなみを身につけるためのテキストなんです。古くは『マン』が基本形だったかも知れませんが、これら資料を読むと、江戸時代にはもう『オマン』が一語として認識されていたことが分かります」

「なるほど、一語として！　『お醤油』『お惣菜』とかの『オ』は、別に付けなくても構わないですよね。しかし『オマン』の『オ』は、『オナカ』『オカズ』といったほかの女房詞と一緒で、『オ』がないと一語としては成立しない、というわけですね。実際、現代の京の女性も饅頭を『オマン』とは言っても、『マン』とは絶対言いませんものね」

「そういうことです。『オマン』は、それ自体、完成された一語なんです。接頭辞『オ』は、当初は尊敬の『御』の意識があったと思います。それが次第に丁寧語、あるいは美化語へとなっていった。『オ+マンジュウ』も、初めは仕える身分の高い相手が召し上がる御饅頭という意味で『敬意』が込められていたはずです。その後、相手が誰であれ、饅頭を丁寧に表現した方が、女性らしくて品位がある、という意識から、『オマンジュウ』と言うようになったのでしょう。女房同士で使う場合は『マンジュウ』、のちには語尾を省略して『マン』でいいのでしょうが、でも丁寧に美しく女性らしい言葉づかいをしよう、となって『オ+マン』。仲間意識から生まれた、いわゆる業界用語が女房詞だと私は考えています」

「なるほど、それも最も格式の高い皇室業界なんですね」

「御所ことばには、直接表現を避けて、言い換える語も多いのです。そういう事情が関係して、『マンジュウ』が『女性の局所を指す隠語』としても使われるようになった、と私は思うのですがいかがでしょう？」

いきなり彼女の言葉は核心を突いてきました。きわめて重要なことを告げようとしていることが、私にはすぐ分かりました。私はその言葉に耳を傾けました。

「たとえば、豆腐は『白壁』に似ているところから、御所ことばで『オカベ』と言います。似たものに言い換えて表現し、仲間内だけで通じる言葉でした。『水』を、今でも関西地方では、男性たちも『オヒヤ』と言います。『お冷やし』の語尾『し』が省略され、『冷たいもの（水）』を指す、もともとは女性だけが使う間接表現の女房詞です。『オマンジュー』が局所に似ているということで言い換えられ、やがて女性の仲間内だけで通じる言葉として『オマン』と略され、これに準じて饅頭という本来の意味とは別の、局所の意味をも担う『オマン』が生まれた。女性たちが直接表現を避け、間接表現を考案し続けてきたことが背景にあると思うのです」

「つまり、女陰としての『マンジュー』や『マン』『オマン』そのものが、やはり女房詞であったという可能性が高いというわけですか？」

彼女はきりりと顔を引き締めて、小さく頷きました。

「そうです。そのような可能性を強く感じます。御所や宮中に仕える女房たちは、家事だけではなく、養育にも関与していたはずです。あそこ（局所）を指す言葉は、彼女たちに必要不可欠だったのです。饅頭に似ているから『マンジュー』『マン』『オマン』と時代によって言い換えてきたとしても不自然ではありません。当初は女性の仲間内だけで通じる言葉だったでしょうが、『オヒヤ』と同じように男性にも使用が拡大していったのではないでしょうか。女房詞は、女性の想像力が表れたものなんです。ある意味で『マンジュー』『オマン』は女性ならではの発想力で言い換えられた、『愛らしい』呼び方であったように思えます」

「ぼくもそう思うんです。その言葉の至った果てが『オマンコ』ですよね。日本人の発想力って、なんて素敵なんでしょう！　もうあなたも、これからは恥ずかしがらずに使えますね！」

「何言ってるんです！　でも私も、少しは変われるかも知れません。あなたの研究を手助けして春画や艶本も拝見しましたし、愉快だった二五年以上の長い友情のためにも」

そう語る彼女のくったくない笑顔は私の目に、初めて知り合った、彼女がまだ二〇代後半のころと変わらない、清々しさを湛《たた》えているように映ったのでした。

ところで、あの寺山修司（一九三五～八三）。一九六〇年代、若者たちの教祖的なスターで、歌人・劇作家・作詞家・映画監督であり、まさにマルチな才能を身につけたこの稀有《けう》なヒーローは、青森県での小学時代、東京人の使う「オマンコ」を初めて耳にしたときの衝撃を、地元で言う「ダンベ」と比較して、自伝でこう語っています。

だんべ ということばには、農家の母親の生産的なイメージしかなかったが、おまんこ ということばには、優雅さが感じられた。それは小学生の私たちが口にするかぎりの、もっとも神秘的なことばであった。(『自叙伝らしくなく　誰か故郷を想はざる』　一九六八)

青森県の感受性あふれる寺山修司少年は、「オマンコ」という言葉が持つ「優雅」なる美しさを鋭く直観し、初々しい魂を揺さぶられたのでした。この修司少年が胸の奥底、深くに感じた「優雅さ」とは、もしかすると京の御所のみやび、畏《おそ》れ多くも天皇を含む皇室そのもののみやびだったのかも知れないのです。

ちなみに、修司少年が「農家の母親の生産的なイメージ」しか感じなかった「ダンベ」は、青森県で独自に自生した言葉ではなく、これもまた、やはり京の都で生を享けた言葉のひとつです。しかしそれは、皇室とはまったく縁の遠い、町衆の間から湧き上がってきた言葉であったらしいことは、のちに詳述することにいたしましょう。

「オマンコ」のたどった淫乱な運命

数千冊も発行されたと考えられる江戸の春画・艶本を眺めてみると、文化文政の時代、すなわち一八〇四〜三〇年、一九世紀初頭のころには、「オマンコ」もまた、すでに「ボボ」と並んで、大人の女陰に使われています。一例を挙げてみましょう。

「アヽどうせう、善くって〳〵成らないよ、エヽもういく〳〵ハァ〳〵」と開《おまんこ》の奥から湯の様な淫水どく〳〵（『染分《そめわけ》手綱《たづな》物語』成立年不明。文化文政江戸発禁文庫『好色の女　七』）

まさに、江戸ポルノです。京の都の婦女子の間で「ボボ」「マンジュー」と同様に、きわめて上品な言葉であったはずなのに、やがて「オマンコ」もまた、このように大人の奔放なセックスを描くための言葉へ、という避けがたい運命をたどってしまったのです。

「ソソ」と「へへ」も婦女子語か

さてここで、もう一度、時間軸を一六〇三〜〇四年刊行の『日葡辞書』に戻して、通り過ごしてきた女陰語について考えてみましょう。『日葡辞書』には、女陰語として、「ツビ」「ボボ」

以外に、「ソソ」と「へへ」が記載されています。

「ソソ」もまた「ボボ」と同じく、歴史上『日葡辞書』に初めて出てくる言葉です。「ソソ」は、丁寧の接頭辞「オ」を付けた「オソソ」（初出は、一八一九年ころの『浪花聞書《なにわききがき》』）の形で、上方で婦女子が使用する言葉として一時代を制していたらしいことは、あとで詳しく述べることにしましょう。

さらにもうひとつ、『日葡辞書』には、「へへ」という言葉があります。「ボボ」「ソソ」と来て、その上さらに「へへ」。同じ発音の音を、二つ並べる、という語が、四語のうち三語までを占めています。これはじつに特異なことです。

私たちは、このような畳語《じょうご》の例として、ほかにどんなものを知っているでしょうか？

手のことを、「（オ）テテ」（九世紀後半初出。『日国』による。以下同じ）と言うのは、母親が子供に教え込む、上品な言葉で、まさに婦女子語と言えます。さらに、『御所ことば』（井之口有一、堀井令以知・一九七四）において、「ボボ」と同じく、御所ことば（女房詞）と認定されている言葉に、魚を意味する「トト」（室町時代初出）、小便のことを言う「シシ」（室町末初出）、飯や食事を意味する「ママ」（徳川時代初出）があります。それら御所ことばは婦人語であると同時に、幼児語でもあったでしょう。これらは現代にも受け継がれています。また「へへ」に似た「べべ」（室町末初出）は、着物を意味する婦女子が使う言葉です。

これらはいずれも、単純で発音しやすく、かわいくてあどけなく、また品のいいことをモットーとする言葉たちです。それであるなら、「ボボ」とともに、「ソソ」や「へへ」もまた、本来は愛らしい婦女子の言葉だったのではないでしょうか。

そう考えたのは、じつは私が最初ではありませんでした。なんと半世紀も前すでに、あの折《おり》口信夫《くちしのぶ》の門下のひとり、『日葡辞書』の研究者であった今泉忠義氏（一九〇〇～七六）が、「ソソ」「へへ」をもともと「婦人語」であったと考えておられたのです（『日葡辭書の研究』〔一九七二〕）。今泉氏は次のように考えました。『日葡辞書』において「へへ」も「ソソ」も、「特に婦人語としての注記がない」のは、「もう普通語に移つてゐた」からだろう、と。

今泉氏の言う「普通語」とは、婦女子だけに限らず、男性も用いる一般的な言葉という意味でしょう。でも本来「ソソ」「へへ」は婦女子用の言葉であった。今泉先生がそう考えたのは、『日葡辞書』の時代、女性が陰部の名を口に出すのは、先の「ボボ」の例に見るように、ごく当たり前のことであった、という明確な認識があったからに違いありません。しかも語感が、あどけなくて素敵です。私は、先生の判断は、かなり鋭いものだったと思うのです。

『日国』によれば「へへ」は、『日葡辞書』より一世紀以上も前の、俳諧『竹馬狂吟集《ちくばきょうぎんしゅう》』（一四九九）で初めて文献に現れていきます。この言葉を考えるに際して注目すべきは、「へへやか」という表現が、すでに一三、一四世紀に都に見られるという事実です。女陰「へへ」と、まったく関係はないのでしょうか。『日国』で「へへやか」の項を読んでみましょう。

> 歳月のめぐりゆくさま。また、のんびりと月日をすごすさま。荏苒（じんぜん）。
> ＊観智院本類聚名義抄〔1241〕「荏苒 へへヤカ ニシテ」
> ＊醍醐寺本遊仙窟康永三年点〔1344〕「耀々とてれる面子のかほつきは、荏苒と へへやか にして」

『日国』での語釈は、「歳月のめぐりゆくさま。また、のんびりと月日をすごすさま。荏苒《じんぜん》」の意にとどめていますが、私のよく存じ上げる蜂矢真郷《はちやまさと》先生の『国語重複語の語構成論的研究』（一九九八）では、二つ目の用例について、さらに踏み込んで、

> 耀‐ゝとテレル面《メン》‐子《シ》のカホツキは荏《ジン》‐苒《ゼン》と へ、ヤカ ニシテ《「て」》（遊仙窟醍醐寺本）
>
> へへヤカ は、のような例があり、顔などがふっくらとして柔らかなさまを表すと言われる。

と述べておられます。なんと一四世紀半ばの「へへやか」とは、「顔などがふっくらとして柔らかなさま」のことであるというのです。心惹かれる記述です。「顔など」には女陰も含まれないのでしょうか。今まで、赤ちゃんの女陰こそまさに、酒蒸し饅頭のように「ふっくらとして柔らかなさま」であったと日本人が考え続けてきたことは、繰り返し見てきたことです。「ふっくらとして柔らかか」だからこそ、一五世紀末までの日本人は、赤ちゃんの女陰のことを「へへ」と呼んだのではないか。語尾の「やか」をカットして、「へへ」だけで「ふっくらとして柔らか」を示す言葉にしたのではないでしょうか。

「やか」という接尾語の付く語には、「和《なご》やか」（八三〇年ころ初出。『日国』による。以下同じ）、「匂《にお》やか」（一〇世紀終わり初出）、「鮮《あざ》やか」（一〇世紀終わり初出）、「賑《にぎ》やか」（一二一六年ころ初出）など現代にそのまま受け継がれている語もありますが、過去には、「若《わか》やか」「小《ちい》さやか」（八五〇年ころ初出）、「高《たか》やか」（九七四年ころ初出）、「近《ちか》やか」（一〇〇一〜一四年ころ初出）、（一〇世紀後半初出）などといった表現もありました。これらに付いていた接尾語「やか」は、現在すべてカットされています。

品詞や年代など追求すべき問題を残してはいますが、これら後者の語と同じような変化が「へへやか」にも起きたのではないでしょうか。そう着想すると、実にクリアに、「へへ」成立の真相が見えてくるのではないでしょうか。

「へへ」には、「へっぺ」「べべ」「ぺぺ」などと全国各地で変化が見られますが、東西にかなりの広がりを見せていることから、相当な長い期間、都で用いられてきたものと思われます。「ふっくらとして柔らかなさま」を意味するこの言葉は、その比喩のさまの、いとけないかわいらしさ故でしょうか、明らかに日本人に好かれていたのです。

「へへ」ではなく、「べべ」と発せられている地域が東西に多いのは、この語がすでに都で「べべ」に変化した上で発信されていた時期もあったことを思わせます。もしそうだとすると、同じ京から発信されたと思われる、着物の「べべ」との関わりが気になるところです。

着物を表す幼児・婦人語としての「べべ」は、室町末の御伽草子『福富長者物語《ふくとみのちようじやものがたり》』に初めて現れます。女陰「へへ」より少し後かも知れません。この着物としての「べべ」は、今も上方でも現役の言葉です。着物の「べべ」の方が、女陰の「べべ」を排除する形で生き延びたわけですが、この二語の相互の関係については、さらに考察の余地があるでしょう。

今も着物の「べべ」は上品でかわいい、婦女子が好んで使う言葉です。おそらく昔からそうだったでしょう。それと同じように、女陰の「へへ」、あるいは「べべ」もまた本来、上品でかわいい、婦女子の愛好する言葉であったはずだと私には思われてならないのです。

女陰の「べべ」と着物の「べべ」という同音異義語は、京の市中で衝突を起したはずです。どちらかが回避されるべき運命を担わされました。幼女の女陰語たる「べべ」は、愛すべきかわいらしい言葉ではあったものの、新興の、あこがれの着物としての婦女子語「べべ」の、あるいはその華やかさに敗北して、都では消滅していったということなのかも知れません。

さて、何度も繰り返されてきたことですが、京の都の婦女子の上品な言葉であったはずの女の赤ちゃんや幼児のための女陰語が、やがて大人の女の性器の語へ、という避けがたい運命をたどり、また新たに幼女用の、かわいい、あどけない、慈しむべき呼び名が必要になりました。

文化の発信基地だった京では、徳川時代以降も、優雅さ、上品さを求めて「チャンベ」や「メメ」「メンチョ」「オメコ」などを新たに生み出し、『日葡辞書』にも出てくる「ソソ」をより丁寧に言った「オソソ」も再興させるなど、幼女の陰部を可能な限りかわいらしく呼びたい、という大人たちの要望に突き動かされて、愛すべき新語が生み出されました。ところが、これがまたもや大人たちにも用いられるようになると、このままではいけないと、また次々と、あどけなくかわいい、上品な新語が生み出されては交代していったものと思われるのです。

第三章　「チャンベ」「オメコ」らの愛すべき素性

「チャンベ」「チャンペ」の愛らしさ

「オマンコ」よりもあとに京に出現した女陰語についても、考察を加えてみることにしましょう。京で「オマンコ」の次にバトンタッチされた新語は、「チャンベ」だったのではないかと思います。

「チャンベ」は、東は富山県と岐阜県の北部、西は四国の愛媛県と佐賀県・長崎県に見いだされ、周圏分布の円を描いて広がっています。またこれによく似た「チャンペ」が、富山県の西端、および石川県を広く覆っています。富山県の大方を占める「チャンベ」より、「チャンペ」の方が、京により近いところに位置します。これは加賀藩における独自の変化とも考えられますが、発信地の京ですでに「チャンベ」から「チャンペ」へと変化した結果を示すものとも考えられます。

当時の京の威光の大きさを思えば、後者が妥当な考えでしょう。いずれにせよ、まず先に「チャンベ」があって、しかるのちに「チャンペ」が生まれたことは間違いないでしょう。

では「チャンベ」と「チャンペ」、このよく似た言葉は、いったい何なのでしょうか?

語尾に「べ」や「ぺ」がつく言葉というと、すぐに思い出されるのは、「すけべ（助平）」や「田舎っぺ」、「言い出しっぺ（べえ）」、あるいは少し古い習慣ですが、女の子の愛称で「真理ちゃん」や「百合ちゃん」という意味で、「真理っぺ」「百合っぺ」と親しみを込めて呼ぶ言い方です。これらの「べ」や「ぺ」は、いずれも共通したルーツがあるものと思われます。これらは、「兵衛」の訛ったものと考えられています。「チャンベ」と「チャンペ」も、まさにこの範疇に属する語ではないのでしょうか？

『日国』の「いなかっ－ぺえ（田舎兵衛）」の項には、こういう記述があります。

「ぺえ」は、擬人名を作る接尾語。「いなかっぺい」とも

「べ」「ぺ」「ベエ」「ッペ」「ペイ」などは、いずれも「擬人名を作る接尾語」として機能しているのです。「すけべ・すけべー（助平）」もまた、もともとは「助兵衛」という擬人名かと考えられます。「真理っぺ」「百合っぺ」も同じように「真理兵衛」「百合兵衛」のことでしょう。漫画『忍たま乱太郎』の作者「尼子《あまこ》騒兵衛」も女性のペンネームですし、昔、花の中三トリオとして人気のあったアイドル歌手・桜田淳子氏の愛称は「ジュンペイ」、これは「淳兵衛」のことでしょう。とかく「兵衛」は、女性の愛称のために重宝されてきました。

「兵衛」の栄えた時代

この「兵衛」の付く名前は、「へー［he:］」と「ベー［be:］」と発音が二種類に分かれます。

徳川時代の男性の名前としては、次のような例が見られます。

京生まれの噺家《はなしか》「露の五郎兵衛《べ》」（一六四三〜一七〇三）、赤穂浪士のひとり「堀部安兵衛《べ》」（一六七〇〜一七〇三）、司馬遼太郎『菜の花の沖』の主人公でもある、廻船商人「高田屋嘉兵衛《へ》」（一七六九〜一八二七）などの実在の人物、さらに近松門左衛門の世話物浄瑠璃だけを眺めても、「徳兵衛《べ》」「与兵衛《へ》」「九兵衛《べ》」「忠兵衛《べ》」などと枚挙にいとまがありません。

「兵衛」の付く男性名は、徳川時代よりもさらに過去にさかのぼっても見られます。戦国時代や安土・桃山時代生まれの人名にもすでに「兵衛」は現れています。戦国の刀工「八板《やいた》金兵衛《べ》（?〜一五七〇）、戦国武将「竹中半兵衛《べ》」（一五四四〜七九）、肥後人吉藩の重臣「相良《さがら》清兵衛《べ》」（一五六七〜一六五五）、徳川初期の絵師「岩佐又兵衛《べ》」（一五七八〜一六五〇）、徳川初期の数学者「百川《ももかわ》治兵衛《へ》」（一五八〇〜一六三八）といったように。おそらく「兵衛」の付く名は戦国時代に出現し、一六世紀前半までにはすでに確立していたのでしょう。

「兵衛」は、やがて徳川時代を迎えるときわめてポピュラーな一般の男性名として普及していったものと思われ、それは近代以降にまで継続して、「小言幸兵衛《コーべー》」「知らぬ顔の半兵衛」「飲兵衛」「弥次郎兵衛」など擬人化された名称も数多く生まれました。

このように「チャンベ」や「チャンペ」の「ベ」と「ペ」は、おそらく「スケベ（助兵衛）」「イナカッペ（田舎兵衛）」と同じく、元は「兵衛」であって、「チャン」というものを愛らしく、また親しみ深く、擬人化するために採用されたのではないかと思われるのです。あたかも「チャンちゃん」とでも呼ぶかのように。

茶の湯と女陰

では、「チャン」とは何だったのでしょう？　おそらくそれは、「茶」であったでしょう。

茶は、古くから女陰と結びつけられていました。室町時代の小歌を中心とした歌謡集『閑吟《かんぎん》集《しゅう》』（一五一八）では、「茶壺」が女陰を意味しています。茶壺と女陰の形が似ていると考えられたからでしょう。『日国』は、次のような例を挙げています。

新茶のちゃつぼよなふ、入れての後《のち》は、こちゃしらぬ、こちゃしらぬ

（現代語訳：あの新しい娘の体〔すなわち女陰〕は新茶の茶壺。そこに「オチンチン」を入れてしまった後は、もう古茶〔旧知の女性〕のことなど私は知らないさ）

茶壺とは、「茶の葉を貯えたり、運搬したりするのに用いる陶製の壺」（『日国』）のことですが、室町時代には輸入品であり、『閑吟集』の時代には、庶民には手の届かないきわめて高級品でした。それが女陰にたとえられたのです。

のちに千利休（一五二二～九一）らによって茶の湯が完成し、徳川時代には茶壺も国内で製造できるようになり、庶民の間にも煎茶の喫茶の習慣も広まりました。しかしその後もなお、茶壺は貴重品として珍重され続けてきました。京ばかりでなく、吉原の遊女評判記『吉原讃嘲記《よしわらさんちょうき》時之太鞁《ときのたいこ》』（一六六七か）に、「ひろきもの一かしわきが おちやつぼ 」なる記述があり、徳川初期の江戸でも、茶壺＝女陰が通用していたことが分かります。

茶壺に続いて、徳川初期の京では「お茶」そのものが女陰の意味に用いられるようになっていました。遊女評判記『嶋原集《しまばらしゅう》』（一六五五）を『日国』から引用しましょう。

小藤大かたよし。但し口もと幷《ならび》に様子わろし。 お茶 のあたり不掃地なり
（現代語訳：小藤は、おおかた良い。ただし、口元の歯並びが悪い。 女陰 のあたり、手入れされておらず不潔である）

これは、小藤という遊女をけなすために用いられているものであり、もっと褒めているものはないものかと『日国』以外の例を探してみたら、前田勇編『近世上方語辞典』（一九六四）には、少し下って一六八一年刊の、同じ島原の遊女評判記『朱雀遠目鏡』上に、次のような例があることが分かりました。

御茶よし、床入のおもしろさ、くるは第一
（現代語訳：女陰、良い。床入《とこい》り〔男女共寝〕の魅力は、廓で一番である）

この『朱雀遠目鏡』には、先に引用した「御茶のあたりはふくらかに、饅頭をあざむくごとくなるこそよけれ」という文章もありました。これら「御茶」は、京・島原の遊里《ゆうり》語として用いられていますが、華やかで豪奢を極める遊里で話される言葉は、京の町なかの、特に婦女子に格別に上品な言葉と持てはやされることが多かったのです。

京の島原だけでなく、大坂の新町、江戸の吉原などの名だたる遊里は、現代の風俗店などとはまったく異なり、優雅で、粋で、上品な遊興のサロンであり、誇るべき文化の発信基地でもあったのです。庶民の婦女子が、遊女のファッションや言葉づかいなど、遊里の文化を好んで受け入れたことは、すでに多くの研究で明らかになっています。

さらにまた「チャコ」という言葉が、女陰の意味で、かつて各地で使われていたことが『日国』に明示されています。今回のアンケート調査でも、「チャコ」は淡路島や四国でいくつも回答されました。この「チャコ」は「茶」に、かわいさや親しみを表す指小辞「コ」を付け加えたものでしょう。これの変化したものと思われる「チョコ」も、三重県南部に見られます。

なぜお茶に、女陰が関係し続けたのでしょうか。

かつて女陰・男根名を集めていくつもの辞書を作り、また徳川時代の遊郭の実態を明らかにする本を書き続けた「近世庶民風俗研究家」を名乗る中野栄三という人物がいました。中野氏は、『陰名語彙』『性風俗事典』『江戸秘語事典』『遊女の生活』などの著作において、「上方」の遊郭で、「お茶」が「交合」「女陰」の意味で、すでに一七世紀半ば、明暦（一六五五年）以前から使われていたことを盛んに紹介しながらも、なぜお茶が女陰名になったかの理由については、「語原未詳」（『江戸秘語事典』）などとして、いっさい言及することはありませんでした。

碩学《せきがく》の中野氏をもってしても、不明でしかなかったのです。

私が思うに、しかしその解答は、ごく簡単な理屈であったでしょう。当時、茶の湯そのものが、みやびで格式ある、日本最高の文化の華だったからではないでしょうか。

女陰名は、この世の最も価値高き、魅力あるよきものにたとえることが都人の習い性だったからなのでしょう。しかも、お茶には「おまん」こと、至高のスイーツ、お饅頭とセットでいただくことが通例にもなっていました。一七世紀の都において、「お茶」は女陰に譬《たと》えられるほかはない運命を背負っていたのです。

二四歳のお茶の日々

一九七四年の一〇月、私は馬場淑郎《としろう》プロデューサーのもと、野末陳平さんに司会をお願いして『霊感ヤマカン第六感』をディレクターとしてスタートさせました。ちょうどそのころです、毎週木曜日の夜、京都の下鴨で裏千家茶の湯のお稽古を始めたのは。

私と一緒に習い始めたのは、銀行員になっていた大学の同級生の浅尾克巳氏と、私が大学卒業後も京都を去りがたく、大阪圏の普段の住居とは別に、新たに借りた北白川の下宿に、同志社大学の新入生として入ってきた北九州市出身の熊ちゃんこと熊谷賢《くまがいまさる》クン。その男三人組が、十数名の女性の弟子たちの中に入り込んでいったのでした。

当時銀行では、オンラインシステムはまだ導入されておらず、窓口にはたくさんの女子行員が並んでいました。浅尾氏は、そうした女子行員とよきコミュニケーションを取っておくことが肝要と感じて、華道のサークルを創設、主宰し、いっぺんに彼女らの心をつかみました。

お華をやるとお茶もやりたい、しかし会社の中で二つのサークルの両立は難しい。そんなとき、「じゃあ、ぼくらだけでやろうか」と提案したのは、浅尾氏の記憶によると、私だったそうです。お華の先生から紹介を受けたお茶の先生は、近藤宗志《そうし》先生という、四〇代の品格と優しさにあふれる女性でした。

熊ちゃんは、しばらくして同志社の同級生である初々しく魅力的な、ふたりの女性をお稽古に連れてきました。そのうちのひとり、博多出身の飯田純子さんは、のちに京の河村能楽師一家の次男・信重《のぶしげ》氏に見初められて結婚し、四〇代で重要無形文化財となったその能楽師の夫を、妻として子育てをしながら支えることになります。夫は残念ながら五〇の声を聞く前に病に倒れ亡くなりましたが、今はひとり息子の河村浩太郎氏が、立派に跡を継いでいます。

茶の湯は、面白く、よき経験でした。お茶は、わび・さびの大前提の中にも、高度に優雅な華やぎを極めたものです。遊里というサロンを発信地点として、徳川初期の上方で、女陰名がお茶にまつわる名を与えられたのも、その洗練された優雅さゆえでしょう。茶の湯における各種のお道具、生け花などの品位あるしつらえ、日ごろ口にできない高級なお抹茶という飲み物とお菓子、それらを扱う作法それぞれが、いずれも往時は今以上に、高度に優雅な文化的価値のあるものであっただろうことは、容易に感じ取ることができました。

この徳川初期に登場した女陰名「茶」を、さらにかわいく、また愛らしいものとして表現しようとするとき、どんな変化を加えることが適切だったのでしょう。そのひとつの方法が、「擬人化」することであったのでしょう。

時あたかも、男子名に「兵衛」を付けることが流行の最盛期を迎えていました。「兵衛」は、男らしく、またカッコよく見えたのです。そんなときに、女陰に「茶兵衛」という愛称を付ける。ちょうど現代に「真理っぺ」「百合っぺ」の愛称を付けるように、カッコいいイメージを借りながら、さらにいとけなさ、愛らしさを付与するためのネーミングだったと考えるのが、いかにもふさわしいことであると思うのです。これもまたかわいくあるべき幼女のために考案されたものでしょう。両親の、娘を慈しむ情愛が込められているような気がするのです。

「ダンベ」は「団兵衛」

さて、「チャンベ」と姉妹格にあるのが、「ダンベ」でしょう。何しろ「ダンベ」は、「団兵衛」のことと考えられるからです。

この女陰語「ダンベ」は、「チャンベ」よりもっと京から遠くまで展開しています。東北の青森県、秋田県北部の日本海側、そして山形県にも見られ、さらに東北からの移住者が持ち込んだと思われる北海道にも濃厚です。ただ、京より西の地域には、まったく見られない不思議さを示しています。とはいえ近畿圏にも残存していて、奈良県と三重県に、わずかながら確かな存在を主張しているのです。この事実は、徳川後期といった比較的近年にまで女陰を表す言葉として上方で使われていただろうことを暗示しています。このような分布は、北前船《きたまえぶね》による伝播であったかとも想像されます。

「北前船」とは、上方と東北・蝦夷《えぞ》（北海道）間を、瀬戸内海、下関、日本海沿岸の諸港を通って結ぶ西廻り航路で行き来した物資の運送船のことです。その水夫たちによってもたらされた、徳川時代以降の比較的新しい上方の言葉が、東北の日本海側や、北海道を中心に残されていることは少なくないのです。これが九州など西日本にまったく見当たらず、東北以北の主として日本海側に多く見られることから、北前船による伝播であったことは、大いにその可能性を感じさせるものだと思います。『日国』で「団兵衛」を見ると、

だん‐べ【団平・団兵衛】〔名〕「だんべいぶね（団平船）」の略。
＊俳諧・本朝文選〔一七〇六〕二・賦類・湖水賦〈李由〉「伝馬は川舟なり段平（ダンベ）に大石を積み、艜（ひらだ）は耕作のたすけ也」

とあって、『本朝文選』では表記は「段平」ですが、「団兵衛船」と同じ意味だったのでしょう。団兵衛船とは、『ニッポニカ』では、初めは石運びをした川舟の総称であり、一七三四年の『樗木文書《おおてぎ》』には石運びの船を「段平船」と書いているので、語源は平坦な船型からきた可能性が強い、としています。これがなぜ女陰を意味する言葉となったのか、その理由を見いだせないでいましたが、インターネットで「団平船」を検索するとたくさんの団平船の写真が出てきて、船によってはその形状が、女陰そのものに見えてしまうのです。

ただし、「ダンベ」は、**「男根　全国分布図」**（**口絵**）で明らかなように、なんと男根の意味でも東西に広く分布を広げているのです。「ダンベ」の伝播については、のちに男根語を考え

るときに、もう一度詳しく吟味し直すことにいたしましょう。ちなみに、インターネットの「団平船」の写真の中には、男根そのものにも見えるものもあって、女陰・男根、どちらに似ていると見るにせよ、その小型の和船としての姿の美しさは、子供の身体の一部にたとえるにふさわしく、すこぶる微笑ましいものではなかったかと思えてしまうのです。

入りわたり鼻音「べ」音の変化

徳川時代初期、「茶兵衛」は、どのように発音されていたでしょう。忘れてならないのは、「べ」の音、すなわち「バ行」の「バ・ビ・ブ・べ・ボ」の音は、京の都ではかつては「前鼻音《ぜんびおん》を伴う濁音」であったと考えられていることです。たとえば「幅」は「ハンバ [$\mathrm{ha^{m}ba}$]」、「鋳」は「サンビ [$\mathrm{sa^{m}bi}$]」と発音されていました。

現在よく言われる「ガ行」鼻濁音とは、たとえば「鏡」の「カンガミ [$\mathrm{ka^{ŋ}gami}$]」が変化したもので、「カカ゚ミ [kaŋami]」と発音します。これがガ行鼻濁音なのです。

これは古くは正しい、格調高い都ことばであったのに、私たち現代の関西人には、もはやまったくなじみのないものです。今や関東でもそうでしょう。私の鼻濁音との出会いは、中学一年の音楽の時間でした。

「カラタチの花がさいたよ〜」

を歌うのに、女の先生から「が」音は、普段の「ガ［ga］」ではなく、吐く息を鼻に抜けさせて「カ゚［ŋa］」と優しく発音するように教えられたのが最初でした。私はそのときに学んだ「カラタチの花カ゚」の歌以外に、今もって鼻濁音を発音することができません。

日本《にっぽん》放送協会では昭和初期から、アナウンサーになるためには、この「ガ行」鼻濁音を自由に使いこなせるかどうかが、採用のための条件であったようです。しかし、今はまったくそんなことはありません。鼻濁音は、アナウンサーとして入局してから学ぶものなのです。

もっともNHKの報道のニュースなどでも、聞こえてくるのは、鼻濁音ばかりとは限りません。大きな目玉となる大型ニュース番組のキャスターは、報道記者が務めることが多く、さらにコメンテイターや、特派員なども含め、出演者の多くは鼻濁音の訓練をまったく受けていない人たちが多いのです。そんな中で、かたくなに鼻濁音を守り続けるアナウンサーは、日本語の尊い歴史を背負った、文化遺産的な存在であるということができるでしょう。

現在、アナウンサー試験においてすらも、鼻濁音といえば「ガ行」に限られていると信じられています。これはこれで一応は正しいのですが、しかし、京にはほかに、鼻に抜ける母音、濁音の前の鼻音である「入《い》りわたり鼻音」というものが存在していたことは、世間にはほとんど知られていません。じつはかつて京の都では濁音の直前の母音は、すべて鼻に抜ける母音だったのです。この「入りわたり鼻音」は、今も東北に残っています。試みに、北条忠雄氏の

「東北方言の概説」(『講座方言学4』(一九八二)を読んでみましょう。

北奥羽では語中や語末の本来の濁音は、これを発音する場合に、その前の音節の母韻が鼻母韻となって(母韻が鼻音も帯びる)、一種特異な音となる。ガ行、ザ行、ダ行、バ行のすべてにあらわれる。(中略)

室町期のキリシタンの記録は濁音の前の母韻にこの鼻母韻の記号[~]を付しているので、このような発音はかつての国語の実態であったことが知られよう。

ここには重要なことが書かれています。東北の北部では、「ガ行」「ザ行」「ダ行」「バ行」と日本のすべての濁音の直前の母音が、「鼻母韻」(すなわち、「入りわたり鼻音」)で発音されると指摘されているのです。「入りわたり鼻音」とは、繰り返しますが「鼻にかかる母音」の発音方法です。これは、どのように発音するものなのでしょうか?

現代の関東人や関西人がふつうに「ア・イ・ウ・エ・オ」と発音しても、空気は鼻には抜けません。やってみて下さい。抜けないでしょう。しかし、やろうと努力すれば可能です。うしろに小さく「ン」を絡ませたらいいのです。この発音を「濁音の直前」において中世の京の人は自然に行い、東北の北部の人も、今もなおそれがきわめて自然にできるのです。岩手県の久慈市出身の、私と親しかった今は亡き放送作家の日沢伸哉クンは、この都の遺風「入りわたり鼻音」のことを、いつも「鼻濁音」と呼んでいました。その言い方も大雑把に言えば誤りではありません。彼は東北人の誇りを代弁して、私によくこう言っていました。

「ダメだ。松本さんは、鼻濁音ができない。東北弁の才能、ゼロですね！　鼻濁音でしゃべる方が、ぼくらには楽なんですよ」

室町時代の都人も、「入りわたり鼻音」や「鼻濁音」でしゃべることが、きっとものすごく楽で、美しい発音だったはずなのです。

岩手県盛岡市のテレビ局に勤める、東北美人の中村好子さんは私の長年の親しい友人ですが、東京の大学を出たこともあって、私との会話では流暢な標準語でしゃべってくれます。先年、日沢クンの墓参りに盛岡市から久慈市まで、マイカーで運転して付き合ってくれました。

歓待して下さった九〇代の日沢クンのご両親はもちろん見事な「鼻濁音」と「入りわたり鼻音」の使用者であり、彼女もこのご両親に対しては立派なその東北「訛り」でしゃべっていました。そのあとふたりで三陸の津波の被災地にも足を延ばしましたが、そこでも被災した年配者としゃべるときは、彼女はやはり暢達《ちょうたつ》な東北「訛り」を駆使していました。「訛り」と私がわざわざカッコを付けて書くのは、彼女自身がそう繰り返し言っていたからなので、いよいよ私は我慢がならなくなって、こう言いました。

「中村さん！　『訛り』なんかじゃないですよ。何をとぼけたこと言ってるんですか！　鼻濁音で『花ガ』と言ったり、特に『入りわたり鼻音』で、『窓』のことを「マンド［maⁿdo］」と言ったりするのは、徳川前期までの京の都の発音の、みやびやかな遺風なんです。それが今は東北の北部とかに残っている。これぞ由緒正しき、伝統ある日本語本来の美しい姿なんです。断じて、『訛り』なんて言う筋合いのものではありませんよ！」

　私は思わず力を入れて言わずにおれなかったのです。当時はまだ、「ガ」行鼻濁音以外の鼻音について、日沢クンより一〇歳も若い世代の彼女には理解度が浅かったのかも知れません。

　しかし最近、こんなメールをいただきました。

「『おらおらでひとりいぐも』で芥川賞をとった、遠野市出身の若竹千佐子さんの番組をつくりました。インタビューの聞き手の男性アナも、朗読を頼んだ女性落語家も、オール遠野で鼻濁音満載。もちろん『入りわたり鼻音』も満載でした」

　なんと素晴らしいことでしょう。あの遠野は、柳田國男が明治の昔に描いた美しい、古典的な日本語の世界をまだ豊かに残しているのかと、とても幸せな気分に満たされました。

　さて、『講座方言学4』で、此島正年《このしままさとし》氏は次のように語っています。

> この発音が室町時代までは中央でも行われていたことは、ロドリゲス等の記述によって

明らかになっており、現在でも土佐方言にはダ行だけにこれが残っているという。

此島氏によれば、この発音、すなわち、鼻にかかる「ダ」行音は、東北の北部と土佐に分かれて周圏分布の形で残されているのは、かつて都でも「ダ」行は「入りわたり鼻音」であったことの証しである、というわけです。これは重要なことですが、語彙だけでなく、音韻という文法事象もまた、周圏分布しているものなのです。

また此島氏は、「ロドリゲス等の記述によって明らか」であるとも述べています。ここに登場する「ロドリゲス」とは、一五七七年に一五、六歳の若さで来日した、ポルトガル人宣教師、ジョアン・ロドリゲス（一五六一～一六三四）のことです。

ジョアン・ロドリゲスと女陰名

ロドリゲスは、京の都ことばを規範とする、日本最初の日本語文法書『日本大文典《にほんだいぶんてん》』（一六〇四～〇八）という書物を独力で著述し、長崎で発刊したことで、現在も、日本語の歴史に名をとどめています。『日本大文典』は、先に触れた京ことばの辞典『日葡辞書』と並んできわめて貴重な、価値ある書物なのです。

入りわたり鼻音が室町時代まで京で行われていたことは、先に見たように、まず北条氏は

「キリシタンの記録」によって、また此島氏は「ロドリゲス等の記述」によって、明らかであるとしています。ただし、イエズス会の宣教師、フランシスコ・ザビエルが、ポルトガルから喜望峰をめぐって長い航海の末に、インドのゴアにたどり着き、さらにマラッカなどでも数年の布教を経たあと来日し、日本で初の布教を開始したのは一五四九年、戦国時代も末期のことです。ロドリゲスの来日はさらに遅く、安土・桃山時代の一五七七年です。

宣教師たちが親しく接してきた日本語は、こういうわけで、室町時代といっても、一三七八年に三代将軍・足利義満が京の室町に「花の御所」を造り、「室町幕府」と呼ばれるようになってからすらも二〇〇年ものちのことで、かなり遅い時期でした。室町時代というよりも、戦国時代末期から安土・桃山時代（一五七三～一六〇〇）にかけての日本語だったのです。

安土・桃山時代の、都の入りわたり鼻音はどうであったか、ロドリゲスは『日本大文典』（土井忠生訳注）で教えてくれます。読んでみましょう。

D、Dz、Gの前のあらゆる母音は、常に半分の鼻音かソンソネーテ（訳者説明：皮肉な言ひ方などに於ける鼻にかかるやうな抑揚ある発音）かを伴ってゐるやうに発音される。

つまりロドリゲスによれば、安土・桃山時代の京では、D音とDz音、すなわち「ダ行」と

「ザ行」、そしてG音の「ガ行」のみが、入りわたり鼻音であったのです。そうなると「バ行」は現在の東北と違って、入りわたり鼻音ではなかった。どうやら、ロドリゲスが来日するよりも前、おそらくは「室町時代」のいつごろかに、都で失われてしまったのでしょう。

ロドリゲスはまた、こうも書いています。「バ行」(すなわちB行)にも例外的に、入りわたり鼻音があった、と。それは、B音の直前に「ア」がある場合だ、と。それを説明しているところを読んでみましょう。

　　この法則(註：入りわたり鼻音)は、ある場合にBの前の母音Aを支配することがある。

難しい表現の仕方ですが、じつは、そんなに難しいことではありません。注意して読み解いてみましょう。「B」とは、むろん「バ行」のこと。その「B」音の前の「母音A」とは「ア」そのもののことです。「バ行」において、入りわたり鼻音は皆無というわけではなく、じつは「B」音の直前に「ア」の音がくっついている場合のみ、入りわたり鼻音で発音される、とロドリゲスは述べているのです。たとえば「タビ[tābi]」とか、「アブ[ābu]」「カベ[kābe]」などはB音の直前に「ア」の音が来ます。すると入りわたり鼻音が出現するというわけです。「タンビ[tā^{m}bi]」「アンブ[ā^{m}bu]」「カンベ[kā^{m}be]」のように。ここにも北条氏の語る「北奥羽」の現実と、ロドリゲスの記述には、大きな違いがあります。

安土・桃山時代の都では、ロドリゲスを信じれば、「バ行」においては、「ア」を除く、「イ・ウ・エ・オ」が前にくっつく場合は、すでに入りわたり鼻音でなくなっていたのでしょう。何度も確認しますが、当時の京で、「バ行」の前にかろうじて「ア」がくっついている場合にのみ、入りわたり鼻音が現れたのです。

思うに、京で、すべての濁音が入りわたり鼻音であったのは、おそらくロドリゲスが来日するよりもはるかに以前、室町時代の中葉までのことだったでしょう。金閣寺に代表される「北山文化」や、銀閣寺の「東山文化」が花開いていたころの、京のみやびな日々の発音を、「北奥羽」では、今も大切に残しているわけです。

ところで、入りわたり鼻音の起源は、どこまで過去にさかのぼれるものなのでしょうか。

ポルトガル人宣教師以前に、残念ながら西洋の言語学は入ってきていません。言語学どころか、西洋との人的な交流すらも、日本の古代、中古（平安時代を中心にした時代）には、まったくありませんでした。

ただし、「かな」が生まれる前、日本の言葉を中国の漢字を使って書き残した資料が豊富に残されています。「万葉仮名」です。その用字を子細に調べることによって、「奈良朝以前の音韻組織」（橋本進吉『國語音韻史』〔一九六六〕）までうかがい知ることもできるのです。井上史雄先生はその論文「子音の発音の変化」（一九八九）の中で、この難解な橋本氏の著書を分析して、奈良朝の日本語の濁音について、橋本氏が「鼻にかかった発音、入りわたりの鼻音のともなった発音と思われる」と理解していたことを指摘しておられます。実際、その通りではなかったかと思われます。

奈良時代、帝紀・旧辞を誦み習った稗田阿礼《ひえだのあれ》も、その言葉を筆録して『古事記』を著した太安万侶《おおのやすまろ》も、『万葉集』の詠い手たちも、みんな入りわたり鼻音の使い手であったでしょう。さらに過去をさかのぼれば、邪馬台国の卑弥呼だってそうだったかも知れないのです。

さて、ロドリゲスが説くように、安土・桃山時代の京で、母音Aが前にくっついていた場合、「バ行」入りわたり鼻音で発音されたとすれば、たとえば、すでに記した一五七八年、安土・桃山時代に生まれた絵師「岩佐又兵衛」の名前は、どのように発音されていたでしょうか？

現代なら「マタベー[matabe:]」であるのに対して、安土・桃山時代にはそうではなくて、「べ[be]」の前に「た[ta]」という形で[a]が直前にくっついていますから、入りわたり鼻音入りで「マタ゛ベー[mata^{m}be:]」と発音されていたでしょう。

以上のことを大前提に、さていよいよ、「チャンベ」「チャンペ」の謎に肉薄してゆくことにしましょう。「茶兵衛」は、今なら「チャベー」と発音されるべきものですが、ロドリゲスの時代は、何と発音されていたか。

「チャンベ」は本当に「茶兵衛」から来たか

「茶兵衛（チャベー）」は、発音記号で書くと［tʃabeː］。「B」音の前に「A」音が接していますから、かつては、この「a」は入りわたり鼻音になって、「チャンベー［tʃaᵐbeː］」と発音されていたはずです。女陰としての「お茶」の初出は、先に見たように、京の遊女評判記である『嶋原集』（一六五五）でした。一六五五年という徳川時代の初期にもまだこの入りわたり鼻音が残っていた可能性は大いにあると思います。

京で入りわたり鼻音が消えたのは、徳川時代二世紀半あまりの、さていつごろになるのでしょうか。一六一〇年代以降、江戸幕府によるキリスト教禁止令によって、ポルトガル人宣教師による布教の歴史は終わりました。その結果、従来のような日本語の発音の記録もなされなくなる中で、いつしか都でその入りわたり鼻音が消失してゆきます。

そんな変化に富んだ歴史の流れとともに、もともとは入りわたり鼻音入りの「チャンベー」は、入りわたり鼻音なしの「チャンベー」へと変質していったのです。入りわたり鼻音の発音の習慣がなくなったために、明瞭な「ン」が濁音の前に立つようになったのです。

このように入りわたり鼻音が消失した結果、「ン」が明瞭に発音されるようになった例には、私自身が『全国アホ・バカ分布考』を書いたときに体験した、深い思い出があります。

俳諧師・越谷吾山《こしがやござん》が、一七七五年に日本最初の方言集『物類称呼《ぶつるいしょうこ》』を著しました。その中の「おろかにあさましきを」の項の中で、「信濃にてだぼうと云」と書いています。この「ダボウ」とは、入りわたり鼻音の入った「ダンボー（da^{m}bo:）」ではないかと思われるのです。

しかし、一九九一年の長野県からのアンケート回答ではすべて「ダンボ」と発音に変化が起きていることを、とても印象深く感じました。「ダンボ」に含まれる「ン」はきっと、遠い日に栄えていた入りわたり鼻音「ンボ」の残滓《ざんし》なのだろうと、確信したことを思い出します。

また上方では、「センセー（先生）」が「センセ」となったように、長い音はしばしば短くなりますから、「チャンベー」はいとも易く「チャンベ」に変質したことでしょう。更に「チャンペ」への変化も、「田舎っぺ」などに見るように、容易な変化のありようだったでしょう。「チャンベ」「チャンペ」は、京の文献には残されてはいません。そのため断言することはできませんが、「真理っぺ」や「百合っぺ」のように、女陰の愛称であるはずの「チャンベ」「チャンペ」もまた、女性や子供にも気軽に口に出しやすい言葉だったろうと思われます。つまり、これらの語もまた、ほかの多くの言葉と同様、京のみやびの伝統を受け継いだ、女児に向けてのための、上品で愛らしい、親しみやすい表現であったろうと思われるのです。

これを書いているうちに、富山県などの女陰語「チャンベ」の「べ」は、「兵衛」であることを支える資料にめぐり合いました。『日国』と『日本方言大辞典』（一九八九）に、共通した興味深い記述があったのです。『日国』の記述を以下に見てみましょう。

べぇ〔ベヱ〕【兵衛】方言【一】〔名〕(1)娘。《べぇ》富山県東礪波郡399《べぇや》富山県氷見市392　石川県418《べぇさ・べぇま》富山県389《べさ》福井県吉田郡・大野郡427　奈良県吉野郡679《べさあ》福井県吉田郡・大野郡427《ぺ》山形県北村山郡（愛称）139

とあります。これらの「べぇ」も、「兵衛」であると、二つの辞書も認定しています。とりわけ「チャンベ」「チャンぺ」の使われる富山県や石川県において濃厚に、この「べぇ」が「娘」を意味しています。加えてこの北陸の富山・石川の地では、「子守女」「下女」「女」「ばかな女」などを意味します。「兵衛」が、おおむね若い女性を意味していたことが、さまざまに微妙に意味を変えて湧出しているのです。

本来男性の名前にのみ用いられた「兵衛」が、やはりある時期、都で女性のためにも用いられ、これが京を旅立って、江州《ごうしゅう》（近江）・若狭・越前を経て、加賀（石川県南部）、能登（同県北部）や越中（富山県）にまで達していたことは、疑いなきを得ないことでしょう。「茶兵衛」という熟語もまた、幼くかわいい女陰の呼称のために京に生まれ、「兵衛」と同じような時期に北陸に旅したものと思われます。もちろん「茶兵衛」は西にも旅し、四国や九州に達していることは、「チャンベ」の西国への広がり（愛媛県・佐賀県・長崎県）によっても明らかです。

さらに同じ「兵衛」を持つ、あの「団兵衛（ダンベ）」もまた、確かな存在感を持って、ひとりきりの旅を続けていたことは、まず間違いないでしょう。

「メメ」「メンチョ」「オメコ」の女らしさ

同心円も、いよいよ中心点の京に近づいてきました。

京を取り囲む主な言葉は、すでに繰り返し触れた「オソソ」を除けば、残るは「メメ」と、「メンチョ」と、「オメコ」に絞られてきました。これらは一見して姉妹関係にある言葉ではないかと思われます。いずれも「メ」が、キーワードとなっていると思われるからです。

「メメ（メメコ・メメジョ）」は、西は九州北・中部に数多く分布し、東は岐阜県西部に見られます。また「メンチョ」が鳥取県・島根県・広島県に多く見られ、滋賀県にもあります。これらも周圏分布しています。「メンチョ」の「チョ」というのは、「バカッチョ」「フトッチョ」「サキッチョ」などの「チョ」と同じく接尾辞のひとつで、徳川時代以来、愛用されてきた表現です。また、「メメ」に丁寧・親愛の接頭辞「オ」と、さらにかわいさを示す、例の指小辞「コ」を加えたのが「オメコ」でしょう。「オマンコ」のケースと同じです。「オメコ」の分布は、おおむね「メメ」や「メンチョ」などより京に近い地域にあり、「オメコ」は、「メメ」や

「メンチョ」の流行のあとに、「メメ」系語として最後に生み出されたものと思われます。「オメコ」とは、全国方言分布図を作成する前までは、私は「オマンコ」の「マン」が変化して生まれたものか、と思うこともありました。しかし「マン」が「メ」に訛ると考えるのは、異常に飛躍した考えではないかとも感じていました。分布図を解読して、やはりその「異常に飛躍した」考えは、完璧な間違いであったことが感得されたのです。

では「メメ」とは何のことでしょう。「目々」のことではないでしょう。それよりも「女々しい」と用いられているのと同じく、「女」を二つ重ねた、「女々」ではないかと思われます。「女々しい」という言葉は、ふつう男性をけなす意味で使われ、「気持・態度などが柔弱である。未練がましい。いくじがない。ひきょうである」といったことを意味します。これは『栄花物語』(一〇二八~九二ころ)にすでに現れる、一〇〇〇年の歴史ある意味ですが、「女々しい」には、さらに古くからの、違った意味もあるのです。『日国』が説明するところによれば、「女々しい」は、「雄々しい」(『日本書紀』・七二〇初出)とは対の意味で使われていたのです。その意味するところは、「いかにも女のようである。女らしい」。「女々しい」は本来、女性らしいさまであることに対する、ほめ言葉だったわけです。この意味が初めて文献に現れるのは『落窪物語』(一〇世紀末か)ですが、徳川時代末期の、上田秋成が書いた読本《よみほん》『春雨物語』(一八〇八)の「目ひとつの神」においても、女性の声について

「女々しい」と評価しています。次に見てみましょう。

扇とりて、から玉やから玉やとうたふ声、めめしくはあれど、是も又すざまし

（現代語訳：女房が扇を取って、「から玉や、から玉や」と歌う、その声には女らしさはあるけれども、かえって興がさめるようだ）

二〇〇年あまり前にはまだ、「いかにも女のようである。女らしい」という肯定的な意味で「女々しい」は使われていたのです。女陰語「メメ」は、これと通い合っている言葉でしょう。まさに「メメ」こそ、「いかにも女のようであり、女らしい」身体の一部ではありませんか。

そうであるとすれば、「メメ」は「女々」、「メンチョ」は「女ンチョ」、そして「オメコ」は「オ女コ」が正しい書き方ということになります。いずれも現代風に言えば、さしずめ「女の子ちゃん」ということになるでしょう。

女の赤ちゃんに特有の、女らしいかわいい女陰と思えばこそ、親たちは「女の子ちゃん」の意味で、「メメ」や「メンチョ」「オメコ」と呼んで慈しんだのではないかと思われます。こういう穏やかで優しい発想の言葉なら、当初、女性にも好まれ、口に出しやすかったでしょう。

第四章　女性の心に生きる「オソソ」

婦人語「オソソ」が使われていたころ

「オマンコ」も「ボボ」も、いつしか、人前で自由にしゃべることの憚られる、卑猥な言葉になってしまいました。

しかし昔は違った。文献を見れば、「ボボ」は安土・桃山時代、都の婦女子が自由に使う女陰語でしたし、徳川時代、上方でも江戸でも、「マンジュー」も「オマンコ」も愛すべき女の子供たちの身体の部分を表現する言葉として、何憚ることなく女性たちに使われていました。女陰語を口に出すことは、おそらく老若男女ともに、けっしてタブーではなかったのです。それは現在における男根名「オチンチン」「チンポコ」などを口に出すのと同じことです。

私が大学二回生だったとき、昭和四四年（一九六九）、ハニー・ナイツの『オー・チン・チン』（作詞・里吉《さとよし》しげみ、作曲・小林亜星《あせい》）という歌謡曲が、日本中で大ヒットしました。これは大人になった自分が、まだ幼かったころの自分の「オチンチン」を、懐かしく振り返るという趣向の、コミカルな歌です。こういう内容の歌詞でした。

子供のころ、雪が降った庭に飛び出して、「チンチン」をつまんで、おしっこで自分の名前を書いたものだ。あのかわいかった「チンポコ」よ、今はどこに行ったのか。

この歌詞に眉を顰《ひそ》める人はいなかったと思います。むしろ大らかなユーモラスさを感じたはずです。同じような状況が、女性にも昔にはあったものと思われます。

『大阪ことば事典』（牧村史陽《しよう》編・一九七九）を読んでいて、瞠目すべき、興味深い記述に出合いました。

オソソ（名）女性器の俗称（主として婦人語）。（中略）大正の中期まで、まだパンティが普及しなかったころ、女の子がうっかり裾前をはだけたりしていると、「オソソのご開帳」と軽くたしなめたものである。

牧村史陽は、明治三一年（一八九八）、大阪・船場《せんば》の生まれ。家業の木綿《もめん》問屋を他家に譲り、独力で大阪の郷土史研究に打ち込んだ奇特の人物です。独自に作り上げた『大阪ことば事典』には、自らの体験に基づいた、信頼すべき記述をふんだんに盛り込んでいます。

牧村は「オソソ」は「主として婦人語」であるとし、明治維新から半世紀後の「大正の中期まで」女性が使っていたさまを描いています。「オソソ」は大阪のような大都市でも、大正時代（一九一二〜二六）の中期までは、女性がまだ自由に使うことができたというのです。むろん、けっして下品な物言いとしてではなかったはずです。

余談ですが、私は甲南大学で日本語について講義をしていた二〇〇三年ころ、この『大阪ことば事典』を詳しく取り上げて、牧村史陽の功績を讃えたことがありました。すると講義の直

後、ひとりのかわいらしい女子学生が教壇に近づいてきて、

「牧村と言います。きょうは、おじいちゃんのお話が聞けてとても嬉しかったです」

と言うのです。

「あなたは、もしかして牧村史陽のお孫さんですか？」

「ええ、そうです」

「それは奇遇ですね！　こんなところでお目にかかるとは。おじいちゃんは、どんな人だったか覚えていますか？」

「私が生まれる数年前に、亡くなりました。きょうはおじいちゃんに出会えたような気がして、とっても誇らしく幸せでした」

彼女のあふれる笑みに、私も嬉しさでいっぱいになったのを思い出します。

あれから一五年余り。もし彼女がどこかの空の下で、今も私がおじいちゃんのお仕事の偉大さをこのように話題にしていることを知ってくれたら、どんなに嬉しいことでしょう。

「オソソ」に関する話は、同じ大阪・船場《せんば》育ちの両親を持つ、横田陽子さん（一九六六年生まれ）からも聞きました。スタイリストの横田さんは、裏方ながら、一七一センチの長身美人で、とてもセンスがよくて、もう二五年以上、私の着る服のすべてを選んでもらっている大切な友人です。夫の身の回りの世話をし、ふたりの娘を育てながら、今なお颯爽《さっそう》と、天職ともいうべ

き仕事に邁進する、スーパーレディーです。私の春物の服を靭《うつぼ》公園のブティックに買いにいく道すがら、車を運転しながら彼女は教えてくれました。

「私のおばあちゃんが『オソソ』をふつうに使っていましたね。一緒にお風呂に入るときなんか、『陽子ちゃん、まず、「オソソ」をきれいにお湯で流しなさいね』といった風に。母はもう使いませんでしたけど」

「なるほど！　どんなおばあさんでしたか？」

「おばあちゃんは、私が幼いころからずっと、あこがれの女性でした。いつも和服姿で、凛《りん》とした姿がカッコよくて。とても素敵な人でした」

ふと思い出すことがありました。もう一五年ほども前、私が新しく大島紬《つむぎ》の着物を手に入れたお祝いにと、京の私たちの着物会の催しに陽子さんも参加してくれたことがありました。幼いころから日本舞踊の稽古を続けていて、着物に慣れ親しんでいることを知ってはいましたが、その日初めて見る、長身の陽子さんのシックな和装のいでたちは、まさに凛として、輝くような美しさでした。彼女のおばあちゃんもそんな華やかさを生きた人なのでしょう。

「きっと上品で、素敵な女性だったんでしょうね。今のあなたのように」

「いいえ、私なんか、とんでもないです」

「そのおばあさんは、いつ、どこのお生まれですか？」

「明治三九年（一九〇六）、兵庫の加美町《かみ》（現・多可町《たか》）です」

「ご長命でしたか？」

「平成一四年、九六歳で他界しました」

私は深く胸を打たれました。明治の末期に兵庫県で生まれた上品で凛とした女性にも、「オソソ」は孫に対しても自由に使える、恥じることのない子育ての愛の言葉だったのです。

関西学院大学文学部の八木康幸《やすゆき》氏（一九五〇年生まれ）は、私が書いた『全国アホ・バカ分布考』や、その元になった『探偵！ナイトスクープ』全国アホ・バカ分布図の完成編のビデオを、講義に取り入れて下さっている、民俗学の教授です。大阪で最も格式のある、上品な言葉である船場ことばも、そのお育ちからよくご存知でもあり、「オソソ」について問い合わせると、すぐにメールでお返事を下さいました。

「わたしは大阪市内に育ちましたが、女陰について、子供の頃は『オメコ』を使っておりました。『オメコ』は、男の子たちの間だけの言葉で、家族の前では口には出せない言葉でした。ある夕飯の食卓で、母が『そこのおソースを取って』と言ったときに、姑である祖母が『オソソて…』と言って、突然『くくくっ』と下を向いて笑い出して、母親が困った顔をしたことがありました。

祖母は明治二六年（一八九三）生まれ、大阪の北久太郎町三丁目にあった宿屋の娘でしたから、生粋の船場の生まれ育ちです。明治三六年の内国勧業博覧会には人力車に乗せられて出かけたという話をしてくれたことがあります。今にして思えば、おだやかな船場ことばを操っていたように思います。彼女には『オソソ』いう言葉が身についていたのだと思います。母親は照れ笑いの様な困った顔をして『おばあちゃん、エッチやわ』と、ぼそっとつぶやいて、食卓は普段通りに戻りました。

このエピソードは、昭和四〇年（一九六五）前後だったかなと思います。大正一四年（一九二五）生まれの母親も『オソソ』という言葉はよく分かっていた、ということですね。彼女は京都生まれですが、物心のつく前に大阪市内に移り住んで、その後は大阪を出ることはありませんでした。

食卓で『オソソ』の言葉を聞いたときは困惑しましたが、それでもいやらしさは感じなかったように思います（年齢的には、当然、性的なものに多感でしたから不思議です。今にして思えば『女性器』ではなく『隠しどころ』を意味する言葉、といったニュアンスで捉えていたからかも知れません。とはいえ、まったく後付けの理屈です）」

これを読んでも、「オメコ」はすでに男たち同士が好んで使う卑猥な言葉になり果てていたのに対して、「オソソ」は、上方の上品な女性たちが自らのために使う品のいい言葉であったことが、つくづくと感じ取れる気がします。

ここに現れる大阪で最も品格ある「船場ことば」とは、どんな素性を持った言葉なのでしょう。『関西弁事典』（二〇一八）の中に、中井精一氏による次のような説明があります。

経済力では居並ぶ者のない船場商人であるが、大阪は京都に比べ伝統や格式面では遠く及ばない新興の地であった。「銀《かね》が貯まれば次に欲しいのが名誉や権威」と言われるが、船場商人は、文化資本の蓄積した京都のしきたりやことばを受け入れようと努めた。そのため京都の大店との婚姻を繰り返したと言われる。（中略）『細雪』（1949）の蒔岡家四姉妹の母親も京都から嫁いでいる設定になっている。京都のもつ文化的権威が、大阪船場の言語受容の原動力になっていた。

まことに的を射た明察というべきでしょう。船場ことばは、京の威光によって支えられた言葉だったのです。そうなると、「オソソ」もやはり京の発祥だったでしょうか。

谷崎潤一郎と「オソソ」

ところで八木教授のおばあさんが幼い日、人力車に乗せられて出かけた第五回内国勧業博覧会が、大阪の天王寺今宮で行われた明治三六年とは、昭和天皇のお妃・香淳《こうじゅん》皇后がお生まれになった年であり、偶然にも、私の祖母・さとも同じ年の同じ月と日、三月六日に生まれています。同年の九月二四日にはまた、谷崎潤一郎の理想の女性として三番目の妻となった、松子夫人が大阪市内に生まれました。

東京の日本橋区蠣殻《かきがら》町、現在の日本橋人形町で、チャキチャキの下町っ子として生まれ育った谷崎は、まろやかで折り目正しく、輝くような気品に満ちた船場ことばを操る松子夫人の魅力に、魂を根こそぎ奪い取られてしまいます。谷崎は、松子夫人と出会い、上質で洗練された上方文化にどっぷりと浸ることになって、作家として大きく脱皮し、次々と生涯の名作を生み出してゆきます。

松子夫人とその姉妹たちをモデルとして描いた谷崎の最高傑作小説『細雪』は、美しく魅力的な三女・雪子の縁談を縦軸に、『源氏物語』を連想させる優雅な物語として展開してゆくのです。しかし、この大長編の末尾に、意外な出来事が用意されます。東京の帝国ホテルでの披露宴を目前に控えていた日、兵庫県の「蘆屋《あしや》」の自宅で、雪子は「どうしたことなのか、数日前から腹具合が悪く」、「毎日五六回も下痢」をするようになり、「下痢が止まらないうちに」東京に向かう日が来てしまうのです。

美しく上品な雪子と、毎日、五、六回も襲う下痢。それは男の読者には聞きたくもない汚い組み合わせです。しかしながらこのみやびな物語は、結婚のため東京へ向かう雪子の、次のような無慈悲な一行で結末を迎えてしまうのです。新潮文庫版で読んでみましょう。

下痢はとうとうその日も止まらず、汽車に乗ってからもまだ続いていた。

なんと、こんな文章が優雅な大長編の最後の一行なのです。尾籠《びろう》な、頻繁な排便を意識させる、信じがたい終わり方です。谷崎はこのラストシーンを書き上げるまでに、繰り返し改稿を重ね、練りに練った末、ついに決断したラストシーンだったのです。

当時の国鉄（ＪＲの前身）の電車の便所は、現在のタンク方式とは異なり、垂れ流しでした。人が排出した糞尿は電車から走行中のその枕木と敷石の上にまき散らされたのです。大便ならば線路に転げ落ちますが、下痢なら小便とともに、後部車両の客室に霧散したことでしょう。昔は冷房もなく、冬場とトンネルを通過するとき以外、窓は開けたままでした。私もその被害にあったことが何度かあります。谷崎自身も、当然そうだったでしょう。しかし谷崎は、そのことを十分に承知した上で、敢えて汽車内の頻繁な下痢を結びの一行としたのです。

戦中戦後という、節度を求められた時代に書かれたということもあって、この作品に、谷崎は男女の性の営みをいっさい描くことはありませんでした。理想的な美貌のヒロイン・雪子は、上品で清らかな女性に描かれていました。この最後の下痢のくだりだけはあまりにも唐突で、私たち雪子ファンの読者は、ただただ困惑、閉口する以外ありませんでした。

でも、よく考えてみれば、この意外な描写を敢えて納得することも可能です。

私はこの下痢は、数え年三五歳まで純潔を守り通してきた雪子が、結婚によって淫らな性の世界に耽溺《たんでき》してゆこうとする、そのことを描く代わりの、代償としての谷崎の密やかなたくらみだったかと思うのです。そのとき、谷崎の脳裏には松子夫人から教えられた「オソソ」という上品な船場ことばと、ふたりで性行為を激しく交わした記憶が、熱病のように渦巻いていたことでしょう。物語は、雪子の、今まさに初体験しようとする、「オソソ」をなすという行為に向かって収斂《しゅうれん》してゆくのです。そういう風に考えれば、この畢生《ひっせい》の大作『細雪』こそ、谷崎の内奥《ないおう》に秘められた、純一な「オソソ文学」であったとも言えるのです。

私の谷崎潤一郎との出会いは、一六歳、高校二年生のときの現代国語の教科書にさかのぼります。京都の中央図書出版社から発行されていた教科書で、編集の代表者は京大の遠藤嘉基《よしもと》教授でした。そこに『細雪』の上巻の一九が丸ごと収録されていたのです。それは大長編の『細雪』の中でも珠玉の輝きを放つ一章で、蒔岡《まきおか》家の姉妹たちがうちそろって京へ桜の花見に出かけるという、なんでもないストーリーなのですが、谷崎の優雅さをたたえた筆は冴《さ》えわたります。その美しさに私は心底、魅了されました。京から蘆屋に帰ったあと、松子夫人がモデルとされる幸子は、幸せだった京の春の一日を回想して、仕事に出ている、谷崎自身がモデルである夫・貞之助の書斎で歌に詠みます。

平安神宮にて花の散るを見て
ゆく春の名残惜しさに散る花を
袂のうちに秘めておかまし

それを帰宅して見た、作歌に秀でた夫が、こう直してはどうかと思ったのか、その横に新たに歌を書き加えます。翌日書斎を片付けにいった幸子が、夫の新しい歌をふと見つけて、しみじみと読むところで、この章は終わります。貞之助は、心から愛する妻・幸子のためにこう添削していました。

いとせめて花見ごろもに花びらを
秘めておかまし春のなごりに

何という、よき春の、よき中年夫婦の姿でしょうか。
私の一六歳の心に、その歌のみやびな美しさが深い印象を残しました。私は、ほかの谷崎文学を読んでも少しも特別な感興を覚えませんが、この『細雪』だけは、稀有の輝きを放つ名作であると思い、今も愛しています。

当時、京都は大学生の下宿率のおそるべく高い町でした。通学が可能な大阪や神戸に自宅のある者さえ、当たり前のように下宿していました。今の学生マンションと違って、下宿はきわめて安かったせいもあったでしょう。大学に入って、クラスメートや私は、京都に住んで初めて散策するという新しい楽しみを覚えました。当時通学するとき以外、日常は下駄ばきでした。午後の日が陰りだすころになると、三々五々寄り集まって、下駄ばきで散策に出かけるのです。

青もみじの覆う真如堂《しんにょどう》の境内を通り抜け、その裏から坂を下って銀閣寺道に出る。あるときは東に山道を登り大文字山の火床に立つ。また哲学の道を少し東に上《のぼ》った法然院の前の道を、楽しく語り合いながら歩く。法然院の境内にもしばしば訪れ、右手の墓地に寄って、階段の最上段にある、まだ新しい谷崎潤一郎の墓に参拝することもありました。

左側の、谷崎自らによって「寂」と揮毫《きごう》された墓石の下に谷崎は眠っており、右隣には松子夫人のためなのか「空」と彫られた墓石が用意されていました。実際は現在、「寂」の下に松子夫人は谷崎に寄り添って眠り、「空」の下には、松子夫人の妹重子夫妻が眠っていらっしゃるそうです。

再訪すると、墓石はすでに薄緑に苔むして趣きの深さをたたえており、私ははるか遠い学生の日々の、友人たちとの心ときめく散策の楽しさを思い出しながら、みごとに、そして密やかに「オソソ文学」を打ち立てた大谷崎《だいたにざき》に、今また改めて、深い敬意と親しみを覚えたのです。

ワレメちゃん論争

ところで東京で生まれ育った詩人・谷川俊太郎氏も、

「うちのおばあさんは孫にオソソって使っている」

と証言しています（『週刊文春』一九七二年八月一四日号）。うちのおばあさんとは、ご母堂の多喜子氏のことでしょう。

谷川俊太郎氏の父君は、著名な哲学者であり、また法政大学総長を務めた谷川徹三氏です。徹三氏は京大での学生時代、明治三〇年（一八九七）生まれの京都の良家の美しい令嬢・多喜子氏と恋に落ち、幸せな結婚をします。やがて東京に移り住みますが、知性と品格あふれる京おんなの多喜子氏は、数十年の東京暮らしの中でも、誇りある京ことば「オソソ」を忘れることなく、愛する孫にも教え込んでいたのです。

ちなみに『週刊文春』における谷川俊太郎氏の発言は、特集記事「紅白われめちゃん論争」のインタビューに答えたものです。その記事は、当時、女性の陰部に対して女性が自由に使える言葉がない。そこで「ワレメちゃん」と呼ぶことにしてはどうか、と脚本家・性教育研究家の北沢杏子氏が自らの性教育絵本『なぜなのママ?』(画・やなせたかし・一九七二)で提唱したことが大いに評判となったために、その賛否を問おうとする記事でした。

インタビューを受けた金井美恵子、桐島洋子、倉橋由美子、手塚治虫、井上ひさし各氏など当時の優れた文化人たちは、のきなみ「ワレメちゃん」と呼ぶことに否定的でした。

結局「ワレメちゃん」は、日本語として定着することはなく、今では完全に忘れ去られています。幼女の女陰をかわいらしく感じさせる要素が微塵《みじん》もないどころか、「ワレメ」などと、女性の身体を欠陥品とみなすような印象を与える言葉が、女性に歓迎されるわけがなかったでしょう。言葉の響きからしても、そのもの自体を、粗末に扱っている気がするのです。

増えゆく女性のみに課せられたタブー

いつしか女性には自分の身体語にタブーが生じていました。女陰語は、はしたないものとして、男女ともに、人前で絶対口に出してはいけない言葉になったのです。

そのような女性のタブーは、言葉だけにとどまりません。私の幼少時、一九五〇年代までは、母親が人前で授乳することはごく日常に見られた光景でした。床机《しょうぎ》やベンチに腰かけて、あるいは電車の座席で、母親は何恥じらうことなく、わが子に授乳していました。

また私の小学低学年のころだったでしょうか、真夏の暑い午後、外から帰ってきて裏口の庭に立つと、家の庭に面した部屋で、私の祖母と母親が、上半身裸、おっぱいを丸出しにして、ふたり並んで涼をとっている姿を見たことがあります。今思えば、何というのどかで穏やかな、美しい光景だったことでしょう。祖母は小柄で、乳房も慎ましやかなものでしたが、二〇代半ば過ぎの母親の乳房は、はちきれんばかりの若い膨らみにみなぎっていました。祖母は当然、いつものようにお腰を巻いていたはずで、母は、スカート姿だったでしょうか。幼いころの、私の幸福な思い出のひとつです。

こういう姿は、私たちの住んでいた田舎にだけ残っていた習慣ではなかったようで、京都生まれで三歳まで大阪で育った池田裕子さんからも同じような話を聞きました。四〇年前『ラブアタック！』に「みじめアタッカー」として出ていた関西学院大学の坂本剛一クンから「関学商学部にいるピカイチの美人女子学生」と推薦を受けて、「かぐや姫」として出てもらった古い友人で、彼女によると、三歳のころ京都で育ったお母さん（一九三〇年生まれ）が、大阪の自宅で同世代の友人たちと上半身裸になっていた姿を覚えているとのことでした。あのころは自宅にエアコンなどなく、庭からの風を受けてさぞかし気持ちがよかったことでしょう。

私の幼いころまでは、先述のように幼い女の子が、道端にしゃがんで放尿していたほか、思い出せば、明治一七年生まれの農家のおばあさん（とても上品な人でした）は、体を前かがみにして、後方の便器に向けて立ち小便していました。さらに昔、徳川時代には、上方でも江戸でも、銭湯は男女混浴も多くありました。銭湯における混浴は、西欧に対する体面を気にして、明治政府は禁止令を出しましたが、じつは昭和三〇年（一九五五）ころまではまだ細々と混浴は残っていたといいます。温泉場などではさらに長く混浴の習慣は残り、今でも北関東や東北の一部の温泉ではまだまだ命脈を保っているのです。その人目に恥じることのないのびのびとした姿こそが、本来の日本人のアイデンティティのひとつだったのです。

『魏志倭人伝』の伝統を受け継ぐ『潮騒』の女たち

ところで、おっぱい丸出しというと、私には、中学二年生のときに初めて読んだ三島由紀夫の小説『潮騒』の「乳較べ」の一シーンが強く思い出されます。三島は、昭和二八年（一九五三）に三重県の伊勢湾に浮かぶ神島へ赴き、自分よりも年下の若い漁師の新婚家庭に一カ月間ホームステイして、小説『潮騒』の執筆に臨みます。このころの三島は、まだ後年のようにボディービルや剣道で体を鍛えてはおらず、小柄で虚弱体質の、二八歳の独身青年でした。

翌一九五四年に発表された『潮騒』は、古代ギリシャの物語『ダフニスとクロエー』に想を得た小説で、数ある三島の作品の中で、最も純粋で美しい恋の物語と言ってもいいでしょう。伊勢湾に浮かぶ小さな島・神島の風土や方言、人々の暮らしぶりを忠実に生かしながら、牧歌的な生活ぶりの中に、日本人のよき精神の世界を神話的にまで崇高に描き出してゆくのです。

たちまち大ベストセラーとなり、青山京子、吉永小百合や山口百恵などを主演女優として、繰り返し映画化・テレビドラマ化などがされ、不肖私も一九八〇年、三〇歳のときに『ラブアタック!』の一コーナーとして、パロディー版を伊勢の漁村で監督したことのある、懐かしい作品です。小説では、「歌島《うたじま》」と名を与えられたこの島の、一八歳の若き漁師・新治と、海女《あま》として漁に優れた腕を発揮する美貌の娘・初枝との恋が成就するまで、波乱の物語が展開します。アワビ漁での午後の休憩のシーンを少し引用しましょう。海女たちは、老いも若きも、みんなおっぱい丸出しです。新潮文庫の現代表記で引用しましょう。

焚火のまわりにひしめいているたくさんの乳房のなかには、すでに凋《しぼ》んだのもあれば、乾いて固くなって干葡萄《ほしぶどう》のように乳首だけが名残をとどめているものもあったが、概してよく発達した大胸筋が、乳房を重いままに垂らさせておかずに、しっかりとひろい胸郭の上に保っていた。そのさまはこれらの乳房が、羞《はじ》らいを知らず、日々の太陽の下で、果実のように育ってきたことを物語っている。

「羞らいを知らず」と、優しい、愛あるまなざしで三島は書き留めています。取材時に、実際に眺めた光景なのでしょう。海女たちは、まるで二二〇〇年以上前の、古代ギリシャのミロのヴィーナスそのままの上半身裸の姿で、日々のたつきを立てていたのです。

古代ギリシャで『ダフニスとクロエー』が書かれたのと同じころ、三世紀後半に中国で書かれた『魏志倭人伝』、すなわち当時の日本列島の様子を伝える史書にも、水に潜って魚や蛤《はまぐり》などを採る人々のいたことが記されています。男性の海士《あま》もいたでしょうが、海女の姿も少なくなかったでしょう。そうした長い伝統を背負ったおっぱい丸出しの姿は、近年までこの日本の大地にしっかりと受け継がれてきたのです。

ちなみに小説の歌島で使われている言葉は、三島が神島で執筆するに際して、地元の人に丁寧に教えてもらったものでしょう。三島は、毎日、長い石段を登って八代《やつしろ》神社に参拝し、多くの島人と親しく交流し、ときに海に出て蛸壺漁を手伝ったりしながら、のびのびと明るい精神で物語を紡いでいったのです。その健康的な明るさが、女陰名を語る会話にも自ずと反映されています。歌島では、「オメコ」でした。関西で多用され、伊勢湾方面にまでも延びている言葉です。三島は、「性交する」という動詞を、若い男たちの素朴な会話の中で、関西と同じく、地元女陰語に「する」を加えて「オメコする」と語らせています。以下に見る通りです。

「兄《あんの》が初姉《はつんねえ》とどうした？　おめこしたったら何や」

「知らんのか。おめこしたったら、男と女が一緒に寝ることや」

女陰名＋「する」だけが「性交する」ではない

歌島では、女陰名「オメコ」に「する」をくっつけて「オメコする」で、「性交する」という意味になります。これは「オメコ」の本場、関西でも同じことです。東京でも「オマンコする」ですね。では、「マンジュー」や、「ボボ」の地域などでは、どう言うのでしょうか。これはきわめて興味深い問題と言わねばなりません。なぜなら、イヌやネコ、ウシ、ブタ、あるいはニワトリやトンボなどの場合は、「オマンコする」などとは言わずに、現代は「サカル」と言うのがふつうだからです。また文章にするときも動物は「性交する」とは言わず、「交尾する」と言います。あたかも人間のすることは、鳥や獣のやっていることとは別なのだと、誇らんとするかのようです。全国的には、いったいどうなっているのか？

それを示すのが**図4の「性交する　全国分布図」**です。

この分布図を、**「女陰　全国分布図」**と比較してみると、歌島と同じく、圧倒的にその地域の女陰語に「する」をつけるケースが多いようです。京の古い女陰語「へへ」の変化した「べべ」を用いた「べべする」は日本の東西に残りますが、東北など東日本にはさらに多くの変種「へッぺする」「エッぺする」「ベッチョする」などが数多く見られ、それから「マンジュする」「ボボする」「チャンべする」などが、周圏分布しています。沖縄にも「ヒー（ピー）する」などの周圏分布が見られます。しばらく前まで日本は、まさに「『地元の方言女陰語』＋『する』」が、「性交する」を表現する代表的な表現法だったのです。

ただ近年は、明石家さんまさんがテレビで盛んに発言した「エッチ（H）する」が、あっという間に全国の老若男女に広まり、日本語に大きな変革をもたらしてしまいました（この件については、拙著『どんくさいおかんがキレるみたいな。』に詳述）。

さて、動物の「サカル」と同様に、「女陰語」＋「する」の方式を用いてこなかった地域も少なくありません。琉球の先島諸島・奄美地方と本土各地に残る「マグ」、本土にのみ残る「マグワウ」、そして「ツガウ」「ツルム」などの言葉を使うところもあります。

このうち現代語、主に文章語として用いられることのある「マグワウ」は、古く『日本書紀』に出てきます。時代を超えて本土に残り、さらに琉球にも渡り、旧琉球王国に多い「マグ」は、本土の「マグ」と同様、「マグワウ」が短略化されたものでしょう。

さらに「ツルム」（沖縄では「チルビン（ツィルブン）」）もまた『日本書紀』にすでに出てくる上代《じょうだい》（飛鳥・奈良時代）の古い言葉です。しかも、これもまた現代語として通用する言葉です。こうした表現は大人たちだけのものであり、女陰名と違って、娘を思う親心を考慮する必要がなかったせいもあって、流行りすたりの波に洗われることもなく、一三〇〇年以上の時を生き延びてこられたのでしょう。

上代の古い動詞「マグワウ」の末裔「マグ」や、「ツルム」の琉球形「チルビン（ツィルブ

凡例：本土方言

女陰名と一致するもの

△ヘッペする（ヘヘ・ベッコ・ペッペ等）
▲エッペする（エペ・イッペ・エペコ）
▲べべする　（べベッコ・ベッコ・ベコ等）
▲ベッチョする（←べべ。オベンチョ等）
◠マンジュする（マンズ・マンジョー等）
♥オマンコする
♡マンコする
●オメコする
♈ダンペする
✿ボボする　（ボンボ・ポッポ壱岐等）
★オソソする
T ツビする　（チビ・ツンビッコ等）
ↄチャンべする
ↄチャンペする（オチャンペ）
ϲチャコする（オチャンコ）
ϲチョコする（チョンコ）
◎メンチョする（オメンチョ等）
○メメサンする（メメチョ）
o メメコする
◐メンコする

女陰名と一致しないもの

・セイコウする
♪ガガル
∩マグワウ（マグワル等）
A マグ　（ホーママギ徳之島）
⊔マジワル
v サカル
◡ハメル　（ハメッコ等）
◇ヤル
s スル
♤ツルム
♠ツガル・ツガウ
@ イロする（エロ）
o オッコチする
◆ヘンコする（インコ高知等）
G グシャル（グシャウ等）
w チョンチョンする
c チッピーする（チビ）

凡例：琉球方言

☼ヒーする・ヒ・ヒルギン
✹ビービシュン・ビイッチュウ
✹ピーシールン
A マグ
▯チルビン（チルブン・チルベー・チルミン）
♜ホーウカイン・ホーチンナ・ホースン・ホーママギ
♖ウカイン・ウカユン

ン）」が、琉球で広がって定着している様子を見ると、本家である本土でも、じつは同じような状況がもともとあり、日本人にとっては、「性交する」ことを、「『女陰語』＋『する』」と言うことが常識のようになった歴史は、じつは、けっこう浅いのではないかとも思われるのです。

さて近畿周辺部に目をやると、「サカル」がかなり多いことに気がつきます。「サカル」は今、

図4
性交する　全国分布図

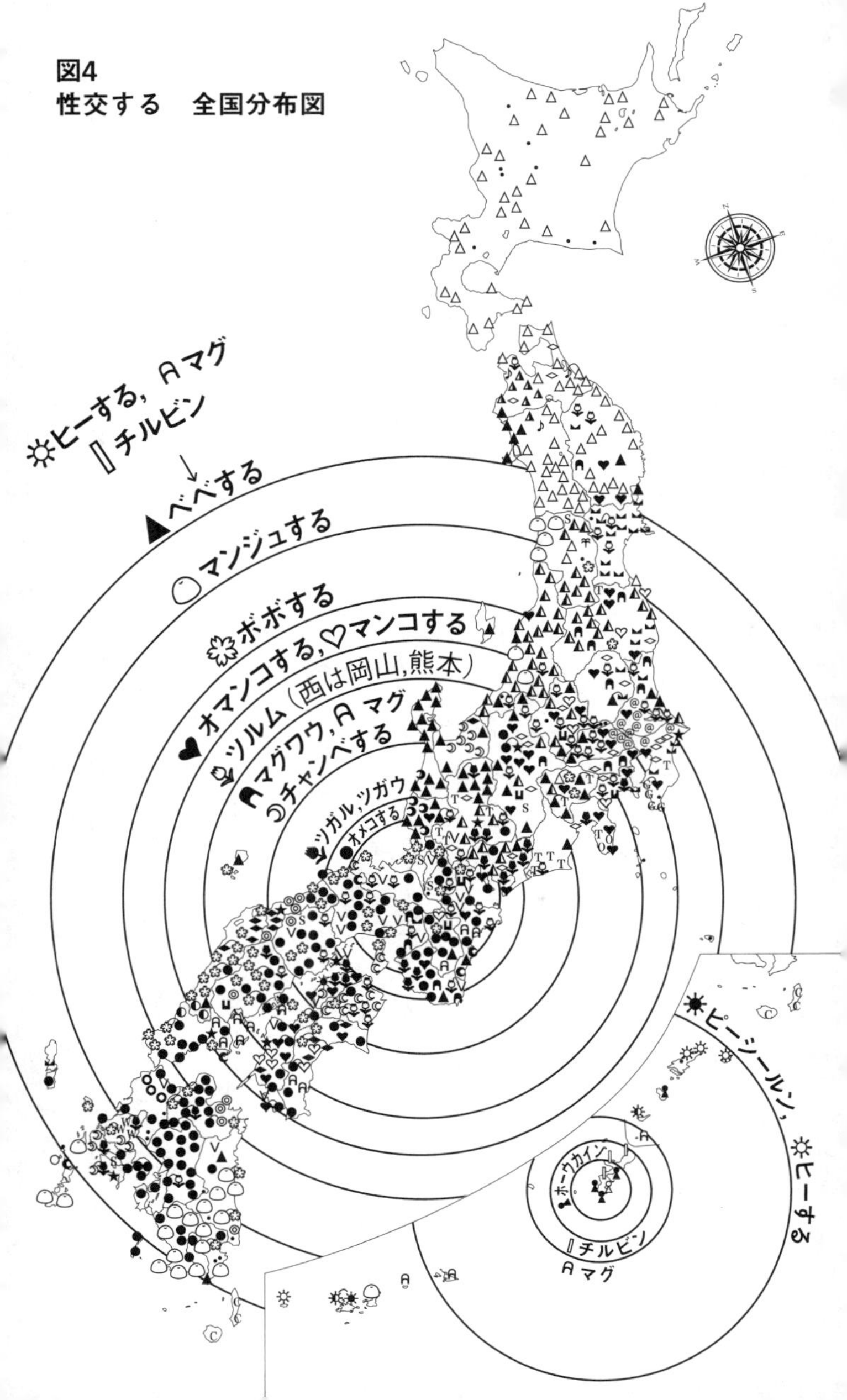

獣たちに用いる言葉になっていますが、動物専門語になる前に、京で人間に用いた時期があったことを示しています。また、香川県・和歌山県、そして岐阜県・愛知県などに周圏分布の形で見られる「ツガウ」は、古くからの「ツガル」に影響を受けた言葉でしょう。「ツガル」は、今は犬の交尾などに使われることがありますが、これもまたもとは人間の男女の性行為のために作られた言葉でしょう。そのかなりの広がりの状態からして、「サカル」や「ツガル」は、上方で徳川時代のかなり早くから、流行を見せていたと思われます。

こうして考えてみると、明石家さんまさんオリジナルの「エッチする」は、『日本書紀』よりも以前からある、女陰名を用いない「マグワウ」「ツルム」を偉大な祖先として、近世初期の「サカル」「ツガル」などを経て細々と生き延びてきた性交表現の、原点回帰のムーブメントのひとつであったと、言語史上に位置づけられるのかも知れません。そして、そうした性交表現はもしかすると、はるか縄文・弥生に起源を持つものかも知れないのです。

それにしてもなぜ、古代の日本人は「性交する」という意味を表現するのに、「『女陰語』＋『する』」表現にとどまらず、「マグワウ」や「ツガル」を使ってきたのでしょうか。「『女陰語』＋『する』」という表現には、男本位の、どこか女性の人格を侮辱するような印象を感じざるを得ません。「チンポする」や「マラする」という言葉が存在しないことが、そのことを裏づけているように思います。その点、「エッチ（Hentai 変態）する」は、いかにも公平です。女性には特に口にしやすい言葉として愛好されています。

しかしさらに「マグワウ」や「ツルム」は、「エッチする」のように変態を内包することはなくて、男と女が自然に惹かれあって、ひとつになりたくて交接する、という大らかな明るさを感じさせます。またその心の奥底には、子孫が産まれ出てくる聖なる場所を、安直に性行為を楽しむためだけのような名称とするのは憚られるという、天の神への畏敬の念が秘められているのではないか、とも夢想させられるのです。

「オソソ」って上品

ふたりの女児の母になっている松井恭子さん（一九七九年生まれ）にも聞いてみました。十数年ぶりに会ったのに、若々しくてさわやかな印象はまったく変わっていませんでした。上の娘は小学五年生、次女は三年生。彼女はお父さんが朝日放送の制作技術にお勤めだったことから、同志社大学一回生から卒業までの四年間、朝日放送でアルバイトをしており、私とはとても仲良しでした。一七一センチのスリムな長身に形のいい長い脚、顔も愛くるしく、まるでファッションモデルのようでした。しかしそれ以上に特徴的だったのは、「生まれてから今まで、人に怒ったことがない」という、上品で穏やかな性格でした。もちろん下品な話題などけっしてしない潔癖な女性でした。

「上の娘が小さいころ、『男の子はオチンチンって言うけど、女の子は何て言うの?』と聞いてきました。でも、私は答えられなかった。『さあ、何でしょうね』と流してしまいました。ところが娘は幼稚園に入ると、自分から『オマタ』と言うようになりました。今も言ってます。ママ友も使ってますね。でも私は、今でも『オマタ』は使えません。私自身は、名前がないものと思って育ったのです。『ここ』が痛い、と指さして母に言ってました」

「なるほど! あなたには使える適切な言葉がないんですね。ほかの多くの女性もそうでしょう。明治生まれの京・大阪の女性は、大っぴらに『オソソ』と言っていたけど」

「『オソソ』ですか?」

と、彼女は少し考えて、

「『オソソ』って、何か上品に聞こえますね」と言いました。

「えっ、ほんまに?」

「ええ『オソソ』って、とても言いやすい、上品な言葉やと思います」

私は、幕末・明治人が持っていた精神が、二一世紀に生きる彼女の胸に今なお美しく響くことに驚きました。

「『オソソ』、本来は『ソソ』です。この語源には諸説あって、着物の『裾《すそ》』が訛ったものとも言われますが、それでは理屈がまったく分からない。空論です。また『粗相《そそう》をする』の『粗相』なんて、そんな下品な言葉も女性はけっして選ばないでしょう。また、『それそれ』と婉曲的に言う意味の『其其《そそ》』という人もいる。きわめて幼稚な発想だと思います。そんないかにも下卑た発想よりも、『ソソとふるまう』とか『ソソとした女性』とか、言うでしょう?」

「はい」

恭子さんは深く頷きました。

「あれやないかと思うのです。これは私の直感に過ぎませんが、『ボボ』や『マンジュー』の、品格ある、大人の発想法と共通している気がするんです」

そして、私は「楚楚」説の内容を説明しました。

「日本で最も優れた辞書と評価されている『日本国語大辞典』第二版には、こう書かれています。『そそ』とは漢字では『楚楚』。意味は、『清らかなさま。清らかで美しいさま』。さらにこう書かれています。『女性について、清らかで控え目な美しさを感じさせるさまにもいう』と。あなたが一瞬にして上品だと感じた根拠はここにあると思います。『清らかで控え目な美しさ』、それは、将来大切な子を産む、神聖な少女の陰部を、心から愛し、慈しむ言葉だったのだと思います。『オソソ』と『オ』まで付けているのは、『オマンコ』と同じで、敬意と愛情を表しています」

「嬉しいです! 私も『オソソ』という言葉を大切に使います。『オソソ』が、もう一度浸透してくれたらいいのに。上品ですし、言いやすいし、とてもいい言葉やと思います」

と彼女は声を弾ませました。

「修さん！　これからも分からないことがあったら、連絡してきて下さい。ママ友のネットワークで、何でも調べます。日本の女性たちのためにも、ぜひ、いい本に仕上げて下さいね！

父は二年前、病気で亡くなりました。その父が、私が朝日放送でバイトしていたころ、言っていました。『松本クンは、アホみたいな男やけど、なかなか、ええ男なんやで』って。今改めて、父の言葉を実感しました」

「いや、ありがとう。あなたのお父さんは、立派な技術者やった。そんなお父さんに、アホやとほめられていたとは、ほんまに嬉しいな」

饅頭は、一個か二個か

私はずっと疑問に思っていたことを恭子さんに問いました。

「ところであなたは、娘さんが赤ちゃんのとき、やっぱり饅頭に似ていると思いましたか？」

「今はマカロンとか、ほかに似たスイーツはいっぱいありますので」

「饅頭とは、思わなかった？」

「いいえ、言われてみれば、お饅頭にとてもよく似ています。昔の人がそう考えたのは、すごく納得できます」

「では饅頭と見立てた場合、それは一個？　それとも二個の組み合わせに見えますか？　ぼくは、こないだ初めて見せてもらって、真ん中が縦にへこんだ、一個の大きい饅頭に見えたんやけど、徳川時代の文献では、二個となっていることが多い」

「二個やと思います」と、彼女は即座に答えました。

「もう小学校三年にもなると、饅頭には見えない？」

「見えません。お饅頭に見えたのは、二歳ぐらいまでの、おむつを着けていたときまでです」

おむつを着けていた二歳ころまでだったとは、驚くべき証言でした。「マンジュー」は、どうやら少女のためでなく、本来は女の赤ん坊のために開発された言葉だったのでしょう。

「おむつを外してきれいに拭く。すると左右に割れている。そこをなぞって拭く。お饅頭なら二個という認識です」

「なるほど、饅頭は、あなたにとっても、やはり二個なんですね」

徳川時代の文献では、大人の女性の場合でも、饅頭二個が常識となっています。ここで饅頭は二個だという文献例を示してみましょう。まず一八世紀初頭、一七〇三年に大坂で刊行された艶本『心中恋のかたまり』（作者不詳『好色の女　十』）には多数の「まんぢう」「砂糖饅頭」などが登場しますが、そんな中にこんな記述があります。二個と明示しています。

砂糖まんぢうの貳《ふた》ツほど高き上に、ぼしや〳〵と毛がはえ、

また、半世紀後の同じ大坂の月岡雪鼎《せってい》『女大楽宝開《おんなだいらくたからべき》』（一七五二）でも、

饅頭を合《あハせ》たるごとくの開也《へきなり》

と、二個を感じさせる記述となっています。

この「饅頭はふたつ合わせたるごとく」の考えは江戸にも移植され、一九世紀になりますが、葛飾北斎の『喜能会之故真通《きのえのこまつ》』（一八一四）の例でも、「饅頭《まんぢう》二ツ合《あハせ》たやうな羽二重《はぶたへ》はだ」が見られます。また、幕末の江戸で書かれた『春色仮寝《しゅんしょくかりね》の遊女《いうぢょ》』（『女護島延喜入船』（一九五二）所収）でも、「饅頭《まんぢう》二ツ合《あは》せた様《やう》な、おたからもの」とあります。こうなると「饅頭二つ合わせたような」は現実の描写ではなく、女陰を魅力を持たせて描く際の、伝統的な慣用句に他ならなかったものかと思われます。それはもう、「文化」と呼んでいいものでしょうね。

たった一人の「オソソ」の反乱

「オソソ」に関して、その後多くの女性からも「上品で呼びやすい」という意見を聞きました。たとえば、古くからの友人の東京都港区育ち、華麗な面立ちのブライダルプランナーの長崎真美さん（一九七七年生まれ）。一〇歳と七歳のふたりの女児の母親ですが、

「昔、関西では『オソソ』を、女性が自ら使ってきたんですよ」と教えると、

「あら、『オソソ』って、何かしら上品ねえ。サ行の語感が、優しいって感じ。さっそく娘たちに使ってみようかな。今は『あそこ』とかって、呼び名がなくて、とっても不都合なんですよね」と、至極乗り気でした。

また、ある大手新聞社に二六年間勤務し、先日中途退職したばかりの、明るく聡明な元新聞記者・奥村晶《あき》さん（一九六八年生まれ）から、面白いことを教えられました。彼女は長らく東京に住んでいますが、年末年始をふるさと滋賀で過ごすために帰省したとき、呼び出されて歓談の時を持ったのです。

「私は彦根市出身の母から『オソソ』と呼んで育てられました。だから東京でも、一二歳の娘とは、いつも『オソソ』と言い合ってますよ」

奥村さんの家は、生きている素晴らしい化石だ！　まるで四六年前の、東京の谷川俊太郎家のようだ！　と私は感心してしまいました。

「私はライフワークとして、東京中にこの素晴らしい『オソソ』文化を広め、そして定着させ

たいと思っているんです。日本の女性の誇りある復権のためにも」

そう語る晶さんの顔が、聖母マリアか観音様のように、美しく輝かしく見えたのでした。

「オマタ」のやむなき誕生

近年、日本の母親と娘は、陰部を何と呼び合っているのでしょうか。

榎元千穂さん（一九八四年生まれ）にLINEで聞いてみました。彼女は、私が二〇〇五年に関西大学で講義していたときの受講生で、もう一〇年以上会っていませんが、ずっとフェイスブックでつながっていて、八歳と六歳になるふたりの男の子と、二歳の女の赤ちゃんの成長ぶりを写真入りでレポートしてくれているので、いつも身近に感じているのです。受講していた大学時代には、お母さんたちと一緒に『探偵！ナイトスクープ』の収録に来たりしていました。高校時代は常勝強豪校のチアリーダー部にいて全国優勝を果たしただけあって、いつも溌剌《はつらつ》として元気な、姿も気立ても美しい女性なのです。彼女はすぐにこう返事をくれました。

「先生、お元気ですか？　男の子は『オチンチン』、女の子は『オマタ』って言います！」

「あ、やっぱり『オマタ』なんですね？　専業主婦で、子育てしてるの？」

「いいえ、実家に子育てを助けてもらいながら、契約社員で、フルタイムで働いてます！」

学生時代そのままの、元気の良さでした。幸せに生き生きと暮らしている様子が感じられて、快い気持ちにさせられました。そのあとすぐ、彼女は「はじめて育児のバイブル」と謳《うた》っている月刊誌『ひよこクラブ』の二〇一七年一〇月号の表紙の写真を送ってくれました。表紙には「おちんちん」と「おまた」に関する特集のあることが紹介されていました。

「『オチンチン』と『オマタ』は、近年、全国共通語になってきていると思います。産婦人科の先生方も、ごくふつうに『オマタ』を使っていらっしゃいますよ」

と、コメントが付け加えられていました。さっそくその雑誌を入手して、特集のページを開くと、こう書かれていました。

おちんちんの皮はむくの？　むかないの？　おまたを清潔に保つには？
赤ちゃんのデリケートゾーン
どこまでふく？ どう洗う？

男根は「オチンチン」、女陰は「オマタ」と呼ぶ一方で、女の子だけでなく、男の子の陰部の周辺も「デリケートゾーン」とも呼んでいることが分かりました。

その後、「オマタ」については、さらにいろんな中高年の女性たちから教えられました。「オマタ」もまた、すでにずいぶん歴史のある言葉のようです。

東京都目黒区で育った、シャンソン歌手でもある資生堂ＯＧの友人、沖田のり子さんは、昭和二〇年代の後半生まれですが、幼時よりお母さんから「オマタ」と教えられてきたそうです。東京でも六五年以上の歴史があるのでしょう。

「オマタ」は、関西でも長い歴史があるようです。朝日放送でかつて『プロポーズ大作戦』などのディレクターを務めた、私と親しい小森成樹氏の奥さんで大阪人の名花《なお》さんは、アートフラワーの教室を主宰する洗練された女性ですが、彼女によれば、大正元年に京で生まれて育ち、大阪の船場に嫁いできたおばあちゃんから、陰部を「オマタ」と教え込まれたと言います。また、朝日放送の十数年先輩で、クイズプラスゲームという番組のジャンルを開発した『アタック25』のプロデューサーを長く務めた京おんなの吉田多満子《たまこ》さんによれば、明治四五年生まれのお母さんから、陰部は「オソソ」、その周辺部も含めた部分を「オマタ」と教えられたとのことです。大正元年と明治四五年は同じ年、一九一二年のことです。となると「オマタ」には京で八〇年以上、もしかしたら優に一〇〇年の歴史があるのかも知れません。

京・大阪では、大正期に「オソソ」を代表とする婦女のための一切の女陰語が使いにくくなったために、急遽《きゅうきょ》のこと捻《ひね》り出されたのが、この「オマタ」だったのでしょうか。東京でも同様に女性たちが自ら「オマンコ」を使いにくくなってしまって、この新語「オマタ」を受容せざるを得なくなったのでしょうか。あるいはもっと以前、「オマタ」は新首都・東京で文明開化の旗印のもと、過去の大らかな日本文化のあり方を全否定する思想の流れの一環として生み出されたものなのでしょうか。その考究には膨大な調査が必要となりそうです。あとは平成以降の生まれの、思い切り若い研究者に道を譲ることにいたしましょう。

じつは、私の『全国アホ・バカ分布考』を高校時代に読んだことが契機となって、方言学者や言語学者になった人が何人もいらっしゃいます。おそらく、この『全国マン・チン分布考』を読んで、この知的世界の深さに共感し、勇躍、方言学・言語学の世界に飛び込む俊英たちも、きっと現れるでしょう。そのときこそ、今までタブーと考えられてきた人文科学の分野の研究は、必ずや大きな進展を遂げるでしょう。若き未来の学者たちには、私が拙《つたな》くも懸命に模索しながら切り拓いた道を、赫奕《かくえき》と乗り越えていってほしいと思います。

さて、せっかく全国共通語になった「オマタ」ですが、「オマンコ」や「オソソ」に較べて、少しも美しい華やぎが感じられません。「オマタ」すなわち「お股」は、女陰の近くにはあっても、あくまで別物です。私は、初めて「オマタ」という言葉を聞いたとき、姑息に「逃げてるな」と、切なさを感じました。「オマタ」は、それまでのあらゆる女陰語と異なって、女性が世に向かって堂々と誇りを主張できるような、大らかな表現ではないと思えるのです。

代々の京都人である吉田多満子先輩は、心伸びやかで、知性と品格に満ちた魅力的な女性です。その多満子さんは、屈託なくにっこり美しく微笑んでこうおっしゃるのです。

「私の子供は、ふたりとも男の子で、『オチンチン』と呼んで育てました。その息子たちの子、私の孫にあたりますが、四人もいるのに、ぜんぶ男の子なんです。もし女の子がひとりでもいたら、私は『オソソ』と呼んで育てたでしょう」

なるほど。「オソソ」には、日本の女としての誇り、とりわけ京のおんなとしてのゆるぎない、気高い誇りが込められているのでしょう。

日本女性は、その女陰語が「オマタ」に移行したとき、美しいはずの自らの身体の誇りを、無理やり、奪われてしまったのではないでしょうか。

「デリケートゾーン」の台頭

「あたしたちの世代の女の子は、『デリケートゾーン』と言います」

と教えてくれたのは、十数年前、講義をしていた京都精華大学の美人女子学生だった尾口沙耶さん（一九八四年生まれ）でした。茨城で育ち、京都で伸びやかな大学生活を送り、今は東京で働いています。私は月に一度の土曜の集中講義のあと、数名の男子学生を引き連れて、京都の街に飲み食いに出かけていました。その中にいつもひとり、女性の彼女が交じっていました。

ちなみに私は、京都精華大学以外にも、時期をたがえて先述の甲南大学と、さらに関西大学に、非常勤講師として通っていたことがありますが、講義のあとは、毎回、学生たちを誘って飲み食いに出かけていました。大学からいただいたお金は、すべて学生に還元する。それが私のモットーであり、歓びでした。ときに二〇、三〇名にもなり、もらったお金以上に使っていたかと思います。それでも男女の若い感性に触れて屈託のない時を過ごすのは、この上もなく楽しいことでした。そんな時代の尾口さんが、大阪へ出張に来た機会に、私を訪ねてくれたのです。

「もう二〇年近く前、女性特有の、かゆみ止めの薬、小林製薬のフェミニーナ軟膏のテレビCMが広めた言葉です。今も盛んにフェミニーナ軟膏のテレビCMで使ってますよ。最近は、女性はアンダーヘアーを脱毛する人もいます。前部と股間と、肛門の周りの脱毛を、形になぞらえてVIO脱毛と言って、このあたり全部を『デリケートゾーン』と言うんです」

どうも和製英語くさい。あの小林製薬！　徳川時代から大阪の薬の町として知られる道修町《どしょうまち》に本社を置くこの会社は、田辺三菱製薬や、塩野義製薬、小野薬品工業、武田薬品工業本店など、居並ぶ数多くの製薬会社に対抗して、いつも独特な、巧みなセンスで商品を開発・命名し、大きな話題と人気を呼んできました。発熱を冷ます「熱さまシート」や液体絆創膏「サカムケア」、外用消炎鎮痛剤「アンメルツヨコヨコ」、放屁防止薬「ガスピタン」など枚挙にいとまがありません。広報に問い合わせると「デリケートゾーン」はやはり同社の創作で、一九九八年一〇月二日に登録商標がなされていました。女陰周辺の呼び名にも独自の造語感覚を生かしたのです。故意にぼやかすところは「オマタ」と発想が似ていますが、女性の繊細さや、ナイーブさを感じさせて、悪くない印象です。もっといい日本語が出てくるまで、中継ぎとして有効かも知れません。

最近、九六歳にしてなお現役作家、瀬戸内寂聴さんの自伝小説『いのち』（二〇一七）を読んでいたら、思いもかけず「デリケートゾーン」という言葉に遭遇してしまいました。

私は、昭和四八年のご出家の直前に瀬戸内晴美名義の小説『女徳《じょとく》』を読んで以来の愛読者です。新婚時代の若き寂聴さんに思いを馳せながら、自伝小説『いずこより』を鞄に詰めて、北京の街をさまよっていたころもあります。九年前、友人のタイムキーパーと訪れた、嵐山の割烹料理店で、当時の秘書と思われるご年配の女性を伴った寂聴さんと、偶然にひとつのカウンターに同席する機会を得ました。いちばん奥の席で、しかつめらしいご様子で静かに食事を楽しんでいらっしゃいました。お帰りになるとき、立ち上がってご挨拶を申し上げたら、寂聴さんは優しく微笑みながら、両手を握りこぶしにして、私の腹をグイグイ押して下さいました。何か、生き仏さまから祝福を受けたような、ありがたい思いでした。

そのあと間もなく、そのご年配の秘書が、京都の大学を卒業したばかりの、無邪気で明るく、若いギャル秘書、瀬尾まなほさん（一九八八年生まれ）に変わったのです。

『いのち』という小説では、最近の寂聴さんご自身が主人公という設定で、その秘書はモナという名前の、やはり無邪気で明るく魅力的な女性です。どうやら現実の秘書、瀬尾まなほさんがモデルのようで、瀬尾さんご自身が書かれた『おちゃめに100歳！寂聴さん』（二〇一七）という本の写真を見ると、まことに潑剌とした美人で、人の心を幸せで華やいだ気持ちにさせてくれます。モナ、すなわちまなほさんは、愛情にあふれ、「センセ、センセ」と、いかにも楽しげにお世話を焼きます。ふたりの間では女性の体毛の処理すらも話題となり、寂聴さんは遠い記憶をたどります。

「ああ、そういえば、姉とよく、臭い白いクリームみたいな薬買ってきて腋毛とったわね」

それを聞いたとたん、モナはこう反応するのです。

「そうら、やってたんだ！ 大体、腕や足の体毛や デリケートゾーン のもじゃ毛ありなんて、外国じゃ不潔に思われるっていうじゃないですか。脱毛で文化度を計られます。今度私の行く時、誘いますね、一緒に行きましょ」

『おちゃめに100歳！寂聴さん』には、篠山紀信氏の撮影による寂聴さんと瀬尾さんが一緒の写真が多数並べられており、コンピュータでネコ顔の落書きをされた微笑みのツーショットもあったりして、そこでの天真爛漫な風情の寂聴さんは、もはや生き仏などではなく、かわいい童女に戻っておられます。「デリケートゾーン」の「もじゃ毛」の処理を勧められるなどして、寂聴さんは新たな、愛すべき生に目覚められたかのようです。慶賀の至りでしょう。

「バルバ」と呼びなさいとの小学教育

私が長年勤めた朝日放送で屈指の美人社員・天埜聖子《あまのきよこ》さん（一九七五年生まれ）は、二〇一五年の授業参観の様子を教えてくれました。

「『女の子はお腹の下のほうをデリケートゾーンと呼びましょう！』と、そのころ西宮市の小学二年生だった娘たちに、女の先生が教えてたの。びっくりしたわ」

入社数年後には、ハンサムな男と結婚し、今すでに四十数歳。美しさは昔のままながら中学生と小学生の娘たちの立派な母親なのです。

「それで、男のオチンチンは『ペニス』と呼びなさい。女性器は『バルバ』と呼ぶようにと、教えていたの」

「『バルバ』？　いったい何語なの？」

「知りません。でも変でしょう？」

「変すぎる。小学校の性教育は、ひどいことになっているね。こうなると、『オマンコ』『ボボ』『オソソ』や『チンポ』こそが、はるかにさわやかで、美しい気がするな」

あとで調べると、「バルバ」は「ペニス」と同じくラテン語で、欧米では医学用語として用いられているようです。でも、小学校の性教育にわざわざラテン語を持ってくるとは情けない。日本人は誇りを失ったのか。

「私も、修さんのお話を聞いて、ほんまにそう思います！　『オマンコ』も『ボボ』も『オソソ』も、じつは美しい日本の文化だったんですね」

「そう！　清らかな心を持った日本人の魂の言葉です。『チャンベ』も『オソソ』も『オメコ』も、みんな誇るべき日本文化の華なんです」

今の日本の学校教育も、新たに提案される女陰の呼称も、出口のない迷路に陥っているな、と感じざるを得ません。

「ちなみに、あなたの娘さんは、なんて呼んでますか？」

「『あそこ』って。でも、姉の方が『オチンチンが痛い』と言ったことが、ありましたね」

「いけませんね。いたずらに男性に迎合していますね。これからは標準語なら『オマンコが痛い』と言うべきです。関西女なら『オソソが痛い』などと教育してもいいでしょう」

「分かりました先輩！　『オソソが痛い』ですね！　頑張って教育してみます」

と彼女は、気品のある顔におどけたような微笑みを浮かべて敬礼しました。

京の一〇〇〇年にわたる試行錯誤

ところで、私には若い友人のひとりに西村一真《かずま》クン（一九八四生まれ）がいます。私は彼の両親より年上ですが、彼は私の実家のごく近所に住んでいて、しょっちゅう帰省していた私と、ふたりで一緒に食べ歩いたり、中国、韓国、台湾と、何度も海外旅行に行くなど、仲のよい遊び友達でした。休日、パソコンの不調を宝塚まで直しにきてくれたついでに、このあたりまでの原稿を読んでもらいました。そして、

「みんなの証言が面白いなぁ。ぼくは、おばあちゃんを思い出すなぁ。ぼくのおばあちゃんは『ボボ』でした」

と言って、ガハハと笑いながら、幼いころのエピソードを話してくれたのです。

西村クンが小学三年のころ、小学一年生だった妹が、陰部がかゆくてひとりで懸命に掻き始めたそうです。それを見た明治四一年（一九〇八）生まれのおばあちゃんが、

「茉美！　おなごはそんなに『ボボ』を掻くもんとちがう！」

と孫娘をいさめたそうです。これはまさしく、「ボボ」は「婦女子の使う言葉」とする『日葡辞書』そのままの世界ではありませんか。妹・茉美さんは自分の陰部の名称を初めて知った嬉しさから、「ボボ！　ボボ！　ボボ！」と喜んで踊りだしました。おばあちゃんはまた、直ちにそれをたしなめたそうです。「そんな大声を出して、『ボボ』と叫ぶもんやない」と。

「ぼくは今そのことを思い出して、優しかったおばあちゃんを思い出してしまいました。いたずらをして両親に叱られて泣いたとき、いつも『一真に罪はない』とぼくをかばってくれました」と言う西村クンの言葉に、そのおばあちゃんをよく覚えている私も、ちょっとしんみりし

た気持ちになってしまいました。西村クンのおばあちゃんも、控え目ながらも自由に女陰語を駆使することのできる文化を保持した、立派な明治人だったのです。私は問いました。

「ところで、ぼくの子供のころまでは、海津には『ボボ』のほかに、『オメコ』も、『オソソ』もあったけど、あんたの時代は、どうやったの？」

彼とは三五の年齢差があります。

「ぼくらはもう『オマンコ』『マンコ』しか知らないですね。全国的な現象かも知れませんが」

「昔、海津にあった『オソソ』という言葉を、あんたは、どう思う？」

「ほかの言葉に較べると、どこか上品に聞こえますね。嫁さんの意見も聞いてみましょう」

彼はすぐに、滋賀県の彦根市出身の、男の赤ちゃんを産んだばかりの奥さん・恵理子さん（一九八七年生まれ）に連絡を取ってくれました。昭和末生まれの恵理子さんにとっても、かつて彦根市にあった「オソソ」は、初めて耳にする言葉のようでした。

「嫁は、『なんか上品な、京ことばみたいね』と言《ゆ》うてますよ」

「さすがに奥さんも鋭いね。『オソソ』は『ボボ』よりも新しい、女のための京ことばなんや」

私のふるさとの「ボボ」に限らず、ほかにも地元の女陰語が、近年まで婦人に使われていた例を述べてみましょう。

弘前大学の美術の教授・岩井康頼《やすより》氏とはもう十数年の親しい仲です。お互いに独身が長くて妙に気が合ったのに、一〇年前に弘前市育ちでドイツ留学から帰国したばかりの、若く美しいピアニスト・里砂子さん（一九七三年生まれ）を突如として娶《めと》られました。里砂子さんにメールして津軽の様子を聞いてみました。

「幼いころ、お盆には必ず家族で、鰺ヶ沢《あじがさわ》の母の実家に泊まりがけで行っていました。同い年の従妹《いとこ》とお風呂に入ったあと、暑かったので下着姿のままでいたら、祖母がふざけて、『どらっ、「マンジュー」、食ってまるぞ！』と言ったのです。言いながら手を伸ばしてきたその仕草で、ああ『マンジュー』って言うんだ、と理解しました。祖母は大正一一年（一九二二）生まれ、青森県木造《きづくり》町の出身です」

さらに続けて、こうありました。

「ところで『オソソ』は、きれいな言葉ですね。上品な響きです。母も『これなら恥ずかしくなく使えるね』と言っておりました」

津軽では大正末生まれの女性すらも「マンジュー」という女陰語を、愛するかわいい孫の前で使えました。おそらく数十年前まで、日本では全国の女性が、それぞれの地の女陰語を自由に使えたのでしょう。

そして驚くべきことは、「オソソ」が津軽人の女性の耳にも、やはり上品に聞こえることでした。さらに盛岡のテレビ局勤務の中村好子さんからも、こんなメールが届きました。

「私も、その言葉を知らなかったけど、『オソソ』がいいなぁ」

女陰語「オソソ」、そのひと言で、かつての京の文化の成熟を感じさせるようです。

前にも紹介したように、「オソソ」の文献初出は、一八一九年ころと、きわめて新しいのです。「オソソ」の放つ魅力は、そのことと関係があるでしょう。同じ上方女陰語の「オメコ」の初出が一七〇五年（『肉蒲団』）であるのと較べても、一世紀以上も遅く、「オソソ」こそ、最後の最後に檜舞台に登場した大真打の印象です。「オソソ」の分布は**「女陰　全国分布図」**に見るように、西日本では分布は狭く、ほぼ近畿の内にとどまっています。ただ江戸という言語島には明らかに飛び火した時期があったらしく、しかし「オマンコ」の強大勢力に駆逐《くちく》された結果、今は千葉や埼玉に散見されるにとどまり、また宮城や福島にも少数ながら見られます。

「ソソ」自体は『日葡辞書』の時代からある古い言葉だったのに、接頭辞「オ」が付くのが遅れていました。しかし幕末に近づいて「オ」が付いたとたんに、この言葉は、かつてない、比類なき美しい輝きを獲得したのです。「オ」と「ソソ」の言葉の組み合わせが、絶妙の好ましい語感を生んだのでしょう。

「オソソ」こそは、よき言葉を求め続けた日本人が千数百年にわたる試行錯誤の末に、徳川末期になってようやくたどり着いた、極めつきの婦女子用の女陰語だったのです。だからこそ二一世紀の現代もなお、品格ある多くの女性の心を打つのでしょう。それを考えると、あの漂泊

の俳人・種田山頭火《たねださんとうか》（一八八二～一九四〇）が、昭和九年（一九三四）、五一歳のときに詠んだ句、

ちんぽこも[おそそ]も湧いてあふるる湯

も、私たちの胸に、いとも晴れ晴れと、心清く、伸びやかに響いてくるのです。

残念ながら、この「オソソ」の新しい文化は、江戸で深く浸透するには時間が短すぎました。目前に明治維新が控えていたからです。幕末近くに江戸に上陸した多くの上方語は、新たに生まれた首都・東京優位の思想によって、無慚《むざん》にも葬り去られていったのです。

京・大坂で、この上品な、ある種究極の表現である「オソソ」の文化が女性の間で可憐で清らかな、いかにも楚々とした、いとも美しい花を開き始めていたさ中、明治維新によって首都が京から東京へと移りました。そこでは、京がかつて捨て去った古い雅語「オマンコ」がいよいよ向日葵《ひまわり》のような、大輪の花を咲かそうとする時期に差しかかっていました。明治維新の東京では「オマンコ」は、まだ新鮮な輝きを放つ言葉だったのです。

文明開化の掛け声のもと、西洋の文化を丸ごと受け入れつつも、新都・東京は、京が育んだこのみやびやかな中世語を男性によってのみ使用を許された女陰語へと変化させつつ、現代に至るまで大切に護持し続け、やがてこれを全国共通語の地位にまで押し上げたのです。

第五章　琉球に旅した『古事記』の言葉

『古事記』『日本書紀』と琉球の言葉

日本の古語を考える上でいちばん大切なのは沖縄（琉球）の言葉です。いよいよ琉球の女陰の言葉について、吟味してみることにしましょう。

和銅五年（七一二）、天武天皇に命じられ、太安万侶《おおのやすまろ》によって編纂された日本最古の歴史書『古事記』に、当時の女陰名が何度も登場することはよく知られています。「ホト」と呼ばれています。

太陽神である天照大御神《あまてらすおおみかみ》が天岩戸《あまのいわと》（天岩屋戸《あまのいわやど》）に閉じこもったため、この世は暗黒の闇となりました。天岩戸から出てきてもらうため、その岩戸の前でさまざまなイベントを行いましたが、岩を閉じたままなかなか出てきてはくれません。最後には「ホト」までさらけ出して踊る女神が登場し、八百万《やおよろず》の神々にバカ受けし、ついつい好奇心に駆られて天照大御神は岩戸を開けました。古典文学でもある『古事記』の、最も有名なシーンです。読んでみましょう。

天《あめ》の宇受売命《うずめのみこと》、天の香山の天《あめ》の日影《ひかげ》を手次《たすき》に繫《か》けて、天《あま》の真折《まさき》を縵《かづら》として、天の香山の小竹葉《ささば》を手草《たぐさ》に結《ゆ》ひて、天の岩屋戸にうけを伏せて踏みとどろこし、神懸《かむがか》りして、胸乳《むなち》を掛《か》き出で、裳緒《もひも》をほとに忍《お》し垂《た》れき。しかして、高天原動《とよ》みて、八百万の神共《とも》に咲《わら》ひき。

格調ある文章ですが、このままではなかなか意味が理解しにくいので、いくつもの注釈書を頼りに、分かりやすく現代語訳することにしましょう。

天《あま》の宇受売《うずめ》の命《みこと》という女神は、天の香具山《かぐやま》のヒカゲカズラをタスキ掛けにし、マサキノカズラを髪飾りとし、また笹の葉を手に持った。そして天の岩屋戸の前で、伏せた桶の上に立ち、にぎにぎしくこれを踏み鳴らした。神がかりの状態になって、乳房を丸出しにし、邪気を払うため、衣裳の紐を押し下げて、当時に言う「ホト」、つまり現代の全国共通語で言う「オマンコ」まで見せて舞い踊った。すると、集まったすべての神々が大喜びして、高天原《たかまがはら》が鳴り響くほどに、笑いに笑った。

七一二年成立の『古事記』の昔でも、女陰を人前にさらけ出して舞い踊るというようなことは、ふつうにはあり得ない、国の運命を懸けた大胆な行動であった様子が読み取れます。

八百万の神々も天照大御神もこぞって心を奪われた、その「ホト」は今、本土では、**「女陰全国分布図」**に見るように、鳥取県の西部と岡山県北東部、鹿児島県の大隅半島の南端の三カ所にわずかに残るばかりです。しかし沖縄本島で今も盛んな「ホー」や「ホーミ」などは、あくまでも推定にとどまるものの、この「ホト」の末裔かも知れないのです。これは何も私ひと

りの妄想ではなく、たとえば『沖縄語辞典』の記述を読むと、「ホー」について、

hoo ◎（名）女の陰部。ほと。

と、わざわざ語釈に「ほと」と書かれていることからも、編者は「ホー」のルーツは「ホト」であると考えていることを示唆しています。さらに半田《はんだ》一郎編著『琉球語辞典』では、「ホー」や「ホーミー」について、

hoo ⑵《名》①【『古事記』の〝陰上〔蕃登、番登、富登〕〟「ホト」と同源か】女性の陰部、交接〔～-mii とも〕

と、「「ホト」と同源か」とまで踏み込んだ記述をしています。これは大いにあり得る考え方かと思います。

さらに、これに加えて、「ホー」「ホーミ」などを取り囲む、先島諸島や奄美諸島の「ピィ」や「ヒー」など、さらに古い時代の言葉もまた「ホト」の末裔とする考えがあります。八重山方言の偉大な研究者であった宮良當壮《みやながまさもり》（一八九三～一九六四）は、『八重山語彙』（一九三〇）で、

こう書いています。

ヒ［çi］〔名〕女陰。玉門。割れ目。裂目の義。沖縄語のホー、国語〘古〙のホトのホもこれなるべし。（トは場所を意味する語）（後略）

ピー［pi:］〔名〕女陰。玉門。（竹富、小浜、鳩間、黒島）。

このように、宮良は昭和五年（一九三〇）の時点で、八重山諸島の「ヒ」「ピー」もまた「ホト」が語源であるとしています。沖縄県石垣島生まれの宮良によれば、出身地・八重山の「ヒ」「ピー」は、沖縄本島の「ホー（ときにポー）」と同様、本土の古語「ホト」にルーツを持つものであり、この「ヒ」「ピー」は、八重山では「割れ目、裂け目」の意味でもある。また「ホト」の「ト」は「場所」を意味していることからして、畢竟《ひっきょう》、宮良の言わんとするところは、「ホト」の原義は「割れ目、裂け目の箇所」ということになる、と読めるのです。これは先に述べた、一九七二年の「ワレメちゃん」論争を思い起こさせるものです。あの空しく消え去った、女性の誇りを無視した「ワレメちゃん」という呼称の提言のことです。

私はこの宮良の「ホト」は「割れ目、裂け目の箇所」であるとする考えには、大きな疑問を抱かざるを得ません。なぜなら、本土において「ホト」が、もともと「割れ目、裂け目」などといった意味を持っていた形跡が、まったく見いだせないからです。

本土で「ホト」の意味は、「女陰」以外には、「山間のくぼんだ所」（『日国』）、あるいは「地形の陰になっている部分」（『角川古語大辞典』）という意味だったのです。要は、「窪地」という地形を示す言葉だったのです。早い例の記紀における実際の文章をじっくりと見てみましょう。

御陵《みはか》は畝火山《うねびやま》の美富登（みほと）にあり（『古事記』中）

（現代語訳：御陵は、畝傍山のくぼんだ所（地形の陰になっている部分）にある）

磯城津彦玉手看天皇《しきつひこたまてみのすめらみこと》を畝傍山南《うねびやまのみなみの》御陰（みほと）井上陵《ゐのへのみささき》に葬《はふ》りまつる（『日本書紀』・七二〇）

（現代語訳：安寧天皇を畝傍山の南のくぼんだ所（地形の陰になっている部分）、井の上陵に葬《ほうむ》りまつった）

このように、『古事記』でも、『日本書紀』でも、山を敬って、その「くぼんだ所」のことを「ミホト」と言っています。あくまで「くぼんだ所」であって、「割れ目、裂け目の場所」といった、マイナスのイメージは皆無であり、むしろ対極的に、天皇陵にふさわしい荘重なたたずまいの地でもあるとして、よきイメージに描きだそうとしています。その証しが、「ホト」に接頭辞として「ミ」が飾られていることです。わざわざ「ミホト」と記されていることは重要です。「ミ」は「美」とも書き、「御」とも書かれます。この「ミ」について、『時代別国語大辞典　上代編』（一九六七）は、こう説明しています。

畏敬の念をもって物を指すときや物をほめたたえていうときに用いる。

なるほど「美」や「御」とも書く「ミ」は、特別に崇敬すべき貴重な対象に使うのです。童謡で歌う「晴れた美空に靴が鳴る」の「美」と同じですから、現代にまで受け継がれてきた用法です。じつは女陰の「ホト」にも、この「美」がつけられることがあります。

此の子を生みしに因りて、美蕃登（みほと）炙《や》かえて病み臥《こや》せり（『古事記』上）
（現代語訳：この子を産んだために、女陰ことミホトを焼かれて、病に伏せた）

「尊ぶべき美ホト」。すなわち女陰というものは、わが国では、神代の昔から、深い畏敬の念を持って、誉めたたえるべき対象であったことと理解されるのです。

その女陰をたたえる思想は、おのずと縄文時代の土偶の姿を思い出させます。今に伝わる多くの土偶は女性をかたどったものですが、乳房を目立たせているばかりか、多くに女陰の形がくっきりと描き出されています。それは子孫の繁栄や、安産や豊作への祈りが込められていたことをうかがわせるものです。

その思想が弥生時代、邪馬台国、飛鳥の時代などを超えて、奈良時代にも受け継がれ、生き続けていたのではないでしょうか。日本人が持ち続けてきた、根源的な思想とも感じられます。「ミホト」という大切な、敬うべき「くぼんだ部分」には、けっして「割れ目」や「裂け目」などといった、卑しい表現では片付けられない、生命への畏敬と祈りの思いが秘められていたことでしょう。

宮良當壮は昭和五年（一九三〇）一一月に、八重山の「ヒ」「ピー」もまた「ホト」の訛りと見なしましたが、残念ながら、奄美大島を覆う「ヒー」は視野に収めていなかったように思われます。宮良がもし奄美の「ヒー」の存在を自覚していれば、この「ヒー」は、八重山の「ヒ」「ピー」と同じものであって、琉球列島の女陰表現が、じつは首都・首里を中心とするきれいな二重の同心円を描いていたと考えざるを得なかったはずなのです。

宮良が『八重山語彙』を出版したのに先駆けること六カ月、昭和五年五月に、柳田國男がそれまでの論文に基づいた『蝸牛考《かぎゅう》』を出版しています。この書をもってして柳田は、言語地理学、方言周圏論という新しい学問的手法を謳いあげる狼煙《のろし》をすでに上げていました。もしこの学問の手法を熟知していたら、宮良の「ヒ」や「ピー」を見る目は、まったく違っていたことでしょう。

今、私はこう思います。「ピー」「ヒ」の語源には、宮良が八重山に残っているという「割れ目、裂け目」の意味を持った、別の太古の日本語を考えるべきではないか、と。「ピー」「ヒ」、そして奄美の「ヒー」は最古の表現であり、あとから琉球にやってきた本土の「ポト（もとは「ホト」ではなく「ポト」。これについては後述）」の魅力に打ち負けたからこそ、琉球の北と南に分断され、遠くに追いやられてしまった。そのことを、はっきり認識した上で琉球語の変遷を考えていくべきでしょう。

私は宮良の説がおかしいことは分かりますが、

「じゃあ、『ピ（またはピィ）』『ヒ（またはヒー）』の語源は、何なのか？」

と聞かれても、今は「分かりません」と答えるしかありません。そんな古代の言葉の深い知識は持ち合わせていないからです。琉球方言の若き研究者たちに、この先、素晴らしい解明を期待したいと思います。

琉球語と本土祖語が分離した時期

沖縄には中世以降の交易などによって、本土の言葉も多数流入しましたが、日本がまだ統一される以前、本土から相当数の日本人が移り住んだと言われます。おそらく本土の戦乱や、食糧難が移住の契機となったのでしょう。その結果、琉球は、本土の古い言葉、すなわち日本祖語を、現代まで大切に保存することになりました。ちょうどブラジルに移住した日本人移民の方が、古い日本語を今も多数使用しているらしいことと原理は似ているのかも知れません。

日本には大別して、二つの方言があるとされています。ひとつは本土方言。もうひとつは、琉球方言です。本土ではヤマト政権から飛鳥時代に至る、三世紀から七世紀の間に、ヤマト（大和）を中心として統一国家が建設されていきますが、遠く離れた琉球は、まったく別の道を歩みました。

ここで、琉球方言が、いつ本土の日本祖語から分離し、独自の道を歩み始めたのか、ということが問題になります。日本統一前のことですから、史書も残されておらず、頼みの中国の文献からも、これについて何の片鱗もうかがわれません。

そこで登場したのが、言語学者・服部四郎氏（一九〇八～九五）の「言語年代学」です。これはアメリカの言語学者によって提唱され、服部氏によって日本に導入された技術です。基礎的な語彙は、長い年月によっても変化することが少ない。そのことに着目して、八世紀の『古事記』『万葉集』と、現代の琉球の基礎語を対比させ、服部氏独特の情報・考察も加味して、日本祖語との分離の年代を割り出そうと試みたものです。

いくつかの論文にその詳細が描かれていますが、最新の著書『日本祖語の再建』（二〇一八）には、「内地方言との分裂年代が最も大きい数字を示す宮古方言でも（中略）、京都方言と今から1500余年ないし2000余年前以後に分かれたという数字が出る」としておられます。服部言語年代学によれば、本土との分離は、一五〇〇年余から二〇〇〇年余前のこと。つまり、『古事記』『万葉集』よりも少し前に、琉球語は、日本祖語から袂《たもと》を分かち、遠い南の島々で独自の進化に身をゆだねていたことになります。

ただ「ホト」、古くは「ポト」と言った本土の祖語は、「ホー」「ホーミ」などと形を変えたとしても、しっかりと、至宝のように守り通しつつ。

古代の「パ行」が保存される先島諸島

「ホ」が含まれる日本の「ハ行」は、もともと「パ行」でした。奈良時代（七一〇〜九四）よりも以前のことだったと考えられています。そんな古い時代のことが、西洋の学者たちや、言語学者・上田萬年《うえだかずとし》（一八六七〜一九三七）の「P音考」など数多くの研究で明らかにされています。「帆」は、もとは「ポ」、「穂」も、もとは「ポ」と発音されていました。「ホト」も、当然のこと「ポト」と発音されていたのです。この古い本土の「パ行」だった日本語が、今も琉球列島、特に、八重山の例に見たように、先島諸島《さきしま》を中心に残されているのです。

本土の奈良で『古事記』が書かれたよりも何世紀も前に、「ポト」という正しい形で琉球に持ち込まれた言葉が、今もなお、少し形を変えて、琉球で大切に保存されている、その現在の姿が「ポー」であり、「ホーミ」であったりするのでしょう。

「帆」や「穂」の「ポ」とともに、「ポト」は日本の南の果ての地で、中国との重なる交渉を経つつもなお、日本列島固有の悠久の言葉の歴史を、懸命に生きながらえさせてきたのです。なんとけなげなまでに美しい、日本人魂の輝かしさではないでしょうか。

「ヤマト」は奈良時代にはすでに見られる言葉であり、琉球人が本土人に対して言う「ヤマトンチュー」(本土人のこと)も、相当な古い歴史を刻んできた言葉でしょう。しかし琉球人こと「ウチナンチュー」の心の底にあるものこそ、じつは「ヤマト」の言葉、「ヤマト」の精神なのです。東北の北部とともに、九州の西南部、さらには琉球列島こそが、日本語ということを考える場合、日本の核であり、根本であり、永遠に護持すべき誇りであることを、私たちは肝に銘じるべきでしょう。

第六章　「チンポ」にたどり着くまで

男根語の試行錯誤

次に「男根（陰茎）」の分布図にも目を向けてみましょう。「男根」についてのアンケート調査は、「女陰」の資料を集めたときに、同時に行ったものです。**口絵の「男根　全国分布図」**を眺めると、これもやはりみごとに多重周圏分布を見せています。

「カモ」だけは新潟以北に限られますが、「ヘノコ」「シジ」「マラ」「ダンベ」はきれいに円を描いています。さらに続く「チンポ」系語は、「（オ）チンコ」「チンボー」「チンボ」を経て、現代の標準語「チンポ」に至ったらしいことが分かります。一方、琉球列島の沖縄県には「タニ」が多く見られ、また奄美大島は「フグリ」で占められています。

まず本土で、京からいちばん遠くに位置する「カモ」をみてみましょう。西日本には一件も見当たらない一方、東日本には、新潟県北部から山形県の日本海側、秋田県と青森県のほぼ全域近く、と広大な言語領域を獲得しています。さらに北海道における渡島《おしま》半島と、海岸部への広がりは、徳川時代の松前藩の進出と移住を示すものでしょう。

東日本だけに限られるとしても、そうした「カモ」の広がりの甚大なパワーを考えると、やはり京という大きな光源に支えられたものと考えるべきかと思われます。ただし、「カモ」は、ほかの多くの言葉に先んじて京を旅立った古い表現なのか、それとも上方と東北・蝦夷（北海道）間を西廻り航路で行き来した北前船の水夫たちによってもたらされた、徳川時代以降の比較的新しい言葉なのか、どちらかの判定が迫られます。私は、これが九州など西日本にまったく見当たらず、本土では新潟以北の主として日本海側に多く見られることから、後者が正解だろうと思います。

「カモ」とは、新潟や東北だけでなく、京の「鴨川」でもよく見られる水鳥「鴨」のことでしょう。「カモ」は東北ではしばしば「ガモ」と呼ばれます。動物の名前の語頭を濁音にすることは、地方にはよく見られるもので、方言学の重鎮である佐藤亮一先生の一般書『生きている日本の方言』（二〇〇二）が指摘するところによれば、「カニ（蟹）」が「ガニ」、「トンボ（蜻蛉）」が「ドンボ」、「カエル（蛙）」が「ガエル」と呼ばれたりするように「濁音化も方言の世界では起こりやすい」というのです。青森県弘前市の方言を集めた『弘前語彙』（一九八二）を読んでみましょう。

がも（名）男根。
カモ（鴨）の意。特に小児に多く言う。小児の男根が鴨の形に似ているのによる。必ず濁音に言う。

著者・松木明氏は、男根がなぜ「鴨（ガモ）」と言われたのかについて、鴨の頭部が、子供の「おちんちん」に似ているから、としていますが、たしかにその考えは頷けます。陰茎の亀頭の部分が高いことを、「雁高《かりだか》」（一七八〇年江戸にて初出・『日国』）と言うのはよく知られている言葉です。雁という水鳥にたとえるのとまったく同じ発想なのです。

松木明氏は、一九〇三年に弘前市に生まれ、東大医学部および大学院を出て、血清学の研究室に残ったあと、弘前市に帰郷して医院を開業した方だということです。開業医として、きっとたくさんの「ガモ」（小児の男根）を見てこられたことでしょう。そして女の赤ちゃんは白くふっくらとした「饅頭」を。それぞれなんと「めんこい」、いとけないやつを身につけているんだと、愛惜の眼で眺めておられたことでしょう。

『秋田のことば』（二〇〇〇）では、「カモ」と「ガモ」にある、はっきりとした意味の違いが描かれています。すなわち「かも」とは「男の陰部」であり、「がも」とは「男児の陰部」を意味するというのです。

「ガモ」と、語頭を濁音にすることによって、それは幼い男の子の「おちんちん」に限定された意味を持つということです。子供に限定された「ガモ」。幼い男の子の男根は、大人のものとは区別して呼ばれねばなりませんでした。その訳は簡単です。幼児たちの男根は、親たちの目に愛すべき対象のひとつだったと思われるからです。

「ヘノコ」は、何の子？

「カモ」より先に都を旅立ったのは、「ヘノコ」かも知れません。「ヘノコ」は、東北の北部を含め、日本の東西に周圏分布しています。東は東北や関東など、西は中国・四国に確固たる分布域を持っています。「ヘノコ」とは奇妙な言葉のように思われますが、それだけに語源説もたくさん提出されています。『日国』で見てみましょう。

語源説

(1)フグリの中の子の意。へはフエの反〔名語記〕。(2)マヘノホコ（前之鉾）の義〔日本語原学＝林甕臣〕。(3)ヘノクキ（陰茎）の意か〔俗語考〕。(4)方の児の義〔名言通〕。(5)ホノコ（陽子）の義。ホはヘノの反〔言元梯〕。(6)ヲノコ（男子）の転〔神代史の新研究＝白鳥庫吉〕。

それぞれ異なり合う語源説を語る著作のすべてに目を通しました。そして、ただひとつ感じたことがあります。それは言葉通り、「へ」というものの「こ（子）」であろうと思えることです。それは「餡子」「どじょっこ、ふなっこ」「娘っ子」「甥っ子」、そして「オマンコ」の「コ」と同一のものであろうという点です。ここにも本来的な、幼く愛くるしい男根への親しみの情が見て取れるように思います。
　そういう視点で、改めて上記六つの語源説を振り返ってみると、この中で、

(1)フグリの中の子の意。へはフエの反〔名語記〕。

という記述が少し気になります。「へはフエの反」とある「反」とは、「反切《はんせつ》」という言葉の略称で、字の読み方を示すものであり（『日国』）、「へはフエ」というのは、すなわち「へノコ」というのは、「フェノコ」と読むのだと言っているものと思われます。これは『名語記《みようごき》』（一二七五）が書かれた当時、現代の「ハ行」が「ファ行」であったことを示すものでしょう。「ハ」行は先に述べたように、もとは「パ」行でしたが、そのあと「ファ」行を経て現代の「ハ」行になったのです。「フェノコ」とは、「フグリ」の「コ（子）」である、という著者の解釈です。

「フグリ」は、一〇世紀には京で陰嚢《いんのう》を意味したことは文献で確認できますが、また男根を意味していた時代もあったようなのです。その根拠は、奄美大島全体で男根を「フグリ」と言うこと、また東に目を転じると、山形県や福島県の会津盆地にも「フグリ」は健在で、どうやら周圏分布とみるべきかとも思えます。

その男根「フグリ」の中の「子」とは、じつにまたかわいらしい言い方ではないでしょうか。これを書きしるした『名語記』の筆致の鋭さについては、のちにまた詳しく述べることにします。「フグリ」の子という親しみを込めた意味で「ヘノコ」と呼ばれた可能性はあるように思われるのです。

「ヘノコ」に次いで都を旅立った、「シジ」もまた、愛情に満ちあふれています。これもまた『名語記』を初出とする、きわめて古い伝統ある表現です。「シジ」とは「指似」。「指に似たもの」であるという婉曲的な表現です。幼い男児の男根が、その手の指のように、細く、かわいく見えるところから名づけられたものでしょう。『日葡辞書』に「子どもの陰茎。婦人語」とあることから、女陰語「ボボ」と同様に、れっきとした「御所ことば」(女房詞)であり、天皇を始め、禁中にも広く行き渡った、品格のある表現であったろうと思われます。

「ダンベ」の変身と伝播のあり方

「ダンベ」が、東日本の各地、特に東北と北海道で女陰の意味で使われていることは、先に詳述しました。それが男根語にも使われているのです。女陰語が、次から次に新しい表現が現れて捨て去られていった中で、もはや不要となった「ダンベ」は、男性用に払い下げられた、ということなのでしょうか。いや、分布を見ると、どうもそうではない感じがします。

女陰名「ダンベ」は、主に秋田など東北地方の北部の日本海側に多く見られたので、疑うことなく北前船によって運ばれたものと推定しましたが、男根名「ダンベ」には、もう少し複雑な考察が必要なように思われます。

分布状況を見てみましょう。東は、山形県、福島県、新潟県北部、また石川県、福井県に集中して分布し、西は、島根県、佐賀県、熊本県、鹿児島県の甑島《こしきじま》に見られます。京の都から遠く離れた、みごとに等距離のところに周圏分布しています。男根語「ダンベ」は、それなりに年季の入った言葉かと思えます。

「団平船」という言葉の文献の上での出現は、一八世紀とかなり新しくはありますが、この男根語「ダンベ」は、一八世紀よりももっと前から、東西に地を這う旅を開始したものと思われるのです。団平船の出現は、実際はもっと早かったのでしょうか。もしかすると「ダンベ」の元になったのは「団平船」ではなく、「団兵衛」という名のついた、魅力的な、別のものだった可能性も探ってみる必要があるかも知れません。

こんな風に考えてみると、女陰語としての「ダンベ」は、すでにある古い男根語を真似たものの、と考えるべきかも知れません。つまり、先に見たように、「真理ちゃん」「百合ちゃん」と言う代わりに、「真理っぺ」「百合っぺ」すなわち、「真理兵衛」「百合兵衛」と、男性名「兵衛」付きで呼ぶことが、女の子にとってよりかわいく、魅力的に見えるような、現代に似た時代を迎えようとしていたのかも知れません。だからこそ喜んで、かつての男根名「団兵衛（ダンベ）」を自分たちのために採用したとも考えられるのです。

そんな女性たちの「兵衛」の使い方の延長線上に、次なる女陰語「茶兵衛（チャンベ）」が出現したと考えるのが、最も順当な推理と言えるのではないでしょうか。

琉球の「タニ」の出自

最後に、琉球列島の「タニ」についても見てみましょう。『沖縄語辞典』では、男根「タニ」は、本土における「『種』に対応する」と述べています。

琉球列島の母音の大きな特徴のひとつは、本土で「あいうえお」と五母音で言うのを、「あいういう」と、母音が三つに省略されるという点にあります。「え」が「い」、「お」は「う」となるのです。「なにぬねの」は、したがって規則的に「なにぬにぬ」と発音されます。本土でもともと「種《たね》」であったとすれば、琉球では規則的に、「タニ」となりますから、この判断は間違いないでしょう。問題は、本土に古く、男根のことを「タネ」と言ったかどうかです。

さっそく『日国』の「種」の項を開いてみると、

(3)動物の発生するもととなるもの。精子など、生殖のもとになるもの。

＊大唐西域記巻十二平安中期点〔950頃〕「桑蚕の子（タネ）を以て帽絮の中に置きて」
＊羅葡日辞書〔1595〕「Vrina〈略〉ヒト、またはケダモノノtane（タネ）、インスイ」

「男根」の意味は見いだされませんでした。しかし、「精子」の意味では、少なくとも一〇世紀以降は使われ続けていたことは明らかです。今でも女性の子宮のことを「畑」と呼び、精子のことを「種」と呼ぶことは、よく聞かれます。のどかで身近な作物畑を連想させて、品格が劣るとは思えないので、男女ともに使いやすい言葉として生き残り続けているのです。「ホト」の場合と異なり、本土の初出が一〇世紀と遅いこともあり、琉球への伝播は、そんなに古いものではないかも知れません。本土では、どうであったか分かりませんが、琉球ではこの「種」は、男根そのものに用いられたのです。琉球でも、もともと親しみやすく使いやすい言葉として採用されたのだろうと感じられます。

「チンボ」を最初に記録した近松門左衛門

今まで見てきた「ガモ」や「シジ」などと同様に、「チンコ」や「チンボー」などを含む「チンポ」系語もまた、一聞にして、いかにも軽やかな、かわいい幼児語という感じを与えます。女陰語と同じように、まずは男の赤ちゃんや幼児のために、新しい男根語たちが作り続けられてきたのではないか。つねにそういう視点を忘れることなく、この先も意識して見ていくべきではないかと思います。

さて、「(オ)チンコ」については、これがかつて「(オ)マンコ」と「対」の関係で同時期に用いられていたらしいことは、あまりにも言葉が似ている点だけでなく分布図における同様の広がりから見ても間違いないでしょう。分布図を読むと、次のような解釈が妥当かと思われます。京において「(オ)チンコ」が出現し、次に「チンボー」と変化し、やがて「チンボ」と短くなり、最後に現代の「チンポ」にまで変わっていったのです。

ちなみに「チンボ」から「チンポ」へ、つまり「B」音が「P」音に変わったのは、先に見たように女陰名「チャンベ」から、「チャンペ」へと変わったのと軌を一にした変化ではなかったかと考えられます。

文献で、これらの歴史の流れを確認してみましょう。

まず、「チンボ」「チンポ」の古い使用例を辞書で調べてみましょう。各種の辞書、原典を読んで、古いものをピックアップしてみます。ちなみに『日国』やそのほかの辞書より、『近世上方語辞典』の方が、より古い用例を提示しています。「チンボ」は、元禄一三年(一七〇〇)、京ではかつて歌舞伎の、大坂では新たに浄瑠璃の台本の作者として活躍した近松門左衛門の浄瑠璃『浦島年代記』第四に初めて現れます。

惣身は朱ぬり、ちんぼ迄唐がらし共いひつべし

『浦島年代記』（『近松全集』第一二巻・一九九〇）を読むと、その第四に、「チンボ」の主《ぬし》は、袋の中から突然出てきた「男子」と書かれています。果たしてこの「男子」は何歳ぐらいの人物なのか、やはり最初は子供のために使われていたのではないかと期待して、二十数年もお付き合いをいただいている国立文楽劇場の土居郁雄さんにメールで問い合わせたところ、

義太夫の常として、段切には物語の起承転結などが描かれています。よって丸本《まるほん》で第五に当たったところ、「〽ぢいと名のるハ三十計のわか男」と出てきます。これかいな…。

とのお答えが返ってきました。『近松全集』で第五を確認してみると、たしかに「ぢいと名のるは三十計のわか男」とあって、これは、すでに生殖能力を備えた、数え年三〇歳計（ばかり）の若い男のようです。そういう「男子」の男根を、近松は「チンボ」と呼んでいたのです。

そして現代語でもある「チンポ」は、近松より三八年後、早くも元文三年（一七三八）に初めて出現します。大坂竹本座の浄瑠璃『小《お》栗《ぐり》判《はん》官《がん》車《くるま》街《かい》道《どう》』五（『竹本座浄瑠璃集［三］』一九九六）

を見てみましょう。これは、一世竹田出雲と文耕堂によって合作されました。

　　し丶がしたくば砂《すな》つぱへ、ちんぽ突出しやりばなせ。

　ここでの「チンポ」は、期待通り、数え年五歳の子供に使われています。やはり新語は、まずは子供たちに先に使われたのではないか。

「チンボ」が生まれる前は、「チンボー」と呼ばれ、「ボ」は長音でした。「チンボー」は、「チンボ」「チンポ」よりもっと古い形ですから、おそらく室町末から江戸初期には京で成立していたものと考えられます。

林美一氏の「チンポは上方語」

　春画・艶本の稀代の研究家、また収集家であった林美一《よしかず》氏（一九二二〜九九）は、「チンポ」について、『秘籍 江戸文学選 七』（一九七五）の『好色変生男子《へんじょうなんし》』（成立年不明）の「解説」の中で、興味深い指摘をしています。すなわち「ちんぽ」とは、「小児の男根のこと。上方でもっぱら言う」と書いています。わざわざそのことを指摘した文例を、現代語訳で次に載せることにしましょう。大坂を舞台としていることから、大坂で書かれたものと思われます。

大坂・道頓堀の島之内では、男の子よりも、女の子が生まれることを喜ぶ。女の子の方がありがたいので、

「ちんぽを切っておいてくれ」

と、何のことなくおっしゃる。みな大いに力を得て、急いでこの申し出を頼み込んだ。三津寺殿は戻ってきて、このちんぽを引きちぎり、箱に納め封印し、紀三井寺へお送りになった。このちんぽが到着したので「さあ付けよう」と試みたが、よほど月も経っていたので、なかなか付くようには見えなかった。

ここに現れる「チンポ」の解説として、林美一氏は「小児の男根のこと。上方でもっぱら言う」と書いています。「チンポ」は、一九世紀の江戸でも盛んに用いられていますが、「上方でもっぱら言う」とわざわざ断っているのは、林氏が、春画・艶本研究の豊富な体験から、江戸にはるかに先立って、上方で使われていたことを認識していたことを物語っています。

ところで、「小児の男根」である「チンポ」の元になった「チンボー」とは、何のことでしょうか?

艶本には男根としての「珍宝」の文字列が、しばしば現れます。「珍宝」は、現在のような

「ちんぽ[po]う」ではなく、当時は「ちんぼ[bo]う」と読まれていました。以下に「珍宝」と書かれた例を挙げてみましょう。

ひとつ目は、平賀源内が明和五年（一七六八）に江戸で書いた『痿陰隠逸伝《なえまらいんいつでん》』です。平賀源内は、一七二八年に讃岐に生まれ、若き日に長崎、大坂、京で学び、江戸に出て名を成した、マルチ才能の人物です。源内は『痿陰隠逸伝』において、男根について興味深い分析を行っています。読んでみましょう。

> 稚《いとけなき》を⑧指似《しじ》といひ、又⑨珍宝と呼《よぶ》。形備《そなは》りて其名を麻羅《まら》と呼び、（『痿陰隠逸伝』・『秘籍 江戸文学選 二』所収）

源内は、この本を書いた一七六八年の江戸の町では、いとけない男の子供の「おちんちん」には、「シジ」や「チンボー」を使い、大人になったらそれを「マラ（麻羅）」と呼ぶ、と記しています。この時代、「マラ」は大人のためにのみに限定された言葉であった、ということを記憶しておきましょう。大人に限定することは、のちに明らかにしますが、歴史上特殊なことでした。

二つ目の例は、同じ『秘籍 江戸文学選 二』で紹介されている『軽口大黒柱』（一七七三・京都版）の中の「珍宝」と題された小咄です。読みやすいので、原文のまま載せましょう。

「爰《ここ》の息子殿も成人じゃ、最う嫁を取て進ぜさしやれ」親仁「何さ、あの様に丈《せい》ばかりで、まだ珍宝でござるわいの」息子脇に聞居て、ごうをわかし「ドリヤ杵ほどな珍宝から小便せう」と立つ。


現代語訳してみましょう。


「ここの息子さんも成人です。もうお嫁さんをもらってはいかがですか？」

と、人から言われて、親父は、

「なあに、あのように背が伸びただけで、一物はまだ幼児のような珍宝に過ぎませんよ」

これを息子がそばで聞いていて、腹を立て、

「どれ、杵ほどに太くて巨大な珍宝で小便しようっと」

と、その場を立ち去った。


一七七三年の上方なら、すでに「チンボ」も「チンポ」も使われていたことは、先の浄瑠璃

の例で明らかですが、ここでは、古めかしい言い方になる「チンボウ（チンボー）」を使い、「珍宝」という漢字を採用しているのです。

　このように小児の男根である「チンボウ」はふつう、漢字で「珍宝」と書かれてきました。しかし、近代以降になると、この「珍宝」の漢字は、近世を通しての実情を完全否定して、単なる当て字に過ぎないものと考えられるようになりました。

　というのは、一三世紀の『古今著聞集《ここんちょもんじゅう》』（橘　成季《たちばなのなりすえ》編・一二五四）に、男根を意味する「ちうぼう」（五四九話）が出現していて、国文学者たちによって、この「ちうぼう」は、「中棒」あるいは「重宝（ちょうほう・じゅうほう）」などと考えられるようになったようで、これが変化して、「チンボー」になったと、多くの識者はみごとに判断を変えたのです。たとえば『新潮日本古典集成』の『古今著聞集』の注釈では、「ちうぼう」を「『ちんぼう』に同じ」と断定しています。

　しかしこれは、私には非常に怪しい解釈だと思えるのです。その理由は、「チウボウ」が出現したのが鎌倉時代半ばころと、時代が余りにも早すぎること。しかもこの「チウボウ」の類いは、私が実施した全国アンケートの回答には、一件もなかったからです。

　一方「チンボー」は数多く回答され、その分布が近畿を取り巻いていることから、「チンボー」は、せいぜい一六世紀以降に、京で突然勃興し、大きな流行を見せたものと思われます。

「チウボウ」と「チンボー」の間にはじつに三世紀もの時代差があるのです。「チウボウ」はとうの昔に滅亡してしまった言葉ではないか。そして一六世紀になって、いかにも愛くるしい語感の、「珍重すべき宝物」を意味する「珍宝」が、まったく新たに登場して男根を意味する言葉として、爆発的な流行を生んだのではないかと思えるのです。

何度も念を押しますが、「珍宝」と書くと現代なら「チンポウ」と読みますが、かつては必ず「チンボウ」と読みました。あるいは「チンボー」でしょうか。「珍宝」は、当て字などではなく、これこそが正しい書き方であり、正しい意味でもあったのだと思います。まさに「おちんちん」こそ、父や母から見て、真ん中の棒というよりも、珍なる宝、チンボーと呼ぶにふさわしい、愛すべき宝物として見られていたのではないでしょうか。

かつてかわいい幼児語であり、今や「オチンチン」も「チンポコ」も含む「チンポ」系語は現代にまで継承され、大人の男のためにまでも用いられていますが、今の感覚からしても愛嬌のある語感で、日常で口に出しても、特に問題にはなりません。数々の女陰名のみが、二〇世紀以降になって、「下品だ」「卑猥だ」「醜悪だ」などと、いわれなき悲惨な差別を受けるようになってしまったのです。

第七章　「マラ」と南方熊楠

「マラ」は梵語から来たという説は正しいか？

次は「マラ」について考えてみましょう。

「マラ」は、大人の男性なら、どこかで一度は目にし、耳にしたことのある言葉でしょう。文章でときおり目にする言葉でもあり、また方言として全国各地、ほとんどの都道府県に散らばって分布しています。先に触れましたが、徳川時代の江戸の春画・艶本に現れる女陰名は圧倒的に「ボボ」です。一方、これに対抗している男根名は、何といっても「マラ」なのです。「マラ」は江戸という町で、かつて全盛を誇っていたのです。

口絵の「男根　全国分布図」から判定すると、「マラ」は、「ヘノコ」「シジ」のあとに広まったものと読み取れますが、近畿にも各所にずいぶん残存するところから、そう遠くない昔まで、「マラ」は京の庶民の間でも使われていたものと思われます。おそらく「チンポ」系語が広まる直前まで、中央（京）や江戸を支配していた言葉なのです。

じつはこの「マラ」には大きな謎が潜んでいます。その謎とは、この言葉が「魔羅」と漢訳された梵語「māra」から来たものである、と広く信じられてきた、ということ自体にあります。梵語とは、すなわちサンスクリット語のことであり、古代インドの、仏教の発祥地の言葉であるのです。仏典はもともと、この梵語で書かれました。

現代の日本では、この漢訳梵語「魔羅」から、男根名「マラ」が生まれたことが常識であると考えられているようです。その証拠に、日本の国語辞典のほとんどが、この漢訳梵語説を採っているのです。たとえば、昭和三〇年（一九五五）の初版以来、絶大な信頼を獲得してきた国語辞典、『広辞苑』第七版（二〇一八）の「まら」の項を読んでみましょう。

まら【魔羅・摩羅・末羅】〔仏〕（梵語māra）①仏道修行を妨げ、人の心を惑わすもの。仏伝では、釈尊の成道《じょうどう》を妨げようとした魔王の名。魔。②（もと僧の隠語）陰茎。〈霊異記中 訓釈〉

このように『広辞苑』は、語釈②に見るように、明確に漢訳梵語の魔羅説を採っており、これに加えて男根「マラ」は、「もと僧の隠語」であったという説明もわざわざ加えています。ちなみに「魔羅」は、「摩羅」と書いても、「末羅」と書いてもよく、いずれも仏教語の梵語māraが起源にかわりはないとも教えてくれています。

次に掲げる現行の国語辞書や漢和辞典でも、すべて漢訳梵語の「魔羅」説を採っています。これに加えて、さらに「もと僧の隠語」などと解説しているものは書名に続けて「○」印を、この考えには触れていないものには「×」印をつけてみました。見てみましょう。

『大辞林』○、『新明解国語辞典』×、『学研現代新国語辞典』○、『三省堂国語辞典』×、『岩波国語辞典』○、『新潮現代国語辞典』×、『現代国語例解辞典』○、『集英社国語辞典』×、『明鏡国語辞典』○、『大漢和辞典』○、『広漢和辞典』○。

ちなみに『大辞泉』は、多くの辞書と同様、男根「マラ」をやはり「魔羅」の項の第二の意に挙げながらも、「［1］仏語から転じたとも、排泄する意の「まる」の交替形ともいう」と、慎重な構えを見せています。「仏語」とは無論、māra のこと。これは、私が最も頼りにしている、日本言語学の最高の英知を結集した辞書『日国』こと『日本国語大辞典』でも同じです。ただし『日国』では『大辞泉』と異なって、「もと僧侶が用いた語」とはっきり断言しています。

このように、圧倒的多数の辞書で、男根「マラ」は漢訳梵語「魔羅」から来たとし、さらに『広辞苑』、『大辞泉』と『日国』に加えて、あと○×をつけた一一冊、合わせて一四冊の辞書のうち九冊において、「もと僧の隠語から（とも）」といった説明もつけています。漢和辞典では、あの『大漢和辞典』『広漢和辞典』の編者・諸橋轍次《もろはしてつじ》（一八八三〜一九八二）という大巨人までもが漢訳梵語説、もと僧の隠語説なのですから、これはもう鉄壁の学説とみなされて当然、ということになるでしょう。

でも、これらは、本当に正しいのでしょうか？

女陰語、男根語を調べていくうちに、私には次第に、疑問が膨らんできたのです。こんな忌まわしい言葉、つまり「仏道修行を妨げ、人の心を惑わす」魔王の名を、父や母が、自分の大切な男の子のかわいい「おちんちん」の名前にするなんて、そんな異常な言語感覚を持った親が、果たしてこの日本に存在したのだろうかと、不思議でならなかったのです。

一九九三年に、「悪魔ちゃん命名騒動」という事件が起きました。父親が自分の息子の名前を「悪魔」と名づけようとしましたが市役所がこれを認めず、父親は裁判を起こすも途中で審判を取り下げ、改名に同意しました。「魔羅」とはまさに「悪魔」のことです。愛すべき息子の「おちんちん」の名を「魔羅」と名づけるのは、この父親が息子の名を「悪魔」と名づけようとしたのとまったく同じ、人間の良識に反逆する悪行のように私には思えたのです。

日本への仏教の伝来は、お釈迦様の時代から約一〇〇〇年を経過した、飛鳥時代の六世紀です。仏教はインドから、まずは中国に伝わり、さらに朝鮮半島の百済を経由して、日本にもたらされました。仏教は奈良で栄え、やがて京で栄え、今に至ります。男根としての「マラ」という語は、本当に、はるばるインドからやってきたのでしょうか？　その謎について、真摯《しんし》に迫ってみることにしましょう。

まずは、『日国』の「語源説」を見てみましょう。

語源説

(1)善行のさまたげとなる神をいう梵語 māra から〔金曾木・名言通・大言海・すらんぐ=暉

峻康隆・猫も杓子も＝楳垣実〕。(2)稀（まれ）の義で、婦女のためのマレビト（客人）の意か〔類聚名物考〕。(3)尿まる所であることから、マルの転か〔菊池俗言考〕。(4)マラ（末裸）の義〔名語記〕。(5)マラ（真茎）の義。茎のある物をラという〔俗語考〕。

「語源説」には、(1)〜(5)の、五つの候補が挙げられる中で、(1)に見るように、梵語 māra 由来の説を唱える人の数多いことが注目されます。すなわち、〔金曾木・名言通・大言海・すらんぐ＝暉峻康隆・猫も杓子も＝楳垣実〕という合計五つの書物が、「善行のさまたげとなる神をいう梵語 māra から」来たと考えているらしいのです。

さっそくこの五つを調べました。すると男根「マラ」が、漢訳梵語「魔羅」を語源とする考えは、そう古いものではないことが明らかになりました。チェックしてみましょう。

文献のひとつ目『金曾木《かなそき》』は、漢訳梵語説の嚆矢《こうし》をなすもののようですが、わずか二〇〇年あまり前、一八一〇年に出た随筆です。次の『名言通《めいげんつう》』は、一八三五年に刊行された語源辞典です。この二つのみが、徳川後期の著述です。つまり、仏教が六世紀に日本に伝来して一三〇〇年も経ってから生まれた、歴史的にはきわめて新しい語源説だったのです。

ほかの「魔羅」説はさらにのち、近代以降のものばかりで、『大言海』は、明治二四年（一八九一）に『言海』を著した大槻文彦の没後、大槻の遺志を継いで昭和七年（一九三二）から改訂増補して分冊出版された国語辞典です。また暉峻康隆《てるおかやすたか》『すらんぐ（卑語）―ネオン街から屋台まで―』（一九五七）と、楳垣実《うめがき》『語源随筆　猫も杓子も』（一九六〇）は、それぞれ昭和時代の国文学者、言語学者の著作なのです。

ちなみに、『日国』によれば、男根としての「マラ」という言葉が、日本に最初に登場するのはかなり古く、『日本霊異記』においてです。『日本霊異記』は、平安初期の八一〇〜二四年ころに成立したものです。ここでは「マラ」は漢字で表記されていますが、「魔羅」ではなく、「閛」「萬良」という、まったく異なった字が当てられています。

こうして調べた結果を総合すると、詰まるところ、男根「マラ」が出現した平安初期から、一〇〇〇年のちの徳川後期まで、日本人は、梵語由来説などとは誰も考えてはいなかったのではないか、と疑われるのです。

もっとも、ほかの語源説にしても古いものは少なく、そのほとんどが徳川時代に考え出されたものです。(2)「稀」説の『類聚名物考《るいじゅうめいぶつこう》』は一七八〇年までの著述、(3)「マルの転」とする『菊池俗言考』は一八五四年、(5)「マラ（真茎）の義」とする『俗語考』は一八四一年の著述です。これらも梵語説同様、かなり新しい考えなのです。ただし、ひとつだけ例外があります。(4)「マラ（末裸）の義」とする語源辞書『名語記』は、鎌倉時代の一二七五年の成立と、これだけが特別に古いものなのです。この特別に古い語源説については、あとでじっくりと吟味することにしましょう。

ところで、なぜ男根の「マラ」が、「善行のさまたげとなる神をいう梵語 mā́ra から」来たと考えられるようになったのでしょうか。『日国』の「語源説」に掲げていた文献を、順々に見ていきましょう。

まずはいちばん新しい著作で、とても分かりやすく書かれている、言語学者の楳垣《うめがき》実氏の『語源随筆　猫も杓子も』を読んでみると、

「『男陰』の意味の『摩羅《まら》』、これは梵語 màra で、印度の誘惑の神の名から、仏道修業の最大障害をなすものだとして、隠語となったといわれている」

と、仏道修行者たちにとって最大障害となる、性欲というものを完全否定する考えの上に立った語源説であることが分かります。

また、西鶴研究で著名な国文学者の暉峻康隆氏も、『すらんぐ（卑語）―ネオン街から屋台まで―』で分かりやすく説明しています。男根「マラ」とは、

「古代印度サンスクリットのマラ（Māra）である。その意味は誘惑の神、善行をさまたげる神、すなわち漢訳して魔羅、略して魔」

とし、

「いずれにしろ坊主どもが、彼のために修行をさまたげられたので、悪魔よばわりをするよう

になったのが、すなわち魔羅である」と、性欲というものを悪魔の誘惑とみなしたがゆえに、僧侶は男根を「魔羅」（＝悪魔）と呼んだのだと説いているのです。

槙垣実、暉峻康隆の両氏の説に先行する、大槻文彦の著作にも当たってみると、死後にスタッフによって完成された改訂新版たる『大言海』はもちろんのこと、大槻文彦自身が、たったひとりで作り上げた日本初の近代的な国語辞典『言海』において、すでに同じ意味のことが書かれていて、「マラ」すなわち「魔羅（摩羅）」（『大言海』）、「麻羅」（『言海』）とは、やはり梵語 māra から来たものとしていました。転じて男根の意味になったその理由は、

蓋《けだ》シ、僧徒隠語ニ起レルナラム。障礙《しょうげ》ノ最ナレバナリ

（現代語意訳：思うに、修行僧の隠語から広まった言葉であろう。男根の勃起こそ、「障礙」すなわち修行の差し障りになる、最たるものだからである）

と言うのです。槙垣・暉峻両氏の梵語説は、この大槻文彦の『言海』における梵語説の根底の考えを忠実になぞったものであることが分かります。

ところで「障礙ノ最ナレバナリ」と、大槻文彦は「障礙」という難しい言葉を使っています。「障礙」とは何か？　仏教における悟りの障害を意味するそうです。これがのちに漢訳梵語説

の根拠となる重要なキーワードとなりますので、ぜひ記憶にとどめておいて下さい。

それにしても、この『言海』『大言海』に共通した記述、「蓋シ、僧徒隠語ニ起レルナラム（思うに、修行僧の隠語から広まった言葉であろう）」とは、いったいどこから出てきた発想なのでしょう。「僧徒隠語に起れる」と書かれた文献など、現実には存在していないことは文脈から明白です。このような何の根拠もない、ただ単なる憶測による推論を書き込むことは、『言海』の持つ大槻文彦テイストの、ユニークで面白い特質であると同時に、「辞書」としては、きわめて大きな欠陥であるとしか思えないのです。

『言海』には、男根「マラ」の用例をひとつも載せていません。しかし、改訂版である『大言海』の用例は、それなりに充実しています。ところが『大言海』にも、さらに理不尽すぎる記述が続くのです。『大言海』では、男根「マラ」の用例を数多く載せてはいるものの、何たることか、その古い男根「マラ」の文献例に、漢訳梵語「魔羅」や「摩羅」、あるいは「麻羅」などと書かれたものが、ただの一例さえも存在しないのです。挙げられている「マラ」の例は次のようなものです。

まず『和名類聚抄』（九三一～三八）では、「玉茎、麻良、閛」と表記されており、『色葉字類《いろはじるい》抄《しょう》』（一一七七～八一）でも、「閛、マラ、屎破前、萬良、今屎、閇」、『類聚名義抄《るいじゅうめいぎしょう》』（一一〇〇～一二世紀）でも、「閛、マラ」、『日本霊異記』（八一〇～二四ころ）でも、先に見たように「閛、萬良」、

『医心方《いしんぽう》』（九八四）では、「マラ」、『古今著聞集』（一二五四）では、ひらがなで「まら」と表記していることなどを紹介しています。

つまり、『大言海』は、男根「マラ」は、あくまでも漢訳梵語「魔羅（摩羅）」から来ているのである、と主張します。しかし日本人は、歴史上誰ひとり男根「マラ」を、正しく「麻羅」「魔羅（摩羅）」などと書くことはせず、たまたま「魔良」「萬良」が「マラ」と発音できる漢字であるから、その字を採用したり、「茎」のように中国の陰茎の意味に対応した漢字表記を行ったりしてきたのである、と表明しているのです。

これは、異常な辞書作りと言うしかありません。こうした大槻文彦（および、改訂者）の姿勢は、あまりにも乱暴で、無責任なものではないかと思うのです。こんなものが、果たして現代の学問の水準を満たしていると言えるのでしょうか。

念のため、ほかの大辞書群にも当たってみました。室町時代の日本語を詳細に伝える『時代別国語大辞典　室町時代編五』（二〇〇一）においても、やはり男根の「マラ」を漢訳梵語の「魔羅」とみなして立項しています。

しかし驚くべき事態は、ここでも明らかになります。この辞書のきわめて優れたスタッフによってすらも、男根を「魔羅」と書いた室町時代の文献は、たったの一例すら見つけられなかったのです。その結果、同辞書では「やむを得ず」なのでしょう、「魔羅」とは書かれていない用例のみを載せるばかりなのです。すなわち、室町中期に生まれた用字集・国語辞書である節用集のうち、『正宗節用集』（一五～一六世紀か）の「末裸」や、清原宣賢《のぶかた》のイロハ分類体辞書『塵芥《じんかい》』（一五一〇以降）の、「玉茎」（実際には、同辞書には「末裸・閇」の記載もあり）、『易林《えきりん》節用集』（一五九七）の「末裸・閉」、国語辞書『運歩色葉集《うんぽいろはしゅう》』（一五四八）の「馬隠・末裸・万良・玉茎・男根・閉隠」、あとは抄物などの「マラ」です。

こんな実状を認識しているにもかかわらず、この独創的な優れた辞書『時代別国語大辞典　室町時代編五』までもが、何かの疫病神にでも憑《と》りつかれたかのように、あくまでも漢訳梵語説を主張しているというのは、まったくもって異常なことと考えるべきではないでしょうか。

ところで、『時代別国語大辞典　室町時代編五』の用例を眺めていると、面白いことに気づきます。それは、一六世紀あたりの辞書類には、「マラ」に、「末裸」という妙な漢字を当てた例が多いことです。先の用例に、傍線を引いておきました。「末裸」についてはのちに深く言及しますので、ここでしっかりと記憶しておいて下さい。

続いて徳川時代、一八一〇年の『金曾木』と、一八三五年の『名言通』に当たりましょう。『金曾木』は、江戸の文人・大田南畝《なんぽ》（一七四九～一八二三）によって書かれた随筆で、『日本随筆大成』で、容易に読むことができます。『金曾木』では、いきなり「魔羅ハ梵語ナリ」と明確に宣言して、すでに私たちの知る本来の「魔羅」の意味を説明し、これは「男根ノ名」でもあるとした上で、次のような文章を綴っています。

夫レ人ノ陰茎常ニハ甚柔軟ナレドモ時ニ発シテ熾盛《しじょう》ナルトキハ、忽大骨逞クシテ鉄壁ヲモ突ヌク勢アリ。コノ時煩悩競ヒ発ツテ終ニ不浄業ヲイタシ、

（現代語訳：そもそも人の陰茎は、普段ははなはだ柔らかく弾力性に富んでいるが、時に火が燃え上がるように勢いが激しくさかんになるときは、たちまち逞しくなって、鉄壁をも突き抜く勢いがある。このとき煩悩が競い立って、ついに不浄なる行いをなし、）

といった風に、「マラ」こと「陰茎」が勃起した場合に、「煩悩」や「不浄」に至る男性の猛々しきさまを延々と語っているのです。ただし『大言海』や『時代別国語大辞典　室町時代編五』とまったく同様、男根を「魔羅」と書いた古い文例を、たった一例すら提出していません。

もうひとつの、徳川末期に出た語源辞典、服部宣が著した『名言通』でも、「マラハモト梵語魔羅ナリ」、すなわち「男根『マラ』は、もともと梵語の魔羅のことである」と断言し、性欲過剰の生き方を戒める意味で、男根を悪魔であるところの「魔羅」と呼ぶようになったと語っています。もちろんここでも、男根の意味の「魔羅」の古い例など、ただのひとつとして提出できていません。

ちなみに、『金曾木』にも『名言通』にも、大槻文彦の『言海』にあるような、「僧徒隠語ニ起レル」などという考えは書かれていません。「僧徒隠語ニ起レルナラム」とは、大槻文彦個人が発案した、オリジナルな考えだったのでしょう。一八九一年の『言海』のこの記述こそが、百数十年後の現在の多くの辞書が「もと僧の隠語」としていることのルーツをなしているらしいことが分かります。

それにしても、徳川時代のこれら二つの書物の、梵語「魔羅」説に関する自信は、なかなか強烈なものです。何らかの根拠があったはずです。そこで、ほかの辞書で探してみると、『金曾木』、『名言通』より何十年も古い、一七六八年に出版された書物に、男根を意味する「魔羅」は、ちゃんとありました。

前田勇『江戸語の辞典』（一九七九）が教えてくれています。いくつもあるほかの江戸語の辞典たちが、江戸庶民が日常ごく当たり前に用いていた「マラ」という男根語を意図的に排除し、わざと立項しない中にあって、前田勇先生は、何とも偉い、と言うしかありません。この先生の研究魂は、素晴らしいものがあると、私はいつも感嘆せずにはおれないのです。ただしここで拾い上げているのは、先に見た、平賀源内作の『痿陰隠逸伝』からのものです。

この『痿陰隠逸伝』を精査してみると、男根の意の「魔羅」は、たしかにいくつも見つかります。『江戸語の辞典』には載せられていない、きわめて興味ぶかい一例を紹介することにしましょう。男根「マラ」の形状のいろいろを述べ立てるくだりがあります。「マラ」を表すために、どんな漢字が使われているかを注意して見て下さい。

其形状《かたち》①大なるあり、②小なるあり。③長きあり短きあり。或は圓《まろく》或は扁《ひらた》。又は、④豊《もと》下《ふと》・頭がち、⑤白勢《しろまら》あれば、⑥黒陰茎《くろまら》あり、⑦木魔羅あれば、⑧麸《ふ》筋勢《まら》あり、⑨疣《い》瘤《ぼ》まらあれば、（後略）

ここで源内は「マラ」に、さまざまな漢字を当てています。「魔羅」という字もたしかに一カ所に使われてはいます。しかしそれだけではなく、ほかに「マラ」を、「勢」「陰茎」「筋勢」と漢字表記し、ひらがなで「まら」とも書いています。そもそも平賀源内は本のタイトル『痿陰隠逸伝』に対して「なえまらいんいつでん」とルビを振って、「陰」もまた「マラ」と読ませているのです。源内の時代には、「マラ」にはさまざまな漢字が当てはめられていた中で、徳川時代のいつごろのことか、忽然と出現したらしい漢訳梵語「魔羅」説は、ひとつの新興勢力としてすでに力を持ち始めていたものと想像できます。おそらく一八世紀後半になると、男根「魔羅」説は、一定の浸透を図りつつあったように思われるのです。

江戸ではこのころ、浮世絵師による春画・艶本の全盛期を迎えていました。春画に描かれた

「マラ」は、江戸人の大きな関心事でした。そんな状況下、男根「マラ」が文献に出現してから九〇〇年も経た末に、ついに決定版の語源が発見されるという、大きな快挙が成し遂げられた、と一部の知識人たちのみに限定して、信じられ始めたのではないかと思われるのです。

江戸における男根や女陰名は、春画や艶本、破礼句《ばれく》（卑猥な川柳のこと）などに、多量に出現します。しかし「魔羅（摩羅・末羅）」を見つけ出そうとして、『林美一　江戸艶本集成』全一三巻・別巻、『江戸名作艶本』全一二巻などに目を通しても、どこにも見当たりません。

たとえば『林美一　江戸艶本集成』第三巻で、活字化された文章では、「お前の饅頭を俺が金《かな》魔羅《まら》で、五、六番こくらねば」（春画『會本拜開よぶこど梨』）と、まさに「魔羅」と書かれているのが見いだせますが、この活字文の元になった、影印《えいいん》本（原本を写真に撮って本にしたもの）の春画の詞書をよく見ると、「金魔羅」ではなく、実際は、ひらがなで「かなまら」となっています。ほかにも影印本の文では「まら」とひらがなになっているのに、解説文では「魔羅」と書き直されている例があり、林美一氏もまた、残念ながら漢訳梵語「魔羅」説の信奉者であったことがよく分かります。

こうした読本の世界では、「まら」には確定した漢字の書き方はなく、ひらがなで「まら」と書くことがいちばん多く、さもなくば、次のような漢字の各語に「まら」というルビを振ることがほとんどでした。各語とは、「男根」「玉茎」「陰茎」「陽物」「陽根」「陽茎」「勢」「陽」「仈」などのことです。平賀源内の『痿陰隠逸伝』の各所に「魔羅」が現れるのは、じつは例外的なことだったようです。

では、どのような状況を経て、徳川の社会に忽然と、この漢訳梵語「魔羅」説は生まれたのでしょうか？　もしかしたら平賀源内が江戸で『痿陰隠逸伝』を書いたころ、あるいはもっと古く、源内が長崎、大坂、京で学問の修業をしていた若き日々、知識人たちの間には、知的優位の存在たることにあこがれて、日本の言葉のいくつもが梵語に由来するものとしたいという欲望が渦巻いていたのかも知れません。

語源を考えるときに、わざわざ漢訳梵語を持ち出せば、ちょっとは知的蘊蓄《うんちく》を持った人に思われたでしょう。徳川時代、三箇《さんが》の津と呼ばれた京、大坂、江戸の大都市には文人たちが集まる、知的なサロンが、きっとたくさんあったはずです。もしかすると、そうした知識人の中から生まれてきた語源説ではなかったでしょうか。徳川中期に盛んであったらしいこうした、漢文へのあこがれをベースとする熱狂的な知識欲が、御一新（明治維新）という時代を超えて、大槻文彦の『言海』へと受け継がれました。それはごく自然な流れだったでしょう。

大槻文彦は、幕末の一八四七年、仙台藩江戸住まいの儒学者・大槻盤渓《ばんけい》の三男として江戸に生まれました。「マラハモト梵語魔羅ナリ」と自信をもって宣言する、一八三五年の『名言通』

の出版からわずか一二年後のことです。大槻文彦は若き日に、すでに『名言通』には目を通していたことでしょう。徳川後期以降、男根「マラ」の漢訳梵語説が、知識人の間に賑々しく跋扈《ばっこ》する時代の洗礼を浴びつつ、文彦少年は漢学にも洋学にも取り組みながら、才ある学徒として育っていったのです。やがて、日本の近代化を象徴する、知的文化事業のひとつとして、大槻文彦は、ほぼ独力で国語辞典『言海』の著述を成し遂げ、時の総理大臣・伊藤博文、そして明治天皇からの賞賛を浴びるまでに至ったのです。

しかし果たして『言海』の説く、その漢訳梵語の「魔羅」説、性欲を厳しく禁じられている「僧徒」の「隠語」などといった、世に恥ずべき下劣な破戒の精神の言葉が、本当に遠い昔、産みの親たちによって、奈良や京の頑是《がんぜ》ない男のわらべたちの、愛くるしい「おちんちん」を意味する言葉に採用されたのでしょうか?

「マラ」は、赤ちゃんにも使う言葉

男根「マラ」を、初出文献に戻って、眺め直してみましょう。先にも紹介しましたが、男根としての「マラ」が最初に現れる文献は、『日本霊異記』です。

『日本霊異記』は、平安初期の八一〇〜二四年ころ、南都(奈良)薬師寺の私度僧・景戒《きょうかい》が編集した、漢文(和化漢文)のみで書かれた、日本最古の仏教説話集です。この説話集の中に初めて、幾カ所にも男根「閛」が出現するのです。現代では見ることのない奇妙な漢字ですが、この漢字「閛」にはルビも付いていないのに、「まら」と読んで構わないのです。なぜでしょうか。調べたところを、分かりやすく説明することにしましょう。

『日本霊異記』には、多くの古文献と同様、残念ながら編者・景戒自身が書いた原本は残されていません。しかし幸いにも平安時代の古写本がいくつも残っています。その古写本には、多くの説話について、訓釈《くんしゃく》、すなわち、その漢字をどう日本語として読み下すかが、注記されているのです。「閛」という字については、「マラ」、あるいは「万良《まら》」と書いて、読み方が指示されています。それは、失われた原本にすでにあった注記かと思われます。だから編者・景戒自身が、男根「閛」のことを、「マラ」と読んでいたのは間違いないものと思われるのです。

『日本霊異記』の注釈書は現在いくつも出版されていますが、岩波書店の「日本古典文学大系」の遠藤嘉基・春日和男校注『日本霊異記』(一九六七)版をベースにして、いくつも出ている解説書を照合しながら読んでみましょう。表記も各書を参考に、できるだけ読みやすくしましょう。先述のように、遠藤嘉基先生は五十数年前の昔、高校の「現代国語」の教科書を編集して、私に『細雪』の世界を教えてくれた先生でもあるので、ちょっと懐かしさに心が弾みます。まずは、中巻の第一一の記述から。

妻を喚びて家に帰り、すなはちその妻を犯す。卒爾《にはか》に閛に蟻《あり》著きて嚼《か》み、痛み死にき。
（現代語訳：夫は妻を呼んで、家に帰り、即座にその妻を犯した。たちまち、アリが男根である「マラ」に噛みついて、その痛みのために夫は死んでしまった。）

この「マラ」は、妻を持ち、セックスをすることのできる大人の男根のことです。「閛」が、このように仏教を民衆に布教するための説話集で用いられているということは、平安初期の都では、すでに男根は「マラ」という言い方で町衆によく知られていたことを意味します。また同時に「魔羅」という漢字を敢えて使わず、「閛」と書いたのは、『日本霊異記』の著者が、仏教の経典にある悪魔を意味する漢訳梵語「魔羅」はおそらくは知っていたでしょうが、それが男根の「マラ」のルーツなどとは、夢にも考えていなかったらしいことも感じ取れます。

「閛」という表記は、のちの辞書類、『和名類聚抄』（九三一～三八）、『類聚名義抄』（一一〜一二世紀）、『色葉字類抄』（一一七七～八一）と、数世紀にわたって引き継がれます。まさに「閛」という字こそが、四〇〇年近くの間、規範的な書き方だったわけです。「魔羅」などと書くのは、まったくの論外でした。

さて、ここで『岩波古語辞典 補訂版』のまっとうさについて語りましょう。ほとんどの現代の国語辞典が「マラ」の漢訳梵語「魔羅」説を採る中で、『日本霊異記』などにある「閛」

という文字こそが正しいのであると承認する辞書が、「古語辞典」ながら、じつはただひとつ存在します。それが『岩波古語辞典 補訂版』（一九九〇）なのです（ちなみに、一九七四年の初版には「まら」は立項されていません）。編集主幹は、インドのドラヴィダ語系のタミル語の話者が海を渡ってやってきて、日本語のルーツを作ったという独自の説を主張し続けたことでとりわけ有名な、あの大野晋《すすむ》氏です。「まら」の項の記述をすべて写してみましょう。

まら【閇】 陰茎。男根。「卒爾（にはか）に―に蟻著きて嚼（か）み、痛み死にき」〈霊異記 中一一〉

きわめて「まっとう」な記述だと思います。この補訂版の出版とて、すでに三〇年近い昔のことです。しかしほかの辞書は、けっしてこの補訂版に学び、同じ姿勢を取ろうとすることはありませんでした。平成の大野晋を否定し、なぜ明治の大槻文彦ばかりを支持したのか。

タミル語説に固執した大野氏に、侮蔑の念を抱いていたのでしょうか。確かにタミル人渡来説はDNA判定からも肯首できないものの、しかしタミル語と日本語には、文法や語彙に共通点の多いことは確かです。アジア全体を視野に収めれば、中国語の外側、その縁辺の言語群には、ほかにも文法的共通点が見いだされ、これらはまさに「周圏分布」していると考えるのが妥当だと、私には思われます。タミル人渡来説はさて置き、大野氏は優れた日本語学者でした。大野晋・佐竹昭広・前田金五郎の編者チームは、辞書作りに真摯、かつ勤勉でこそあれ、近世や近代の浅薄な思考に従順するだけの怠惰な集団の一員ではけっしてなかったのです。『日本霊異記』の巻末近くに景戒自身が書き記すところによれば、私度僧・景戒には妻も息子もおり、相応に豊かな性生活を営んできた人です。もし景戒が、後世の、誤った想像力によって作られた梵語由来の「魔羅」説、そして「僧の隠語」説を聞き知ったならば、「何ですか、それ。私なんかセックス三昧の、楽しい青春だったのになぁ」と、あきれ果てたことでしょう。

さて次に、『日本霊異記』においていくつも男根「マラ」の使われている中から、最も重要なシーンについてお話しすることにしましょう。きわめて大切な、興味ぶかいポイントですから、しっかりお読み下さい。「マラ」はやはり、男の赤ん坊や幼児の男根に対しても使われているのです。中巻の第四一に描かれる、お釈迦様のお言葉です。心して読んでみましょう。

この女、先世にひとりの男子を産む。深く愛心を結び、口にその子の閛を嗽《す》ふ。母三年を経て、たちまちに病を得、命終はる時に臨み、子を撫で閛を唼《す》ひて、斯く言ひき。

これを、しっかりと現代語訳してみましょう。

この女は前世に、ひとりの男の子を産んだ。深く愛情を結び、自分の口で我が子の「マラ」を吸った。母親は三年経って、急に病気になって、命終わるときに臨んで、子を撫で、その「マラ」を吸って、こう言った。

母親は、幼い息子の「おちんちん」であるところの「マラ」を、その深い愛ゆえに、繰り返し吸ったと、お釈迦様はおっしゃるのです。母は三年経って病気にかかり、今際《いまわ》の際《きわ》に当たってまで、幼子の「マラ」をいとおしさいっぱいに吸ったのです。この説話集がまとめられた一二〇〇年前の母というなら、まだ一〇代の後半の若さだったかも知れません。何という狂おしいまでに、切ない愛の姿でしょうか。

この説話は、お釈迦様が、過剰なまでの母親の愛執《あいしゅう》の深さを戒めようとして過去の記憶を語るシーンですが、その趣旨はともかく、この記述によって景戒の時代、「マラ」は当時、いとけない男の赤ん坊、小児の男根にも使われていたことがよく分かるのです。

こうして「マラ」は、奈良時代から平安初期にかけて、愛情の込められた、きわめて穏やかで親しみやすい、優しい言葉であったものと解釈できるのです。男の赤ん坊、小児は性的欲望などとは、まったく無縁です。どうして九世紀初頭、平安初期の母と愛する幼子との間に、徳川中後期、一八、一九世紀の知識人が想像したような、性欲の悪魔たる「魔羅」が顔を出す隙間などあったでしょうか。日本の言語学者は、八、九世紀に生きた、日本人の母と息子の人間としての尊厳を、どう見てきたのでしょう。辞書作りのために「マラ」を考察した日本の言語学者に、仏教説話集をしっかり読み解けるほどの、想像力があったのでしょうか。

「最澄」「空海」への冒瀆

このように初出の『日本霊異記』の時代、すなわち平安初期における「マラ」は、赤ちゃんにも使う言葉であったことは、間違いのないところです。であるのになぜ、性欲を戒める言葉を、男根を意味する言葉として使うのか。

たしかに、『日本霊異記』の説話が語られていた、奈良、平安初期の時代においても、仏教の若い修行僧にとっては、性欲は悪魔の誘いだったかも知れません。しかし、一般民衆にとってはどうでしょう。性欲は生きる力の源泉であり、まさに生きる歓びのひとつだったのではないでしょうか。その生命力の核をなす男性の大切な身体部分を、悪魔呼ばわりしようとするような民衆がいたなどとは、どうにも信じられません。

女陰の命名に込められ続けてきた、和《なご》やかで品格と良識に満ちた都人たちの、豊かな発想力やイマジネーション能力、さらに子への愛情の深さ、そしてそれらに基づいた造語力を、梵語説の論者たちは、知る由もなかったでしょう。そういう意思や感情は、女児ばかりでなく、男児にも向けられていたとは夢にも思っていなかったでしょう。だからこそこんな出鱈目《でたらめ》な学説が生まれ、生き残り続けたのではないでしょうか。

富山県砺波《となみ》市出身の、大学後輩の友人・吉田俊也氏（一九七二年生まれ）によると、大正二年（一九一三）生まれのおばあちゃんは、

「朝マラの立たんやつには、金貸すな！」

と、孫を教育するために、よく言っていたそうです。その意味は「性的にも漲《みなぎ》っていないような男は、大した仕事ができない」という意味だったそうです。

まさにそうでしょう。きちんと働いて稼いでくれるなら、朝っぱらから子や孫は、「マラ」を立てて、セックスに励んでくれていいのです。「マラ」は、幼いときには愛らしくかわいいいだけで構わないが、大人になったら太くたくましく育って、どんどんセックスをして子孫を増やし、家勢を豊かにするがいい。そんな穏やかで健全な思いを込めることのできる語源説こそ、まっとうな語源説と言えるのではないかと思うのです。

ところで、徳川中期に忽然と出現した「マラ」の漢訳梵語説ですが、そんな見当違いな説が出現したのも、故あることと理解することはできます。徳川中期、すでに「マラ」は大人の男の男根のみにしか用いられなくなっていたからでしょう。平賀源内も、その著作を読めば、「マラ」とは大人の男根とのみ承知していたものとみられます。子供の男根は古くは「ヘノコ」

や「シジ」と言い、新しくは「チンボー」や「チンポ」などと言うようになっていました。「マラ」は、大人の男がセックスをするために用いる「一物《いちもつ》」に限定される呼び方になっていたからこそ、奔放な妄想が働いて、僧の修行の妨げになる性欲の源泉であると、面白おかしく捉えられるようになったのでしょう。「もと僧の隠語」（『広辞苑』など）とみなすとは、まったくもってひどい、浅はかな考えなのです。その発想は、僧を貶め、いわば「冤罪」を被せるものであり、人生を懸けて真摯に修行に励んでいた若い僧侶を、よくぞここまでバカにできたものだ、と非難されて然るべきではないかと考えます。

漢訳梵語説で「もと僧の隠語」と言われるときのその僧とは、男根「マラ」が民衆に広く使われるようになるよりも以前、すなわち『日本霊異記』の成立以前、「マラ」がまだ「隠語」に過ぎなかった時代の僧のことであるわけですから、当然、奈良時代、飛鳥・天平文化を支えた僧ということになります。

すなわち、漢訳梵語説の論者が想定すべきだった僧とは、命を懸けて遣唐使船で唐へ渡って仏教を学び、法隆寺や東大寺や唐招提寺を建立し、興福寺の阿修羅像などの崇高な仏像を作り、仏教によって立派な国家を建設しようとする思想を実践する担い手であった、理想に燃える若き僧たちのことになるのです。その中には、鑑真（六八八～七六三）を日本に迎えるために唐に渡り、苦労を重ねた末に、かの地で客死した栄叡《ようえい》（生年未詳～七四九）や、日本の天台宗の開祖・最澄（七六六〜八二二）、また真言宗の開祖・空海（七七四〜八三五）も含まれることが、当然考えられて然るべきでしょう。

そんな高揚した時代の、高い志に生きた若い僧たち、栄叡や最澄、空海やその同志たちが、ひとり日ごと夜ごと性欲に悩んで、勃起しがちな男根を、悪魔の意味で「魔羅」と呼んだなどと、徳川時代の知識人や、大槻文彦以降、現代に至るまでの言語学者は、面白おかしく、揣摩《しま》臆測《おくそく》してしまったわけです。何という南都の僧を見下した浅薄な思いつきであり、貧困な精神世界のありようだったことでしょう。まったく、バカも休み休みにしてほしい、と私は声を大にして言いたい思いなのです。これがプロの学者のすることなのか。

大槻文彦は、日本で初めて言葉の海にたったひとりで舟を漕ぎ出した、近代的な日本語研究の開拓者であったわけですから、案出された語源説たちはすべてたたき台に過ぎなかったとしても、やむを得ないところでしょう。しかしそれ以降、百数十年にわたる日本の言語学は、いったい、何をしていたのでしょうか。

徳川後期より一〇〇〇年近く前の『日本霊異記』の時代には、「マラ」はかわいい男の赤ちゃんのためにも用いる、いとしさの込められた愛すべき言葉だったなどとは、源内はおろか江戸市中の人々もまったく思い至っていなかったのかも知れません。しかし「マラ」もまた本来、源内自身も言及している「シジ」や「チンボー」と同じように、親が子のいとけない男根を慈しみ、かわいがるための愛の言葉として、平安初期よりも以前、天平時代までには発生したものだろう、と考えるのが自然であると私は思うのです。

現代の多くの辞書は、徳川時代の知識人が思いついた「マラ」の漢訳梵語説と、大槻文彦が独自に思いついた「僧徒隠語ニ起レル」という考えを鵜呑みにしたまま、百数十年の眠りについていました。日本の自然科学が日々、世界と激しい闘いを繰り広げているさ中に。まさに梵語説こそ、日本の人文科学、とりわけ言語学が、自然科学に較べていかに遅れ、手抜きのままに停滞し続けてきたか、その実相を露呈している象徴的な姿のように、私には思えるのです。

「マラ」の分布の謎

「マラ」について、さらにひとつ、**「男根　全国分布図」**を見て、大きな謎を感じざるを得ません。「マラ」は、すでに九世紀には都でポピュラーでした。こんなに古い言葉が京を旅立って東西に旅をしていたら、東北の北部一帯は、すでに「マラ」の世界になっていたはずです。しかし、分布図を解読する限り、こちらに先にたどり着いているのは、もっとあとに生まれたと思われる「ヘノコ」や「シジ」の方なのです。なぜこんな変なことが起きたのでしょう。

「マラ」が、おそらくは九世紀以前に、奈良、次に京を旅立ち、もし先に東北の北部にたどり着いていたとして、そのあとどうなったのか、考えられることがひとつあります。「マラ」は都で急速に魅力を失い、「ヘノコ」や「シジ」に取って代わられた、と考えられるのです。「マラ」はすでに、男の赤ちゃんや子供に、使いにくい言葉、「性欲」と連結する大人のための言葉になっていったからでしょう。

そうなると、また新しい、いとけなく、かわいい言葉が必要になってくるのです。やがて「ヘノコ」や「シジ」の新しい文化の波は、東北の北部にも到達し、こうした新勢力に追われた「マラ」は、津軽海峡の海に没したと考えられるのです。このようにして全国的に、「マラ」は、さまざまな後進勢力に追い払われ、いったんほぼ死語と化したのです。それが、何らかの理由があって、中世末に京で復活を果たしたのでしょう。

古語が復活することは、現代社会にもままあることです。たとえば「カフェ」という言葉は、一世紀も昔に流行した言葉で、長い年月、死語に過ぎませんでしたが、今は立派に復活して、おしゃれな飲食の店を意味するトレンド語となっています。

例の『日葡辞書』がその「マラ」の復活を謳い上げているかのようにも思えます。

Mara（マラ）、または、ナンコン

この『日葡辞書』前後の時代の都での流行りが、現在における、「マラ」方言の周圏分布として残されているように思えるのです。この『日葡辞書』の時代、都で「マラ」が復活したのだとしたら、それはどういう理由によってでしょうか？

その理由として、明確にひとつ、推定することが可能です。それは、大人に限定した男根語が必要と考えられ、それを代表して「マラ」という語が選択されたのではないでしょうか。徳川中期の一七七三年、「まだ珍宝でござるわいの」と父親から言われて、バカにされたと立腹した京の息子の例を思い出すにつけても、この推定の妥当性はけっして低くはないと思えるのですが、いかがでしょうか。息子は、自分の一物もすでに立派に「マラ」に成長した、一人前の大人であると信じていたはずなのです。

『名語記』の「末裸」はチャーミング

「マラ」の漢訳梵語説は、まったく的外れの異端の説として捨て置くこととし、唯一古い語源説として『日国』に紹介されている、例の『名語記』（一二七五）が主張する「マラ（末裸）の義」とするという説について、ちょっと吟味してみることにしましょう。「ヘノコ」の語源考においても、センスを発揮していた語源辞典です。『名語記』の原文に当たってみると、このように書かれています。

男ノ陰ヲ[マラ]トナツク如何　[マラ]ハスヱハハタカトイヘル字也　末裸トカケリ　コレヲ一字にツクル時は閈トツクレリ

分かりにくいので、例によって、これを現代語に意訳してみましょう。

男根を「マラ」と名づけているのは、どういうわけだろうか？　それは、こういう理由である。「マラ」は、「末《すえ》は裸」となるから、そう漢字で書く。すなわち「末裸《まら》」。これを一字で書く場合は、「閈」と書く。

つまり『名語記』では、一字で書く場合は、すでに四〇〇年の伝統を持つ「閈」であるとはしつつも、「マラ」とはじつは「末裸」のこと、すなわち「末は、裸」のことであると説明しているのです。私にはこの『名語記』の記述は、真偽はともかくとして、なかなか魅力的な、興味深い語源説だと思えます。「末《すえ》」とは、『古事記』以来、「物の先端」を意味してきました。また『日本書紀』以来、「将来」をも意味してきました。「末裸」の「末」は、「物の先端」か「将来」、このどちらかを意味しているのでしょう。

「物の先端」と、まずは捉えてみましょう。それであるなら、「おちんちんの先端は、裸」となり、これは先っちょの皮がむけた大人の「おちんちん」の姿です。正直に、見たまんまを漢字に当てているわけです。

しかし次に、「将来」と捉えてみましょう。そうなると「将来は、裸」。今は幼児だから、男根はか細く小さくて、慎ましやかに、いまだ「包茎」である。つまり皮をかぶっている。いずれは大人になって、たくましく大きく男らしくなり、皮はむける。すなわち、「おちんちん」の「ゆく末は、裸」となるわけです。もしこの意味だとすると、何という、ユーモアに満ちた楽しい発想でしょう。これこそ、男の子の小さな「おちんちん」さえもいとおしむ、両親の愛情あふれる、みごとで巧みな表現と言えるのではないでしょうか。

もし、『名語記』の著者が「ゆく末は、裸」といった発想をしていたとすれば、著述の一二七五年の時点でも、やはり「マラ」は、大人の男のためにだけでなく、当然のことながら、男の赤ちゃんや幼児のために使われていたものとみなすことができます。

私は先学の業績には深い敬意を表しつつも、こと「マラ」の梵語説に関してだけは、受け入れがたいものと考えるのです。ここは思いきって、一二七五年の『名語記』の著者である経尊《きょうそん》(生没年不明)に、大いなる親しみの感情と、共感の思いを表明したいと思います。

経尊とは、歴史に名を残さぬ謎の人物ですが、その本文に書き込まれた記述から読み解いて、京の南、伏見深草《ふかくさ》にある稲荷山に隠棲していた、真言宗の老僧であったと推測されています。

経尊は、京で通用している言葉の語源をひとりで探ろうとして、男根「マラ」についても考察を加えて、「末裸」のことと考えたわけです。当時の世間の通説を採用してみただけかも知れません。

老僧であった経尊は、仏教の知識は豊富に持っていたでしょう。その経尊たりとて、一九世紀以降に突然隆盛を誇ったと思われる梵語由来の仏教語「魔羅」説などを、まったく歯牙《しが》にもかけていなかったのです。経尊にとっても、やはり男根「マラ」は、梵語由来の「魔羅」などではあり得なかったということでしょう。

経尊によって、一二七五年に記録されたこの、おそらくは和製漢語の「末裸」説は、その後三〇〇年以上にわたって日本の知識人に受容され、継承されていき、先述したように『正宗節用集』（一五～一六世紀）、『運歩色葉集』（一五四八）、『易林節用集』（一五九七）といった中世の辞書にも、正しい漢字の書き方のひとつとして、お墨付きを得るのです。「末は、（皮がむけて、いずれは）裸たらむ」。それは、都の民衆をよほど愛好させたチャーミングな解釈に他ならなかったからでしょう。

語源の真偽はまったくさしおいて、もしかすると「末（将来、または先端）は、（皮がむけて）裸」、このユニークな語源説こそが、「マラ」が復活してゆくための契機となったのかも知れません。こんなユーモラスで愛すべき名称を、きれいな、楽しい言葉作りに敏感な京の町衆が使わない手はないではありませんか。

「マラ」は「末裸」、すなわち「末は、(皮がむけて)裸」説は、中央社会の民衆がみんなして認めた語源説だったのかも知れません。このように仮に誤りであったとしても、中央社会が喜んで認めて信じた語源説のことを、徳川宗賢先生が「社会語源説」と呼ぶことにするのはどうか、と私に提案されたことについては、『全国アホ・バカ分布考』で詳しく書きました。まさに「末裸」こそは、社会語源説そのものかも知れない、という感じがするのですが、さて、どうでしょうか。

近世随筆をスキャンしていた人物

私は関西学院大学に勤めている、これもわがオリジナル企画だった『ラブアタック!』の元「かぐや姫」池田裕子さんにメールを送りました。徳川時代に、上方や江戸に、語源を探るような文化人のサロンはなかったものか? どなたか、そういう歴史的な事情に詳しい専門の先生はいらっしゃらないものか。彼女は関学内でとても顔の広い、人脈豊かな職員なのです。彼女はすぐに日本近世史を専攻している若手学者に、私の意を伝えてくれました。メールで連絡を下さったのは関学の講師・戸田靖久氏でした。

江戸時代の文人サロンについては、滝沢馬琴らの「兎園会《とえんかい》」や「耽奇会《たんきかい》」、大坂でしたら木村蒹葭堂《きむらけんかどう》のサロンが有名です。兎園会で語られた内容をまとめたのが『兎園小説』という書物で、『日本随筆大成』というシリーズに入っています。なお揖斐高《いびたかし》著『江戸の文人サロン―知識人と芸術家たち―』が一般書として上梓されているようです。江戸時代は「随筆の時代」といってもいいと思うぐらい、個人の随筆がたくさん残っています。『日本随筆大成』は、こうした随筆を集めた一大シリーズで、読み切るのは大変ですが、随筆に「マラ」に関する記載があれば面白いですね。

なるほど、漢訳梵語説の嚆矢をなすらしい「金曾木」が収められた『日本随筆大成』という全集をまずは読破することが肝要なのか。そのことを決意して私は「日本の古本屋」サイトを通じて、一〇〇冊近いそのシリーズを購入しました。さらに、揖斐高氏の『江戸の文人サロン』（二〇〇九）も同時に入手しました。この書によれば、あの平賀源内自身もまた、こうしたサロンのひとつ、築地中通りにあった奥医師（江戸幕府の医官）、桂川甫三《ほさん》を当主とする桂川家のサロンに集まったひとりでした。

ちなみに、この桂川サロンに出入りしていた前野良沢・杉田玄白によって、『ターヘル・アナトミア』が『解体新書』（一七七四）のタイトルで和訳されるという偉業が成し遂げられています。さらに、前野良沢・杉田玄白から一字ずつをもらった弟子の蘭学者・大槻玄沢は、多くの蘭学の門弟を育てたことで、現在の高校の教科書にも名を残しており、また、なんと、かの『言海』の大槻文彦の祖父に当たるのです。大槻玄沢は、この桂川サロンを通じて、当然のことながら平賀源内とも交流があったでしょう。

さて、こうしたサロンの中で、「マラ」の漢訳梵語説がメンバーの誰かによって突然、発案され、大いに面白がられたものなのでしょうか。その結果、随筆などを通じてやがて世間に流布していった……。そういう徳川中期の知識人の間に吹いていた清新な風を、源内もまた受けたものなのでしょうか。

こうした今までの考えをまとめて、国語学者、東大名誉教授の坂梨隆三先生にお送りしました。坂梨先生とは面識はありませんが、先生の論文を参考文献のひとつとして書き上げた「『全国ダメ・アカン分布図』を読む」(二〇〇〇)をお送りして以来、もう二〇年近く、ありがたくも書簡やメールによる交流が続いているのです。私が『kotoba』に連載していた、この本の前身たる「オマンコ・チンポを学問する」はすでに読んで下さっていますが、新たにお送りした「マラ」についての考察を、非常に面白く読んだという趣旨のご感想に続けて、私が『日本随筆大成』一〇〇冊近くを制覇しないといけないと考えていることをお伝えしたことに対して、こんなメールを下さいました。そこには、先生のご記憶が書かれていました。

『日本随筆大成』一〇〇冊は大変ですね。

それをスキャンしているという人（橋本行洋氏＝昔、阪大に集中講義に行ったときに国文科の助手でした）がいました。

橋本行洋《ゆきひろ》氏！　橋本氏は、よく知る人物です。現在は京都の仏教系大学である、花園大学文学部の教授になっていらっしゃいます。氏は、一九九二年から九四年まで、大阪大学文学部の助手を務めておられました。坂梨先生のご記憶は、この期間のものでしょうか。橋本氏に相談してみよう、と私は瞬時に思い立ちました。

『翻訳名義集』が巻き起こした旋風

私は一九九五年に、初めて橋本氏を知った日のことを、昨日のことのようにはっきりと覚えています。徳川宗賢先生から推薦を受けて、阪大の前田富祺《とみよし》教授にお誘いいただき、前田先生が中心になって運営されている「国語語彙史研究会」という活力に満ちた篤学《とくがく》の研究発表会に出入りさせていただくようになっていました。当時、花園大学の専任講師に就いたばかりの橋本氏は、「「義強《ぎごは》」とその類縁の語」という中世以来の語彙についての研究を口頭発表されました。きわめて印象的だったのは、その発表の中で、ご自身のゼミのひとりの学生が、先生をサポートするために、ひと夏をまるまる費やして、中世の数多くの手書きの抄物の中から「義強」という言葉を博捜《はくそう》することに努めてくれたことを、いかにも嬉しげに、また誇らしげに語られたことでした。この若き教師は、すでに学生の研究意欲を引き出す、まことによき関係を築いておられるな、とさわやかな気持ちになったものです。それ以来の知り合いでしたが、五、六年して、氏の先輩の教授とともに、こんな相談も受けました。

「松本さん、花園大学文学部では、テレビや芸能の文化論を講義していただける方を探しているんです。どなたか適切な方はいらっしゃいませんか?」

私は即座にお応えしました。

「もうぴったりの人が、ひとりいたはります。私の元上司、山内久司《やまうちひさし》さんです。去年まで朝日放送の専務で、もう退任されましたが、驚異的なまでに該博《がいはく》な知識の持ち主で、話が抜群に面白い人です。『お荷物小荷物』や『必殺シリーズ』などのテレビドラマを企画、プロデュースしてきた大ヒットメーカーで、私が朝日放送で出会った、クリエイティビティーにおいて較べる者のない才人です。混沌の中から、真理を見つけ出すことのできる稀有な才能を、食事を共にしながら、いつも感じてきました。たとえば、トップ女優が、その時代の女性像、女性の生き方をリードし、革新してきたという歴史的な真理、このテーマだけでも、優に一年間ぶっ通しの講義となり得るでしょう。一昔前なら、松田聖子、現在なら藤原紀香でしょうか。さかのぼれば、山口百恵、吉永小百合、岸惠子、原節子、高峰秀子、高峰三枝子、田中絹代、桑野通《みち》子《こ》、栗島すみ子、川上貞奴《さだやっこ》など。アメリカやフランス、イタリアなど、外国の女優の場合でも、もちろん同じことでしょう。つまり、人類に普遍的な真理である、ということなのです。こうした女優たち一人ひとりを取り上げて、女性の意識や生き方の変遷の歴史を、つぶさに明らかにしてゆく。女性がもたらした変化は、やがて男性の意識をも変えていくことになるのでしょう。それ以外にも、ゴマンと面白いテーマと知識の引き出しを持ったはります。人間国宝にならはった桂米朝さんとも心の通う遊び仲間で、日本の古典芸能や文学にもきわめて詳しい方です。仕事は引退していてもお元気ですから、たぶんお声をお掛けしたら、喜んで大阪から出講されると思います」

翌年から、山内さんは非常勤講師として意欲を持って出講されました。山内さんの豊かな知性と、しなやかな発想力、そして明るい人柄は、大学の幹部をも惹きつけて止まなかったのでしょう。花園大学では非常勤講師は七〇歳になると定年退職になりますが、大学側は山内さんを客員教授とするという措置を取り、八二歳で亡くなるまで一三年ばかり、大学と関わりを持ち続けておられたのです。そうした幸福な結ばれ合いは、橋本氏にとっても誇らしいものであったかと思われました。今度はひとつ、私が橋本氏に「反対給付」をしてもらえないものか。

数年会わないままでしたが、書簡を橋本氏にお送りし、「厚かましいお願いですが」と断りを入れて、「マラ」について『日本随筆大成』ではどうなっているかを伺いました。橋本氏は、じつに好意的なお気持ちで、立て続けにメールで情報を送って下さいました。橋本氏は院生時代にではなく、実際は花園大学の先生になられてからスキャンを始められたということでした。橋本氏は、『日本随筆大成』にとどまらず、『新燕石《えんせき》十種』など、十幾つの活字化された近世の随筆を徹底してスキャンの対象としておられたのでした。

送られてきたメールの第一信は次のようなものでした。

「魔羅」の説、私もたいへんおもしろく存じます。早速手元のデータで「魔羅」を検索してみますと、複数の随筆にこの語が取り上げられております。

その中でたとえば、喜多村香城《こうじょう》『五月雨草紙《さみだれぞうし》』（『新燕石十種』に所収）には、中国宋代の梵語辞書である『翻訳名義集《ほんやくみょうぎしゅう》』の記述を引用しています。天野信景《さだかげ》『塩尻』（『日本随筆大成』）にも同様の文言がみられますが、『翻訳名義集』の書名は記されていません。

また、大田南畝『金曾木』の説は後の随筆にも（無断で）引用されていて、お察しの通り、近世の知識人に共有された考え方であったように思われます。

ちなみに、「魔羅」について少し調べてみると、空海の代表的著作『秘密曼荼羅十住心《ひみつまんだらじゅうじゅうしん》論《ろん》』に『正法念処経《しょうぼうねんじょきょう》』『大日経疏《だいにちけいしょ》』を引用して、本義の「魔羅」「摩羅」について説くところがあります。あるいはこの辺りが、日本における「魔羅」「摩羅」に関する知識普及の古いところかも知れません。

やはり関学の戸田講師が期待を表明されていた通り、『日本随筆大成』はじめ、徳川時代の随筆の中に「魔羅」はいくつも見いだせるようです。

橋本氏によれば、本来「魔王」、「魔」の意味の「魔羅」「摩羅」は、空海の著作に見られるごとく、早くから日本にもたらされていたようです。しかしそれが「おちんちん」の意にもなったのは、果たしていつのことなのか。

橋本氏からの徳川時代の情報には、三つの随筆の書名が出てきます。『五月雨草紙』『翻訳名義集』、そして『塩尻』です。これらを分かりやすく分析し、吟味していきましょう。

まず、『五月雨草紙』。この随筆は幕医であった喜多村香城（一八〇四〜七六）が慶応四年（一八六八）の七月までに執筆したもので、この年の九月には明治と改元されますから、まさに幕末ぎりぎりに書かれたものです。この中に「魔羅」についての記述があります。

喜多村香城は、まず中国宋代の梵語辞書『翻訳名義集』（法雲《ほううん》編、一一四三）から「魔羅」の項を引用し、その上で、自分の考えを述べています。その引用部分と香城自身の考察のすべてを、次に掲げてみましょう。

翻訳名義集に、魔羅といふ註に、大論云、秦言能奪㆑命、（中略）、又能奪㆓智恵命㆒、又翻為㆑障、為㆓修道㆒作㆓障礙㆒、云云、或言悪者多㆓愛欲㆒故云々、陽根に此号を取るも、一切のさはり是より起る故なり、

読み取るのに難解ですが、以上のように香城は書いているのです。実際、『翻訳名義集』の原文を読むと（この原文は、インターネットで容易に読むことができます）、この通りのことが書かれています。香城の記述を、思い切り分かりやすい現代文に直してみましょう。

『翻訳名義集』の「魔羅」の項には、以下のように書かれている。
「大智度論では、次のように言っている。秦ではこう言われている、と。つまり『魔羅』は（人＝修行者）の命を縮め、ないし（人＝修行者）の知恵を失わせ、のみならず障害を起こして、修行の障礙（＝障害）となる。またこうも言われている。悪を為す者は、愛欲が過多であるからである」と。
そこで私、喜多村香城はこう思うのである。「おちんちん」を「魔羅」と名づけたのも、

一切の差し障りというものが、この「おちんちん」より起きるためなのである、と。

なるほど、日本における男根「魔羅」の漢訳梵語説のルーツは、あるいはこの中国宋代の梵語辞書『翻訳名義集』の「修行の障礙」にあったのでしょうか。何しろ大槻文彦が『言海』に、「蓋シ、僧徒隠語ニ起レルナラム。障礙ノ最ナレバナリ」と書いた、そのまんまの言葉「障礙」が『翻訳名義集』に使われているではありませんか。

ただし、『大漢和辞典』の「魔羅」の項によれば、すでに唐代初期、七世紀に経典の漢訳に従事した玄應《げんのう》が著した『玄應音義《おんぎ》』の中にも、すでに「障礙」という語はあって、「魔羅」とは「修道において『障礙』をなすもの」と書いています。そうなると『翻訳名義集』の記述は、『玄應音義』から直接、学んだものかも知れません。あるいは仏典には、ポピュラーな表現だったということも考えられます。この『玄應音義』も日本にはたくさん渡来しているようですから、男根「魔羅」説を思いついた日本の知識人は、実際は『玄應音義』と『翻訳名義集』、両方から影響を受けたのかも知れません。

さて、この男根「マラ」の漢訳梵語説は、喜多村香城が幕末ぎりぎりになって突然、自分で思いついたものではありません。じつはこの『五月雨草紙』よりも百数十年も早く、三つ目の文献、随筆『塩尻』で、天野信景は、すでに同じ『翻訳名義集』を引用して、まったく同じことを書いているのです。次に見てみましょう。

章安疏云、魔羅といふ註に秦言能奪レ命（中略）、或云、悪者多ニ愛欲一故云々、陽根に此号を取しも、一切の障り是より起る故か。

『塩尻』では、『翻訳名義集』は、ごく短くしか引用されていませんが、大事な趣旨は押さえられています。これも分かりやすく現代語訳してしまいましょう。

章安の注釈にこうある。「『魔羅』の注解によれば、秦ではこう言われている。つまり『魔羅』は（人＝修行者の）命を縮める。（中略）またこうも言われている。悪を為す者は、愛欲が過多であるからであると」。

そこで私、天野信景はこう思うのである。「おちんちん」に「魔羅」と名づけたのも、一切の差し障りというものが、この「おちんちん」より起きるためなのであるか、と。

この随筆『塩尻』とは、尾張藩士であり、国学者でもあった天野信景（一六六三～一七三三）が、元禄時代にあたる一六九七年ころから没年まで書き継いだものです。

幕末の喜多村香城は、徳川前・中期に書かれた、この天野信景の『塩尻』の文章を、何の断りも入れず、ほとんどそっくりそのままパクっていたのだということが分かります。詰まるところ、喜多村香城は、徳川中期までにはすでに日本の知識人に広く知られていた漢訳梵語説の考えを、改めて自己の随筆に書き記しただけ、ということなのでしょう。

この「修行の障礙」の考えの萌芽は、すでに中世末の『謡抄《うたいしょう》』に見られます。先に何度も触れた『時代別国語大辞典　室町時代編五』の「まら」の項の末尾に【参考】として、『謡抄』の記述からの引用を掲げています。

『謡抄』とは、謡曲の最初の注釈書で、その字義を正すため、一五九五年、関白豊臣秀次の命によって公家や五山の禅僧が注釈にあたった書物で、完成は一六〇〇年ころと推定されています。この『謡抄』もまた、例の「障礙」というキーワードを持つ『玄應音義』と『翻訳名義集』をパクったと言ってもいいくらい多大な影響を受けています。そして、これもまた大槻文彦『言海』の文章「僧徒隠語ニ起レルナラム。障礙ノ最ナレバナリ」のモデルになった典籍と考えられるのです。引用してみましょう。

悪魔降伏　魔ト云ハ、具ニハ魔羅ト云也。此レハ天竺ノ語ナリ。大唐ニテハ障ト云フ。或ハ仏道修行スルニ障礙ヲナシ、或ハ何ニテモ善キ事ヲ思立ニ妨ヲナスヲ魔《マ》ト云ナリ

「魔ト云ハ」以下を、現代語訳すると、こうなります。

「魔」というのは、一揃いにして「魔羅」と言う。これはインドの言葉、すなわち、梵語である。中国では「障」と言う。「物事の差し障り」を意味する言葉である。あるいは、仏道修行に障礙(=障害)をなし、あるいは、何につけ善いことを思い立つのに妨げをなす、これを「魔」と言うのである。

中国の『玄應音義』と『翻訳名義抄』における「魔羅」を説明する表現は、こうして安土・桃山時代の『謡抄』から、さらに徳川時代の『塩尻』、そして『五月雨草紙』へと継承されていきます。まさに中国文献こそが、仏教語「魔羅」の意味を拡張させ、男根「魔羅」説を生み出した原動力になったであろう歴史を再確認させてくれるのです。

ただし、あくまでもこの漢訳梵語説は日本国内で作られた、メイド・イン・ジャパンのアイデアに過ぎません。何よりも、中国では男根のことを「魔羅」などとは、けっして呼ばなかったという歴史があり、「僧の隠語」などとも中国人はひと言も言ってはいません。何しろ『大漢和辞典』でも、「魔羅」を「男根」「僧家の隠語」と書きながら、中国での用例をひとつも見つけられないでいるのです。中国の『康熙字典《こうきじてん》』を始め、あらゆる辞書にも、男根「魔羅」は出てきません。すべては日本国内で、放恣《ほうし》に、夢想するままに作られた壮大なフィクションのストーリーだったのです。

近世初期に「魔羅」はあったか?

橋本氏からは後を追うように、また次のようなメールが届きました。察するところ、親切にも橋本氏は、「魔羅」(摩羅・末羅)を求めてさまよう私のために、その文字列をさまざまな文書の中から博捜して下さったのです。頭が下がります。

その後、男根としての「魔羅」について調べると、「日本思想大系60」の『近世色道論』(校注者:野間光辰《のまこうしん》)に、一六六七年と、一七一九年の「魔羅」を二例、見出しました。しかしこれは、原本では「まら」と仮名で書かれていたものを、読みやすいように通用している漢字に書き変えられたものでした。こうした文字を換える校訂は、御存じのようによく行われることです。参考のためお送りします。まずは、一六六七年に京で刊行された仮名草子『けしずみ』での記述です。

大《(おほ)》魔羅《まら》の男《おとこ》、小《ちい》さき新艘《しんぞう》の水揚《みづあ》げせんとどしめきたる。床《とこ》へ入《い》らぬ前《さき》より可愛《かはゆ》し。
（現代語訳：大きな「おちんちん」の男が、幼い新米の遊女の最初の客になるのだ、と騒ぎ立てている。床にはいる前から、かわいいものだ。）

としていますが、『遊女評判記集（中）』（一九七八）の影印に当たると「大魔羅の男」は、「大満良於止己《おおまらおとこ》」と書かれています。いわゆる変体仮名で、字母はそれぞれ「満良於止己」ですが、これらは仮名であり、「大」のみが漢字です。つまり仮名草子『けしずみ』の「魔羅」は、「まら」と仮名であったと理解していいわけです。

この『近世色道論』には、ほかに増穂残口《ますほのこぐち》（一六五五～一七四二）が著した『艶道通鑑《えんどうつがん》』（一七一九・大坂）も収録されていて、その中に、男根「金魔羅明神」が書かれたくだりがあります。しかしこれも原本では「かなまら明神」となっています。

ところで、古い用例に「魔羅」「摩羅」がなく、「魔良」「萬良」「末裸」などと書かれていることをご指摘ですが、これらは「字音仮名」とみていいと思います。つまりこれらは「まら」という仮名表記と同列と見られるわけです。このような様々な表記がなされる背景には、この語が音声言語で使用されたという状況があるものと考えられます。また「閈」「茎」などはマラの意味に対応した漢字表記であり、いわばヤマを「山」と漢字表記するのと同様の例と考えられます。

じつに明快なご指摘の数々でした。まず、私自身も、自ら『けしずみ』と『艶道通鑑』の影印本に当たって、どちらも「魔羅」でなく「まら」であることを確認しました。

さて、さらに古い例をあれこれ探しましたが、見いだせるのは「まら」「マラ」、そして「万良」などの「字音仮名」の数々や、「玉茎」などの「意味に対応した漢字表記」ばかりでした。

こうして眺めてみると、徳川初期の京には、まだ「マラ」の漢訳梵語説は出現していなかったのだろうという感じがします。そうなるとやはり、このフィクションは、もっと下って徳川中期以降に興隆したのではないか、という思いが沸き起こってくるのです。

このように橋本氏の協力を得て、研究が進展していることを坂梨先生にメールでご報告しました。先生から、すぐさま次のようなメールが返ってきました。

国研（国立国語研究所）のシンポジウムで橋本氏に会いました。橋本氏は絶えず旺盛に研究を続け、その成果をつねに発表し感服しています。

一つ、橋本氏のことで私の記憶をもちょっと正確に申しますと、橋本氏が『日本随筆大成』をスキャンしていると聞いたのは七、八年前のことです。国語語彙史研究会に一度出てみたいと、ほんとに一度だけ、奈良女子大学に出かけました。恥ずかしながら、見たことのなかった法隆寺を見たかったこともありました。橋本氏はもちろんその会にいて、そのときの会話で、『日本随筆大成』のスキャンのことは初めて知ったのでした。

阪大（前田富祺氏が集中に呼んで下さったのですが）に行ったときも、貴重な資料をいろいろとコピーしてくれたり、ほかにも親切にしてもらいました。そのようなお人柄です。

私の一言がきっかけになって旧知の橋本氏がいろんな貴重な例を提供してくれていること、嬉しく存じます。

メールを何度も読み直して、私がお世話になってきた日本語彙史の泰斗・前田富祺先生、そして蜂矢真郷先生の下で学んでこられた橋本氏への感謝と、坂梨先生への敬意の、いや増して深まるのを感じたことでした。

「羅切」は「魔羅を切る」か？

男根「魔羅」の古い記述は見つかりませんが、私は橋本氏の資料に導かれて、さらに興味深い記述に出会うことができました。その記述とは、『松屋筆記《まつのやひっき》』の中に出てくる「羅切《らせつ》」という項です。「羅切」とは、「おちんちん」である「羅」を「切る」、という意味です。性的欲望を断って、煩悩から解放されるためです。思うに、まず「おちんちん」を意味する「羅」そのものか、「羅」の付く言葉がないと、「羅切」という言葉も成立しません。その場合、「羅」の付く言葉とは、「魔羅」だったかも知れない、ということが考えられます。「羅切」は日本で行われたものなのに、今は余り聞かない言葉です。私は高校生のとき三島由紀夫の小説『金閣寺』を読んで、初めてこの言葉を知りました。

『松屋筆記』とは、武蔵野国出身の徳川後期の国学者・小山田与清《ともきよ》（一七八三〜一八四七）が書いたもので、『日国』によれば、「文化末年頃から弘化二年（一八四五）頃までの約三〇年間に和漢古今の書から問題となる章節を抜き書きし、考証評論を加えたもの」です。つまり『松屋筆記』は、一九世紀前半の文献なのです。「羅切」の項を、現代語に訳して以下に記しましょう。

羅切　現代の俗語で、男根をちょん切ることを「羅切」と言う。「羅切」とは、「摩羅を切る」の略語であって、いかにも拙劣な言葉であると私は思っていたのだが、『皇帝紀抄』（編者未詳、鎌倉中期成立）の承元元年の条に、「法然上人が専修念仏を禁じたため、上人らを逮捕し、ある者は『羅』を切り、ある者は、身体の自由を奪い」と書かれている。ここでの「羅を切る」とは、私の思うところ、正確には「摩羅を切る」ことであって、現代の

俗語、男根「摩羅」のルーツである。

さて『松屋筆記』の著者・小山田与清は、『皇帝紀抄《こうていきしょう》』の承元《じょうげん》元年（一二〇七）の条に、すでに「被レ切レ羅」という文章があって、それが「摩羅を切られる」という意味であると思われることから、男根のことを「摩羅」と書く古い習慣がきっとあったのだろう、と想定します。これは確認せねばと、塙保己一《はなわほきいち》が編纂した『群書類従』に収録されている『皇帝紀抄』を読むと、たしかに「或被二切羅一」（或いは、羅を切らる）というくだりが見いだされます。「おちんちん」を「羅」と呼んでいる以上は、きっと「摩羅」という熟語がすでにこの時代にあったのだろうと、与清は考えたのでしょう。おそらく与清は、「羅切」という言葉も、同様に古典的な熟語であると捉えていたことでしょう。

しかし、それらは残念ながら、与清の思い込みに過ぎませんでした。たしかに男根を短略して「ら」と呼ぶ習慣は、『皇帝紀抄』だけでなく、『日国』によれば、同じ一三世紀の『名語記』にも見られ、古くからあったことは間違いありません。ちなみに当時、正しく漢字で書くなら、「マラ」は、「閇」であるべきだったでしょう。

一三世紀の人は、男根を「摩羅」や「魔羅」と書くなどとは、誰ひとり思ってもいませんでした。それは数多くの用例がそのことを示しています。『皇帝紀抄』の「羅」は、じつは「字音仮名」として当ててみただけの字なのではないか。つまり漢訳梵語の「魔羅」とは何の関係もないだろうことは、この本の読者なら、もう十分に察していただけると思います。

このことと呼応するように、『日国』における「羅切」の項を読むと、中世以前の「羅切」の古い用例は存在せず、初出とその次の例は以下のようなものです。「羅切」は、きわめて新しい、近世の表現だったようなのです。読んでみましょう。

＊俳諧・反故集〔一六九六〕下「裸切（ラセツ）　裸は末裸（まら〈注〉するゐはだか）也」
＊和漢三才図会〔一七一二〕一〇「閹人（あんじん）〈略〉俗云羅切（ラセツ）、男勢俗曰二末羅一、略曰レ羅」

このように「羅切」は、徳川幕府成立後、一世紀近く経たないと出現してこないのです。しかもその漢字に着目しましょう。ここには「摩羅」も「魔羅」も使われていません。

一六九六年に京で刊行された『俳諧・反故《ほうぐ》集』では、「おちんちん」は、『名語記』以来おなじみの、あの懐かしい「末裸」と書かれています。それをちょん切るのですから、「羅切」でなく、「裸切」となるわけです。

これに対して、一七一二年から大坂で刊行された『和漢三才図会《わかんさんさいずえ》』では、「おちんちん」のことが、なんと、「末羅」と書かれているではありませんか。漢訳梵語「魔羅」が「末羅」とも書かれたことは、先に見たように『広辞苑』も保証しています。この『和漢三才図会』とは、大坂の医師、寺島良安《てらじまりょうあん》（一六五四～没年不詳）が、三〇年余りを打ち込んで著述した図解入りの全一〇五巻に及ぶ百科事典で、「日本漢文」で書かれたものですが、現代日本語に訳したものを「東洋文庫」で読むことができ、ここではこう訳されています。

俗に羅切《らせつ》という。〔男の勢（性器）を俗に末羅《まら》という。それで上を略して羅という〕

と。これこそが、漢訳梵語説の初出なのでしょうか？

一七一五年に大坂で出た版の増穂残口『艶道通鑑』では、かなの「まら」なのに、それより三年も早い、同じ大坂の『和漢三才図会』では「末羅」、これはどうしたことでしょう。あるいは、「末羅」は、「末裸」の後継のようなもので、漢訳梵語ではなく、ポルトガル人がもたらした「テンプラ」こと「天婦羅」の「羅」と同じ、「字音仮名」ということも大いに考えられます。いずれにせよ、にわかには断定できません。

仮に、『和漢三才図会』が出た一七一二年の大坂で、すでに漢訳梵語説が知識人の公認を得ていたと想定します。もしそうであれば、一七一二年よりも前、おそらく遅くとも一七世紀の末までには、漢訳梵語説は上方で発生していたことも考えられるでしょう。ちょうど元禄文化の花開く上方で漢訳梵語「魔羅」説は発生し、ゆるやかに広まったのでしょうか。

それとも漢訳梵語説は、やはり江戸という町の文人サロンのオリジナルなのでしょうか？ これを究めるだけで、一生がかりで一冊の本が書けそうですね。

ここで、もうひとつの有力な辞書でも、「羅切」について調べてみましょう。

『角川古語大辞典』では、大坂の『和漢三才図会』の例を最初に掲げていて、『日国』が拾えた早い用例を拾い切れてないのですが、先の『松屋筆記』の記述の要点はしっかり載せていて、これについて言及し、

「『皇帝紀抄』の『羅を切らる』の例を挙げて、『羅切』の語の起りを説いている」

とだけ述べるにとどめ、いささか冷淡な扱いをしているように見受けられます。この辞書のスタッフは、『松屋筆記』の記述をあまり信用していなかったということでしょう。

それというのも、男根「マラ」を「魔羅」（摩羅・末羅）と書かれた例を、一七世紀以前には、おそらく一例も見いだされていない事実を、『角川古語大辞典』の執筆者たちが熟知していたせいでしょう。この辞書の編者に「マラ」についての見解を聞いてみたいところですが、どういうわけか、この辞書では「まら」を立項していないのです。

ただ、探してゆくと、なぜか「まらだめし【魔羅試・仈試】」という熟語の項はありました。

しかし、用例としている徳川後期の破礼句集『柳の葉末《はずえ》』（一八三五）の原典に、「仈だめし」と書いているのに、その文字をさしおいて、「魔羅試」などと、項の先頭にわざわざ書き換えて載せているということは、この『角川古語大辞典』ですらもまた、男根「魔羅」の呪いを受けていたことが分かるのです。

「僧の隠語」とゴータマ・シッダールタ

漢訳梵語説の誕生には、町衆や文人に、当時の京・大坂の僧を軽んじる精神があったのかも知れません。徳川初期、上方で僧侶はどの程度の尊敬を集めていたのかも、考えてみないといけないテーマでしょう。そこにこそ、ポルトガル人宣教師たちが日本の大名や民衆の心を惹きつけて止まなかった、何らかの余地や根拠があったのかも知れません。

かつて『全国アホ・バカ分布考』を書いていたころ、私に漢文訓読の技術を授けてくれた、若いディレクターだった栗田正和クンは、現在すでに五三歳になって朝日放送テレビの総合編成局長補佐なる要職を務めています。『探偵!ナイトスクープ』の本番日、ふらりと控え室を訪ねてくれた彼に、男根「マラ」が「僧の隠語」であったという説をどう思うか聞いてみました。彼は男根「マラ」の梵語説や、僧の隠語説のことはよく知っていて、

「今まで、ぼくもすっかり漢訳梵語、僧の隠語説を信じ切っていました。僧の隠語は多いです

からね。戒律を破っていることを隠すために、日本の僧侶はいろいろ隠語を使ってきたんです。般若湯《はんにゃとう》とか、大黒とか」と、即座に応えてくれました。

「般若湯とは、お酒のことね。お燗《かん》したお酒？」

「いいえ、般若湯の『湯』は、葛根湯《かっこんとう》などに見られるように、煎じた薬の意味です。『般若』とは仏教で智恵を意味しており、『般若湯』とはお酒を『智恵の薬』と言い換えたのでしょう。まさに『百薬の長』ですね。ちなみに、禅寺の門前の石碑に掲げられる『不許葷酒入山門』、つまり『葷酒《くんしゅ》山門に入《い》るを許さず』は、ネギ、ラッキョウ、ニンニク、タマネギ、ニラの五つの臭いのきつい野菜と、お酒とを寺に持ち込むな、ということで、特に禅宗では戒律が厳しく、酒を禁じていたのかも知れませんね」

栗田クンの、相も変わらぬ博学ぶりは、いつも尽きない興味を与えてくれます。私は彼と、二〇〇八年の秋から五年半、幸せな時を共有していました。彼が、チーフプロデューサーとして『探偵！ナイトスクープ』の陣頭指揮を執ってくれたからです。企画プロデューサーとしてやや奥に構えていた私には、じつに頼もしい存在であり、心愉しきパートナーでした。

さて、般若湯についてあとで『日国』で調べると、「酒をいう、僧家の隠語」とされ、一三八一年に書かれた、五山文学の担い手として高名な禅僧・義堂周信《ぎどうしゅうしん》の日記『空華日工集《くうげにっくしゅう》』に初出していました。

「で、大黒とは何のこと？」

「僧の愛人、あるいは妻のことです。多くの宗派で、性行為や妻帯は禁止されていました」

「たしかに、浄土真宗以外は、お嫁さんはもらえなかった」

「しかし実際は、真宗以外の坊さんも、戒律を破って、愛人や妻子を持っていたのです」

「大黒」も『日国』で調べると、「大黒天は、元来厨《くりや》にまつられた神であるところから、寺院の飯たき女をいい、また、私妾や妻をもいうようになったという」などと書かれており、初出は、流行していた小歌を集成した『閑吟集』（一五一八）とされています。


ちなみに、はるばるポルトガルから帆船でアフリカをめぐり、インドを経由して命懸けで日本にやってきた宣教師たちは、敬虔なイエズス会士であり、カトリックの司祭（神父）でしたから、女犯《にょぼん》や妻帯はしていませんでした。

私は西江州の海津生まれで、浄土真宗門徒の多い土地柄です。わが家も真宗門徒です。毎年春になると、浄土真宗を再興した蓮如上人《れんにょしょうにん》の御影《ごえい》を御輿に戴いた一行が、京の東本願寺を徒歩で出発して福井県の吉崎別院を目指して、「蓮如上人様の、お通り～」の掛け声をかけて自宅の前をお通りになります。みんな門口に立ち、数珠をつけて敬虔に拝みます。私も幼いころから、早朝に起き出して蓮如上人の御影に両手を合わせました。蓮如上人は、今も真宗門徒から絶大な崇敬を集めているのです。

浄土真宗の開祖・親鸞上人（一一七三〜一二六二）も恵信尼《えしんに》という奥さんがいましたが、蓮如上人（一四一五〜九九）は、妻との不運な死別により生涯に合わせて五人の妻を持ち、子女の数は二七名にのぼります。八〇代を超えてからの子だけでも五名、最後の二七番目の子は、五人目の若妻との間に、八五歳で老衰死する九カ月前に生まれています。まさにその生涯かけて強烈な愛欲と、比類なき超人的な精力絶倫の性を生きた人物でもあったのです。

私は、それはそれで、とても素晴らしいことだと思います。蓮如上人は、旧来の中国仏教の思想に染められた、女性が穢《けが》れた、罪深い存在と思われていた当時の世の中にあって、あの女性の土偶を崇め奉った縄文時代の日本人がまさにそうであっただろうように、女性を男と対等、あるいはそれ以上の存在として認め、心から女性を敬愛し、慈しみ、生命の賛歌を謳歌し続けた人生であったことを感じるからです。未婚独身で、今からでもわが子を儲けたいというささやかな希望のある六八歳の私は、蓮如上人に較べればまだ洟垂《はなた》れ小僧です。そんな私には蓮如上人こそ、まさに崇拝の極みとすべき偉大な人間像に思えるのです。

戒律に話を戻せば、そもそも仏教の開祖、お釈迦様ことインドのゴータマ・シッダールタも童貞の生涯を送ったのではなく、出家するまでは妻も子もいました。肉も魚も食べていました。本来インドにはなかった一生不犯の厳しい戒律は、中国に仏教が伝わってから、勃然と生まれたのです。中国から仏教を学んだ日本人の仏教徒は、妻帯する浄土真宗の僧や、戒律の厳しい他宗でありながら女犯に走る破戒僧を、軽んじるところがあったのかも知れません。このあたり、研究書は数多く出ているかと思いますので、深追いせずに先を急ぎましょう。

いずれにせよ、「マラ」の漢訳梵語説という思考に、まんまと徳川時代の文人たちの多くは乗っかり、明治以降、『言海』の大槻文彦も、『広辞苑』の新村出《しんむらいずる》先生を編者に祭り上げた岩波のスタッフも同様に乗っかって、その過てる夢想にまみれた言葉の舟を二一世紀の現代にまで運び届けたのでしょう。せめてたったひとりの言語学者が、「マラ」について真剣に考えてくれてさえいたら、とっくの昔にこの誤りは正せていたであろうものを。

権威の国民辞書『広辞苑』の落日

ところで、『広辞苑』は、かつては何かというと「『広辞苑』によれば」と、絶対的な信頼をもって誇らしげに引用された辞書ですが、この権威を誇っていた辞書も先述したように、「マラ」については初版以来、今も漢訳梵語説を貫いています。

私はかつて、『全国アホ・バカ分布考』において、「馬鹿」が、梵語から来たという新村出説を論理的に深く考察した結果、これを完全に否定せざるを得ませんでした。ただし新村先生自身が、梵語説を唱えられた「馬鹿考」という論文において、わざわざ「博学の士改めよ」と謙虚に述べて、梵語説ではない、まったく新たな語源説の出現を期待しておられました。そこで私は、馬鹿正直にも一九九三年の秋、徳川宗賢先生に導かれるままに京都の新村出先生ご旧宅をお訪ねし、仏壇に向かい、ご霊前に自著を捧げて、「新村先生、お喜び下さい。私、先生の梵語説を改めさせていただきました」と、慎んでご報告を申し上げ奉ったのです。

今も心に深く忘れがたいのは、新村出先生のおそらくはご子孫に当たられる大学の先生と、新村出記念財団のスタッフの女性に見送られて、徳川先生とともにそのご旧宅を辞して、五〇メートルばかり住宅街を歩いたあと、広い通りに出て道を曲がろうとしたとき、徳川先生が突然、くるりと体を真後ろに反転されたのです。私も後ろを振り向きました。すると歩んできた道の向こうには、さっき門口でお別れしたはずのおふたりが、まだそこに直立して見送っておられました。私は徳川先生に倣って、おふたりに深々と頭を下げました。向こうのおふたりも、また折目正しく深々と。何という、日本人の立ち居振る舞いの美しさであったことでしょう。それにきちんと合一できた歓びにあふれ、今は亡き新村出先生への深い敬意の心も沸き立ちました。私はいつまでも権威を保つべき『広辞苑』の未来に、大きな期待を抱きました。

しかしその後、版は何度更新されても、「バカ」の漢訳梵語説を、『広辞苑』のスタッフは、けっして改めようとはしませんでした。しかも「バカ」は、「古くは僧侶の隠語」と記して、またもやここでも論拠なき「僧侶の隠語」説を主張し続けています。私は第四版（一九九一）が出た直後に、ほかの語釈の明らかな誤りも、『月刊言語』の一九九二年三月号の巻頭随筆で指摘したことがありますが、一九九八年刊の第五版を見て、みごとなばかりに「柳に風」であったことを知りました。期待は、大きな失望に変わりました。

じつは、私のこの本の執筆を絶えず励まし続けて下さった坂梨先生も、「黒ずくめ」「いいことずくめ」などと言ったりするときの「ずくめ」のルーツは「尽《づ》くめ」ではなく、正しくは「竦《すく》む」を淵源とする「ずくめ」であることを、もうとっくの昔に鋭く論証しておられるのに、いまだに『広辞苑』を代表とする多くの辞書類は、「づくめ」という暗愚の道にさ迷ったままなのです。不勉強、ここに極まれり、と言うべきでしょう。

すでに今世紀に入る前から、「『広辞苑』によれば」という文章を書く人は、さっぱり見かけなくなり、今ではすでに絶滅したかと思われます。かつて夥《おびただ》しく見かけた、誇らかな気分を伝える「『広辞苑』によれば」という文章の、あの『広辞苑』は、何も知らぬ大学生などは別として、もはや日本のまともな知識人にとっては、すでに「知の歓び」を分かち合うべき書ではなくなり、これに触れることすらためらわれる書となったかのようです。

学問は、日進月歩しています。それを実際はまったく受け止めきれていない現状では、失墜した権威はもはや回復のしようがありません。泉下《せんか》の新村出先生も、さぞかし痛ましく嘆き悲しんでおられることでしょう。今どき、新語の導入の多さばかりを誇っている場合でしょうか。その発想はあまりにも浅薄です。『広辞苑』は、編集の思想をゼロから変えるべきです。新村出先生が「博学の士改めよ」とおっしゃった、学問への謙虚で真摯な姿勢と、高きお志《こころざし》。その根本の精神に立ち返って、今こそ立派に復活を図るべきではないでしょうか。

私は若き学生の日この辞書にたいへんお世話になった。その学恩を深く胸に感じつつ、愛と真心を込めて切にそう願うのです。

知の巨人・南方熊楠、咆哮す

注目すべきことに、紀州が誇る知の巨人、あの南方熊楠《みなかたくまぐす》(一八六七〜一九四一)が、男根「マラ」についての論文を書いています。定価三〇銭の月刊誌『ドルメン』の昭和九年(一九三四)一一月号に掲載されたものです。雑誌名「ドルメン」とは支石墓のことで、岡書院の社長、岡茂雄(一八九四〜一九八九)によって、その二年前に創刊されました。人類学と、民俗学、考古学の論文にあふれ、岡と旧知の間柄の熊楠も有力な書き手のひとりでした。

熊楠の発表の場が、言語・国語学の雑誌でなかったことは、とりわけ象徴的です。女陰と同様、男根もまた言語学や国語学の学者がまともに取り扱えないジャンルの言葉、タブーの言葉に属していたからでしょう。タブーと言って悪ければ、学者としての高いステイタスを暴落させかねない言葉だったからかも知れません。それに対して熊楠は、何人《なんぴと》にも囚われることのない、素晴らしき自由人であったからこそ書けたのです。

南方熊楠のことを、まったく知らない人のために、少しその経歴を書いておきましょう。

慶応三年（一八六七）、和歌山城下に生まれた熊楠は、幼少時から神童の誉れ高く、青年期に上京、大学予備門に入学します。同級生には夏目漱石もいました。当時唯一の大学であった東京大学に向かうコースです。しかし熊楠は、図書館にばかり行っていて、落第し退学します。考えを改めアメリカに渡ったものの、こちらの学校も相次いで退学。学校教育に納まるタイプの人間ではなかったのです。やがて菌類の採集と研究に目覚め、一八九二年、イギリスに渡って、大英博物館に出入りするようになり、さまざまな学問研究に勤しみます。それは、投稿論文が科学雑誌『ネイチャー』にも載るような高度な研究でした。しかし大英博物館で、イギリス人から日本人であるがゆえの差別を受けたことから、報復のため暴力事件を起こし、その結果、出入り禁止の処分を受けてしまいます。

そんなことが端緒となって、熊楠は一四年間の外国生活を打ち切りました。紀州に帰り、田辺に住んで、菌類、その他、人類学や民俗学などの研究に打ち込むのです。生活費は、父から家督を継いでいた弟から不定期ながら送ってもらっていたので、人に仕えて働くことはしませんでした。早稲田大学教授への招聘も、断ってしまいます。粘菌を求めて山野をさまよう、まさに好きな研究のみに生きる自由人だったのです。

そんな熊楠が、親しい編集者・岡茂雄が主宰する『ドルメン』の昭和九年（一九三四）一一月号に「マラ」に関する論文を書いた理由は、単純でした。その四カ月前、同じ『ドルメン』の七月号に、竹本抱久呂菴《たけもとだくろあん》なる人物が「摩羅考」という、わずか一ページにも満たない小さなコラム記事を書き、何の文献的根拠も示さないまま、男根「マラ」とは、淫仏・摩多羅神《またらじん》が立川《たちかわ》流と結びついて広まったものであること、これには円観《えんかん》上人が関わっていたものであるとし、「かくて、摩多羅神は、摩羅神と愛称され」、さらに、「吾々《われわれ》の股間に迄其《までそ》の名を残された」と、したり顔に記述したのです。熊楠はおそらく、その論理展開の知的レベルの低さにあきれ果て、激高したのでしょう。

ちなみに、摩多羅神とは、『日国』によれば、「天台宗であがめる、常行三昧堂の守護神。また、玄旨帰命壇の本尊としてまつられた神」であり、また立川流とは、「平安末期、真言密教と陰陽道・民間信仰とが混合してできた宗派」であるといいます。

熊楠がこれを読んだとき、満六七歳。紀伊の田辺に棲む、粘菌に関してはすでに世界的な学者でした。その五年前の昭和四年（一九二九）には、田辺の神島《かしま》沖の、大日本帝國海軍戦艦・長門《ながと》の艦上で、生物学者でもあった、当時二八歳、若き現人神《あらひとがみ》・昭和天皇に対して、諸外国をめぐって研究に打ち込んできた粘菌について御進講するという、ひとりの「民間研究者」に過ぎなかった熊楠にとっては、生涯最高の栄誉に浴してもいました。昭和天皇は、どうしても熊楠の謦咳《けいがい》に接し、熊楠から直接、粘菌について学びたいと切望され、伊豆諸島沖で海軍大演習を総監された帰路、はるか西に舵を切って、大阪・神戸を訪問する途上、わざわざ紀伊の田辺湾に御召艦・長門の錨《いかり》を下ろし、熊楠を訪ねて来られたのです。

　そんな熊楠が、この小さな記事「摩羅考」に対して、めらめらと燃えたぎるような執念をもって、「摩羅考に就《つい》て」というタイトルの論文で、猛然と反撃を加えたのです。語源を解明することも、マルチ学者にして思想家でもあったこの熊楠の、若き日からの得意の分野のひとつでした。熊楠がその論文全編を通じて本来の字である「魔羅」を用いることをせず、必ず「摩羅」と表記したのは、竹本抱久呂菴の「摩羅考」というタイトルと、摩多羅神という神の名にただ合わせたかったからなのでしょう。

　一ページにも満たない論拠なき記事に啓発されて、突然、熊楠の知は迸《ほとばし》るように湧きいでたのです。熊楠は百数十にも及ぶ豊富な文献を駆使し、鬼気迫る情熱をもってして、竹本の二〇倍以上、一八ページに近い紙数を費やして、その記事「摩羅考」の主旨を徹底的に殲滅《せんめつ》し、新しい認識の高みに飛翔しようとします。そして『ドルメン』の岡茂雄は、のちにその著書に「超俗の偉大な、在野の自然人」（『本屋風情』一九七四）と語るように、尊敬を深めていた熊楠のこの論文をきわめて価値の高い成果と評価して、一一月号の巻頭に掲げたのです。

熊楠が論文において果たすべきことは、男根「摩羅」が摩多羅神から来たという竹本抱久呂菴の説を、木っ端微塵に打ち破るために、男根「摩羅」は円観上人（一二八一〜一三五六）が起源だったのではなく、円観以前からこの表現はすでに日本で広まっていたことを実証することでした。そのことで、摩多羅神由来説は、たちまち総崩れを起こすはずです。

熊楠によれば、まず『稚児之草紙《ちごのぞうし》』（一三二一）、これは円観上人在世中のものですが、その中に男根「摩羅」がすでに七カ所も出てくる。また、円観上人の生前に書かれた『古今著聞集』（一二五四）の中には、「穴にとりあてたる『摩羅』も外れて」と、すでに男根「摩羅」があると主張します。ほかにも男根「摩羅」の出てくる文献を一〇ほども挙げ、『日本霊異記』（八一〇〜二四年ころ）は、円観上人の誕生より四五〇年以上も前に書かれたものであるにもかかわらず、その中にすでに「閇」すなわち「万良＝まら」が出てくる、と書くのです。

このあたりまで読んでようやく、熊楠の、特殊な意図が明らかになってきます。すなわち、熊楠にとっては、通説となっている漢訳梵語説としての「魔（摩）羅」という漢字の文字列などまったく問題ではないのです。「マラ」が「摩羅」と書かれていようといまいと、「閇」や「万良」などと、どんな書き方をなされていても一向に構わない。とにかく「マラ」と発音されていた言葉が、古くから日本にあった、ということをあらゆる文献をもってして訴えようとしていることが分かるのです。

しかし、熊楠の表現は、私たちをたいへんに当惑させずにおきません。じつは、熊楠が古い文献に「摩羅」という漢字が書かれていると言っているにもかかわらず、原文に当たってみると、その漢字がひとつも見当たりません。熊楠の「摩羅」と書く漢字は、すべて偽り、すなわちフィクションだったのです。たとえば『稚児之草紙』では、熊楠の言うように「摩羅」などとは書かれておらず、七カ所とも「まら」とひらがな表記されています。同様に『古今著聞集』でも「摩羅」ではなく、やはりひらがなの「まら」なのです。

博覧強記の知性の人物でありながら、いやはや、何という支離滅裂で、出鱈目で、大雑把な論の進め方でしょう。しかし、知の巨人であり、天才である熊楠だけにはそれが許されたのでしょう。熊楠自身としてはただ、読者の理解を促すためだけに、まったく何の断りも悪意もなく、便宜上、テキスト文字の改ざんを行っただけのことでしょう。資料の書写の出鱈目さなどは、読者がいちいち原典に当たる努力をして正せばいいだけのことです。天衣無縫の人物であった熊楠は、そんな細かい、重箱の隅をつつくような暗愚な指摘が起きることなど百も承知で、ただひたすら読者を、分かりやすく真理の高みに導こうとしたのでしょう。

熊楠は、もちろんのこと男根「マラ」の語源説の中に、漢訳梵語説があることなど、重々に承知していました。だから当然のこと、この説に関しても触れています。そしてきっぱりとこれを、切り捨てています。

熊楠は、漢訳梵語説を議論するについて、徳川時代の百科事典『類聚名物考《るいじゅうめいぶつこう》』原典から直接引用したいと考えますが、残念ながら手元にはなかったため、『廣文庫《こうぶんこ》』第十八冊（物集高見《もずめたかみ》・物集高量《もずめたかかず》、一九一六）に載せられている『類聚名物考』を孫引きします。このあたりも、杜撰《ずさん》と言えば杜撰ですが、言語学者ではありませんし、どうせ熊楠は、野にある下賤の輩《やから》ですからぜんぜん構わないのです。最後の結論の重さのみが、熊楠の価値を決定づけます。熊楠自身が紹介する、『廣文庫』の伝える『類聚名物考』、「まら」の項についての記述とは次のようなものです。

陽物をまらという云々、（松本註：正確には「陽物をまらと云ふ事昔ハなし、後世の俗訓なり、是れを梵語なりと云ふ人あれどもさにハあらず、梵和似たる事ハ甚だ多けれども暗合なり」と書かれている）
（現代語訳：「陽物」すなわち「おちんちん」を、昔は「魔羅」とは言わなかった。「マラ」を、「梵語の『魔羅』から来たものである」という人もいるけれども、それは正しくない。梵語と和語が似ているケースはとても多いのである。「マラ」の場合もまた、梵語「魔羅」と和語「マラ」の発音が、偶然に似ていたというだけのことに過ぎない。あくまでも「暗合」すなわち、偶然の一致でしかないのである）

と、「マラ」と「魔羅」は言葉の偶然の一致に過ぎないと切り捨てています。ちなみにこの『廣文庫』の記述は、原典『類聚名物考』に、まったく忠実ではありませんでした。おそらく父・物集高見による大きな改変がなされていたのです。

ここで、熊楠の手元になかった本物の『類聚名物考』とは何であったかを明らかにしておく必要があります。『類聚名物考』の成立年は不明ですが、編集したのは徳川中期の文人・山岡浚明《まつあけ》で、その生涯は一七二六～八〇年ですから、間違いなく一八世紀後半に書かれたものです。平賀源内が一七六八年に「魔羅」と書いた『痿陰隠逸伝』よりも、もしかすると、あとの成立だったかも知れません。ここに書かれた「魔羅」を読んでみましょう。じつにシンプルな記述です。

今思ふに陰茎を俗言に末良といふを梵語なりといふハ僻事《ひがごと》なり。
（現代語訳：今思うに、陰茎の名「まら（末良とも書く）」という語を「梵語」であるというのは「僻事」、すなわち「道理に外れ、間違ったこと」に過ぎないのである。）

と述べており、漢訳梵語説について、きっぱりと否定しています。ただし、山岡浚明は、

「暗合」すなわち「偶然の一致」などとはひと言も語っていません。しかし結果的には趣旨は同じです。『廣文庫』を書いた物集高見の説明の方が、とても明晰で分かりやすくなっています。

ところで熊楠が参照した『廣文庫』は、引用文献の叙述の自由な改変という勝手気ままなことを行ってはいますが、物集高見の学への執念の結晶として析出された優れた文献に満ち、まさに知の宝庫と言える貴重な書物なのです。「まら」の項には、すでに私たちが見てきた『金曾木』や『名言通』はもちろんのこと、ほかに『倭訓栞《わくんのしおり》（和訓栞）』『古史傳《こしでん》』といった文献も載せています。これらには、いずれも「マラ」の起源について語られています。ぜひ見ておかねばなりません。ただ、『廣文庫』の記述には、たっぷりと物集高見の手が加わっていますから、それぞれの原本に当たってみる必要があるでしょう。

『倭訓栞』は徳川中期の国学者谷川士清《ことすが》（一七〇九〜七六）が著した国語辞典で、全九三巻が没後の安永六年（一七七七）から明治二〇年（一八八七）にかけて刊行されました。伊勢の津で生まれ、京で医学と、国学・神道を学び、帰省後、医業に務めつつ塾を開いて門人を指導しました。この国語辞典の「まら」の項では、『日本霊異記』以来の用例をも視野におさめた上で、「陽根を呼ハ麻呂の転音をや」として、「マラ」とは「麻呂《まろ》」から来たものではないか、としており、「魔羅」説などは端《はな》から相手にしていません。

ちなみに「麻呂」とは、「柿本人麻呂」（六六〇ころ～七二四）や、「阿倍仲麻呂」（六九八～七七〇）など男子の名前に付けられる「麻呂」のことで、『日国』によれば、記録に残る最古の例は七〇二年の「安麻呂」であり、古くは「麻呂」単独で用いられる場合も多かったといいます。現代で言えば、さしずめ「太郎」でしょうか。「おちんちん」を「太郎」と呼ぶセンスを考えてみれば、なかなか楽しい、いい感じがします。あどけなさ、かわいさが、いや増すように思われます。私は、「グッドセンス！」と称賛したい気分です。ただ「マロ」の「ロ」が、そんなに都合よく「ラ」に訛って、「マラ」が成立したものなのかどうか、周到な言語学的究明が必要になってくるでしょう。

最後に、『古史傳』は、秋田生まれの徳川後期の国学者・平田篤胤《あつたね》（一七七六～一八四三）が著した国学書で、一八一二年ころに江戸で初稿が成ったものの、生前には未完に終わり、秋田で篤胤が亡くなったあと、門人の手で完成されました。『古史傳』には、こうあります。

麻羅ちふ名は、中ツ世の比丘等が事好みに、梵語を以て称せるが、世に弘まれる称《な》ならむ。

（現代語訳：「魔羅」という名は、中世の男性の僧などが、物好きなことに、「これって梵語なんですよ」などと言ったものだから、世間にそう信じられて広まったものなのだろう。）

と、述べています。平田篤胤は、漢訳梵語説は、中ツ世、つまり「古代と現在との中間の時代」（『日国』）、ということは今にいう中世・室町時代のことを言ったものでしょうか。その時代の、男性僧の愚かしい妄言に過ぎないと考えたのでしょう。

篤胤は古い『日本霊異記』などもちゃんと読み込んでいて、そこでは「マラ」は、「閉」と書かれていて、けっして「魔羅」などとは書かれていなかったことを十分に承知していました。そうした豊かな知識を踏まえた上で、「中ツ世の比丘等（中世の男性僧など）」による「事好み（物好き）」、いわば「妄言」「放言」「出鱈目」の類いであると、明確にかつ、冷静に断じたのです。

私自身は、この説を生み出すにあたっての、徳川前期の上方の文人サロンの関与はたしかにあったかと思いますが、平田篤胤が想像するように、すでに中世・室町時代に漢訳梵語説が生まれていたという考えも、実際はあり得ないことでもない、とも思えます。

こうして眺めてくると、漢訳梵語説が広まっていったと思われる徳川中・後期にあってさえも、これに反駁《はんばく》を加えることのできる、幾人ものまっとうな知識人が存在していたことが、よく分かるのです。現代のように、議論を放擲《ほうてき》した学究の貧困さと較べて、徳川時代はもっと精神や議論の伸びやかで、豊かな時代だったのではないでしょうか。

最後に一説。そんな現代でありながら、「マラ」の漢訳梵語説に異を唱える言語学者が、ひとり存在していました。『語源大辞典』（一九八八）の編者・堀井令以知先生です。「マラ」の項で、「サンスクリット māra（修道の障害をなす魔）からと説くのは民間語源説」と、きっぱりと断言し、否定しています。敢えて「民間語源説」とみなすとは、語源説の中でも、学問的には低い評価にしか値しないことを暗に示唆しています。にもかかわらず、どういうわけか、漢訳梵語説を否定する根拠が、ここにはなぜかいっさい明示されていないのは残念なことです。いずれにせよ徳川時代には何人もいた反漢訳梵語説のサムライが、論拠は不明ながら、このように昭和末にあっても、孤立無援のまま、まだ生き延びていたことだけは明らかなのです。

昭和天皇が愛した熊楠

さて、熊楠に戻りましょう。

「摩羅」を追う熊楠の筆は、『古事記』にも及びます。例の天照大御神が隠れ、世界を真っ暗にした岩戸隠れの段にのみ登場する「鍛人《かぬち》天津《あまつ》麻羅《まら》」がいます。熊楠は、鍛人とは、鍛冶屋のことだろう。鍛人は、鉄槌で強く金を打つ。そこで鍛人は、鉄槌を勃起して固くなった男根「麻羅」に見立てて、その名としたのではないか。そう考えた上で、さらに熊楠は語ります。

「かくのごとく陽物を摩羅と称えたこと、遠く神代、上世より、……」

このように熊楠は、「マラ」はすでに七一二年の『古事記』以前の時代から男根を指す言葉であった、すなわち男根「マラ」は古い和語であった、と考えたのです。

『古事記』の「鍛人天津麻羅」の「麻羅」が、「おちんちん」を意味したかどうか、それは断定できません。私はただ、熊楠の自由奔放な想像力の賜物に過ぎないだろうと思う程度です。むしろ谷川士清の「麻呂」の成れの果てかも知れないのです。しかし「マラ」を和語であると見抜いた目は、貴重です。熊楠の直観力は、ハズレも多いかも知れませんが、並の教育を受けた学者では見通せないことまで見抜くことができる、まさに超人の知的エネルギーを持っていたのではなかったかと実感されるのです。日本の言語学界が、女陰や陰茎を表す言葉の研究を、完全に遮ってきたのとはまったく逆に、熊楠のこうした男根語への迸る情熱は、なんと畏《おそ》るべく見上げたものであったと言うべきでしょう。

そうした豊かな精神は、熊楠自身の日記にも反映されています。熊楠は、男根と女陰を普段何と呼んでいたのでしょうか。

『南方熊楠日記』を読むと、たとえば明治三五年（一九〇二）六月二六日の記述では、三六歳の熊楠は、「マラ立ちつゞけ往くを果たさず」と「マラ」を使っています。

その後、熊楠は四〇歳のとき、二八歳の同じ田辺の女性を紹介され、一目惚れして結婚。まもなく息子・熊弥（通称、ヒキ六）が生まれます。明治四二年（一九〇九）五月二二日に「ヒキ六、陰茎を引ぱり『チユンボ』といふ」と書き記し、明治四四年（一九一一）三月二一日には、「喜之瓢風呂屋の下女（カンチ也）己のちんぼいらひにくるとて大笑ひ、戯る」と、「チンボ」に変わっています。時代とともに熊楠の中でも、「マラ」から「チンボ」への交替劇が進行しつつあったようです。

また、女陰のことを熊楠自身は「オメコ」と呼んでいる一方で、大正二年（一九一三）五月一六日の日記において、「母文枝に前の陰を問ば、オソ、」と書いています。「母文枝に前の陰を問ば」とは、「母である妻が、娘・文枝に、女陰の名称を問うたところ」という意味で、母からのこの問いに対して幼い娘は「オソソ」と答えたというのです。この記述は、和歌山県の田辺生まれの自分の妻と娘が、自らの女陰のことを「オソソ」と呼び合っていたことを明らかにしているのです。さすが熊楠は民俗学者でもあったからでしょう、眼力鋭く、重要な事実を拾い上げています。これは田辺でも、京や大阪などの文化とすでに一致していたことを示しています。

さらに興味深いのは、熊楠の向かいの家に住む福田家の五歳の少女・松枝による、同い年のヒキ六に対する言動です。明治四四年（一九一一）六月一三日には、「午後ヒキ六に向ひの福田の女児松枝（五才）オメコせんかと大声にいひ、ヒキ六笑ひ居る」と、少女が自ら「オメコ」

を使っているのが印象的です。この描写は、「オメコ」も一時代前には「オソソ」と同様、女性が使える女陰語であったことの名残を示しているのかも知れません。また翌年、「昨夕向かいの女児松枝、浴場にてヒキ六の陰を見て、ちんこは可愛らしい物といひ、皆哄笑す」（明治四五年〔一九一二〕三月三日）と、六歳の松枝は「チンコ」と言っています。「チンポ」系語のいちばん古い形です。六歳のいとけない少女の目から見ても、幼児の「チンコ」は、「可愛らしい物」だったのです。おそらく熊楠やその妻にとっても、愛すべき、かわいらしい物だったのではないでしょうか。

四〇歳で結婚するまで研究一筋で、初々しく童貞を貫いていた稀有な経歴の熊楠には、このように性的なことを描くにも、どこか優しく落ち着いた、慈愛の眼差しがありました。

熊楠は書簡を通じて長く柳田國男と交友を保っていましたが、もともと中央官僚であったエリートの柳田は、日本の民俗学の祖ではありながらも、きわめて重要なテーマと思われる性的なものの研究を敢えて排除してきました。柳田は厳格な人だったので、自分を慕ってくる後進にも、こうした研究を禁じただろうことは想像に難《かた》くありません。

熊楠は、のちに柳田の生き方や研究に窮屈さや限界を感じたのか、きっぱりと絶交してしまいます。柳田も「自分よりすぐれている発想を持ってる」（民俗学者・宮田登氏の談『澁澤敬三著作集』月報5）と意識したものか、かつてわざわざ熊楠に会うために、はるばる田辺を訪れたこともありましたが、すげなく扱われたあとは、もうそれ以降終生、熊楠に近づくことはありませんでした。

そして熊楠は、和歌山の田辺の自宅の離れの部屋に籠って、世界最高クラスのイギリスの学術雑誌、自然科学については『ネイチャー』誌に、民俗学など人文科学については『ノーツ・アンド・クエリーズ』誌に掲載されるべき論文の数々を、ふんどし一丁の姿で、いや、時には人目も憚らずフリチンの姿で、一心不乱に研究を深め、英文での執筆に励んでいたのです。熊楠は世界的な研究者であり、日本という「一国民俗学」の祖であった柳田國男とはもともと研究のフィールド、あるいは目指すべき世界が違っていました。たしかに柳田は、抜きんでて偉大な日本の学者でした。しかし熊楠こそ、日本のどの学者たちより格段に強い人間的魅力に満ちあふれ、かつ愛すべき、世界的な大学者ではなかったかと思われるのです。

その思いは、先述したように昭和四年（一九二九）に、田辺の神島沖の御召艦・長門の艦上で、熊楠から進講をお受けになった昭和天皇とて、同じであったかと思われます。少しそのエピソードをここに添えたいと思います。

熊楠は、長門の艦上での昭和天皇への御進講に、一世一代の名誉とて、若き日から持っていた古いフロックコートを仕立て直して臨みました。手には天皇に献上すべき粘菌を入れた箱を携えていました。ふつうならば、そうした箱は桐の箱にするか、漆塗りの箱にでもするものでしょう。しかし熊楠が献上し奉ったのは、森永ミルクキャラメルの分厚い大きな紙製の、使い捨てのボックスでした。侍従たちはさぞかし驚き、面食らい、わが道を行く熊楠の独自の感覚に戸惑ったことでしょう。しかし、そのことは誰も口には出しませんでした。

熊楠自身はただひたすら大真面目でした。熊楠は、熊野や那智を山深く経《へ》めぐって、実際このようなボックスを廃物利用して粘菌を集めていたのでしょう。その一途な心意気を、同じ志の若き学者天皇ならすべて洞察し、喜んで理解して下さると信じて疑わなかったのでしょう。天皇は熊楠の真摯な情熱に応じるかのように、御進講の時間が二五分だったのに対して、自ら所望《しょもう》して五分間の延長許可を与えました。

その熊楠も、昭和一六年一二月二九日、日米開戦の直後に満七四歳で亡くなりました。

昭和二〇年、敗戦によって昭和天皇は人間宣言されました。天皇はある日、財界人でもあり、民俗学者でもあった澁澤敬三《しぶさわけいぞう》氏に、かつての熊楠との思い出を打ち明けられました。澁澤敬三氏とは、明治の実業家・澁澤栄一の孫にあたり、戦後の貧しい時代、多くの民俗・民族・霊長類などの分野の優れた学者の研究のために、個人資金で研究所を設立し、また資金援助を惜しげもなく続けてきた、きわめて貴重な人物です。宮本常一、今西錦司、江上波夫、伊谷純一郎、梅棹忠夫、中根千枝など、今も世に名を轟《とどろ》かす大学者たちの輝かしい業績は、この太っ腹な人物の、意気に感じた助力なしにはあり得なかったのです。澁澤敬三氏は、自ら編者として指揮を執った乾元社版の『南方熊楠全集』（一九五二）の第一巻巻頭における「上梓のいきさつ」で、こんな挿話を披露しています。

終戦後のある日、私は陛下に拝謁を賜った際、談たまたま南方先生のことにも言及しました所、「南方は惜しいことをした。」と申され、ついでニコニコとされながら、「南方には面白いことがあったよ。長門に来た折、珍しい田辺附近産の動植物の標本を献上されたがね、普通献上と云うと桐の箱か何かに入れてくるのだが、南方はキャラメルのボール箱に入れてきてね。それでいいじゃないか。」と仰せられたことがあります。平素およそ批評がましいことを口になさらぬ陛下として、物心の本質をよく把握される片鱗を漏らされ嬉しく存じましたが、これも南方先生なればこそ極めて自然であり、陛下も殊のほか親しみ深く思召《おぼし》されたのでありましょう。（以上、現代表記に改める）

昭和三七年（一九六二）五月二三日、昭和天皇は三三年ぶりに紀伊に行幸されました。熊楠没してすでに二一年。天皇ご自身も還暦を過ぎて、かつての熊楠の年齢に近づいていました。天皇は、皇后とともに白浜の御泊所、ホテル古賀乃井に宿泊されます。当日公式日程はなく、雨天のため生物採集も取りやめになりました。『昭和天皇実録』は、この日天皇ご自身が、熊楠のことを和歌に詠まれたことを語っています。

午後二時二十五分御泊所にお戻りになる。（中略）昭和四年に南方熊楠と御散策になった神島を望み、次の御製あり。

雨にけぶる神島を見て紀伊《き》の国の生みし南方熊楠をおもふ

昭和天皇が八七年の生涯で、一般人の挽歌を和歌に詠われたのは、侍従や学者、経済人など、けっして少ない数ではありませんでした。しかし、わずか三十一文字《みそひと》の歌の中に個人のフルネームを詠い込んだ御製は、誰あろう南方熊楠たったひとりだけのことだったといいます。天皇は、同じ粘菌の研究者ではあっても、国家の流転する運命を一身に引き受けて生きてきたご自身とは対極的に、思うがまま、自由闊達《かったつ》に生き抜いた熊楠の人生を、きっと憧憬の思いをもって愛しておられたのでしょう。

それからさらに一六年経った、昭和五三年（一九七八）、天皇がある植樹の公務に際して、いかにもチープそうなミッキーマウスの腕時計をはめておられることがスクープされ、話題になったことがあります。私も女性雑誌でその記事を読んだ記憶があります。多くの日本人が天皇の庶民感覚とお茶目ぶりとに、好意を寄せました。しかし今、私には天皇の、誇らかで明るい、こんな心の声が耳元に届いてくるように思えるのです。

「はるか南方熊楠よ。そなたはかつて戦艦長門の船上で、森永ミルクキャラメルの、かわいらしく、美しい箱を私に献上してくれた。さあ、私を見て進ぜよ。私も今、国民にとって喜ばしい公務においては、このミッキーマウスの、かわいい腕時計を愛用しているのだよ」

そこには、若き日から世界を視野に収めた上で日本という国を冷静に見つめ、イギリス人と大喧嘩までして日本人の誇りを守り、結果的に大英博物館を追われ、客地を去らねばならぬ運命をも辞さなかった、熊楠への深い畏敬の念が込められていただろうと私には思えるのです。

さて「マラ」に戻りましょう。

今、この在野の大学者、南方熊楠による昭和九年（一九三四）の「マラは和語である」という結論について、八〇年以上も経た今、まったく異なった観点からのアプローチによって、私は、「それもまた、大いにあり得ることかも知れない」

と共感を覚えざるを得ないのです。私が見つめようとした方向は、はるか昔の偉大な先人、熊楠が見つめていたのと同じ方向だったのではないか。語源は今もって明らかになったとは思いませんが、真に日本を愛した、世界的な学者、南方熊楠の純一で猛々しい志を思うとき、私は、その知の巨人の脇に控えて同じ戦線に共にあることの、満腔《まんこう》の歓びと誇りを胸深く抱いてしまうのです。

第八章　女陰語の将来

石上阿希さんに会う

手紙で会見を申し込み、お教えいただくことを願っていた石上阿希さんを、京都西郊の国際日本文化研究センター（日文研）に訪ねました。立命館大学から、より研究しやすい環境に身を移しておられたのです。日文研は、莫大な量の春画・艶本を収集し、ネット公開している春画・艶本の聖地です。初めてお会いする石上さんは、知的で若い美人の研究者でした。私はすぐに主題を提示しました。

「京生まれのはずの『オマンコ』が、江戸においては一九世紀以降には出現するのに、生まれ故郷の京・大坂では、古い文献に一件も現れません。これはどうにも心の晴れない無念さです。石上さんは、どこかの上方の文献で『オマンコ』を見られたことはないでしょうか？」

この問いに対する石上さんの回答は、はっきりとしたものでした。

「じつは、私も一度も、その言葉を見た記憶がないのです。出てきたら、きわめて特徴的な言葉ですから、きっと心に残ったはずです」

「チンボー」にしても、特に「チウボウ」から繋がる中間形のようなものは、ないようでした。

「ところで私のこの考察・研究を、石上さんはどう思われますか？」

「これが端緒となって、学界で議論が活発になっていくのは、いいことだと思います」

私の研究への石上さんの姿勢は、なかなか慎重です。

「松本さんの文章には、美人ばかりが登場されます。しかし、世の中の女性は美人ばかりではありません」

と、むしろ厳しい批判的なご意見です。私はこう打ち明けました。

「こんな歌をご存知でしょうか？　花屋の店先には、いろんな花が咲いている。人によって好みはあるけれど、どの花もみんな Only one のきれいさを誇っている、と。この歌詞の心は、私の心です。私は今回、全国共通語で言うところの『オマンコ』をテーマにして、いろんな女性にインタビューを試みてきました。私の質問に喜んで、懸命に応えようとして下さる女性の姿を目《ま》のあたりにすると、なぜかどの女性も、外見はもちろんのこと、心の奥底までも美しく清らかに、そして魅力的に感じられてしまうのです。春画・艶本を研究し、私の質問に何でも応えようとして下さる石上さんは、私の目には、もう絶世の美女にしか見えません」

　そう説明すると石上さんはクスクス微笑んで、私の無念を晴らすべく、こう提案して下さったのです。

「早川聞多先生をご紹介しましょう。二〇一五年まで日文研で教授をなさっていました。春画・浮世絵研究の大家でいらっしゃいます。もしかすると早川先生の厖大なご記憶の中に、問題の語はあるかも知れません」

春画と日本の女性

石上さんの素早いご手配によって、翌週、京・嵯峨野の閑静な住宅街に、早川聞多先生を訪ねることができました。先生は、全国に埋もれていた春画・艶本を見つけ出し、日文研に蒐集《しゅうしゅう》したプロジェクトのリーダーでした。私は訴えました。

「西川祐信《すけのぶ》や月岡雪鼎ら上方の作者の原典は、日文研のデータベースからダウンロードさせていただいて、親しい日本語学者・郡千寿子さんに頼み込んで読んでもらっていますが、『オマンコ』は見つかっていません。石上先生も『見た記憶が一度もない』と言っておられます」

「たしかに『オマンコ』は、江戸では一八二〇年代以降よく登場しますが、私もまた、上方の春画・艶本の中に『オマンコ』を見たことがありません」

早川先生はそうおっしゃったあと、

「しかし遠い記憶ですが、田植歌、神楽歌の中に『マンコ』が出てきたと思います。奈良の神楽歌なんかに。ほかに、近世初期の歌謡の中にも出てきた気がします。残念ながら今、そうした資料はすべて手元にありません」

やはり周圏論に誤りはなかったようです。自分でも確認せねばならぬ。

早川先生によれば、徳川時代、春画・艶本は貸本屋で借りるもの。貸本屋は、江戸に一〇〇〇軒、京に五〇〇軒もあって、男ばかりでなく女性もよく借りにいった。女性も子供もケラケラ笑って楽しんだのだ。だからこそ春画は「笑い絵」と呼ばれた。奥さん、娘、女中など女性が喜んでよく借りた、ということでした。何という大らかさでしょう。私は問いました。

「数年前、先生方がプロデュースされた春画展がロンドンで開催されました。国内の美術館でも、あちこちで春画展が開かれて盛況と伺います。見学者には女性が多かったとか？」

「そうです。京都でも、東京でも、見学者の六〇から六五パーセントは女性です」

春画には、現代のAVと違って、女性を男の性の具として扱って貶める発想などはまったくありません。春画の女性は、のびのびと幸せそうに性の快楽に浸っています。その自由で麗しく幸せそうな感覚が、現代女性の心にも伝わるのでしょう。

「昔から日本の女性は、性にも大らかで積極的でした。『古事記』からして、イザナギを誘うのは女神イザナミです。『源氏物語』の女性の歌にしても半分以上はエロチックなものです。これらは日本文化の隠れた特徴です。日本には、性の世界に男尊女卑の思想はなかったのです」

と先生の貴重な講義は続きます。

「ジャポニスムという芸術活動は、浮世絵から影響を受けたと言われていますが、じつはいちばん影響を受けたのは、春画なのです」

「知りませんでした。どんな画家が、春画の影響を受けたのですか？」

「クールベ、マネ、モネ、ロートレック、ピカソ、ロダンなどです」

「すべて巨匠たちじゃありませんか」

「若き日の彼らが、カフェに春画を持ち寄って集まり、議論し、競い合うように西欧絵画に斬新な改革をもたらしていきました」

なるほど。芸術の街としてのパリの開花には、日本の春画が大きく貢献していたのか。日本はやはり地力のあるアートの国でもあったのでしょう。私はこう応じました。

「明治維新で、春画のほか多くの古い日本文化は否定されましたね」

日本人は西洋を畏怖するあまり、誇るべき日本文化を、破廉恥な奇習であるかのように卑下したのです。私はさらに続けました。

「明治・大正生まれの女性が『オソソ』とか、『ボボ』とか、『マンジュー』とか、女陰語を自由に使っていたという証言をいくつも集めました。これは古代から徳川時代までのおおどかな日本文化の伝統が、明治維新による文化の大破壊に屈することなく、庶民の間で、したたかに生きていたということですね。徳川時代人の父母や祖父母に育てられた明治・大正人は、老いても幼時の感覚を持ち続けた。千数百年の日本の豊饒《ほうじょう》の精神はまだ死滅していなかったのです。偏った西欧思想にいつまでも縛られないで、日本人はもう一度、この古きよき日本に回帰すべきではないかと思います」

童謡・春歌の「オマンコ」

私は、今は亡き心の友、日沢伸哉クンの妻で、今は横浜市に住む五月さんに協力を仰ぎ、国立国会図書館に一緒に通いました。ちなみに日沢クンは、お姉さんに同郷の岩手県久慈市出身、東京で働いていた五月さんを紹介され、一目で惚れ込んで結婚したのです。初めて訪れた芦屋の彼の新居前で、「これが、ぼくの妻《さい》です」と紹介されたとき、私の大の仲良し、女優の熊谷《くまがい》真実《まみ》さんにそっくりの何という美しく、しおらしい女性を射止めたものかと感嘆したものです。得がたいよき伴侶を得て、日沢クンは誰からも、人間性が豊かになったと、温かい目で評価されました。さらに私の姪の夫の姉で、京大図書館勤務の山崎千恵さんとその同僚・山路麻衣さんにも京の各図書館に通ってもらいました。皆が一心に「オマンコ」類を探しましたが、上方の資料にはひとつも見つかりません。早川先生の明瞭なご記憶が誤っているとはけっして思えず、調査がまだまだ甘かったとしか考えられません。

しかし数日後、五月さんから赤松啓介著『民謡・猥歌の民俗学』(一九九四)の中にあった「おまんこ」のコピーが送られてきました。五月さんの一途な努力は、驚嘆すべきものでした。

私はかつて、突然死した夫の日沢クンの葬儀に、弔辞を読むことを五月さんから頼まれました。「日沢も、きっと喜ぶと思います」と言われ、私は喜んでその務めを果たしました。五月さんは、そのことをひとつの恩義として覚えていてくれたのでしょう。そうした彼女の一途な頑張りようは、日沢クンがいかに「わが妻《さい》」を愛したかの証しのように思えました。

著者の赤松啓介氏（一九〇九〜二〇〇〇）は、兵庫県を研究フィールドとする民俗研究家でした。世にほとんど知られていませんでしたが、一九九〇年代、上野千鶴子氏らによって「夜這い」の研究が着目され、齢八〇代にして一躍世間の注目を浴びるようになったのです。

ちなみに上野氏は、「一回言うと顔が赤くなる『おまんこ』も、百回言えば平気になる。かわいい言葉でしょ」（朝日新聞夕刊・一九九八年七月一八日）と、「オマンコ」の「かわいさ」に気づいていらっしゃいました。慧眼《けいがん》です。一年先輩だった一九、二十歳《はたち》のころの上野氏は、一九六〇年代終わりの、ほとんど女性という存在がない京大のキャンパスで、見るからに聡明、かつ美しさに輝く乙女でした。

さて、赤松啓介氏が採集した「加西郡童謡集」を読んでみましょう。

おかん一銭おくれ
なに買ふの
とりもち買ふて
あめ買ふて
おかんの おまんこ

につちやくちや

歌詞に「おまんこ」が現れています。この文章は、赤松氏が一九三三年の雑誌『播磨』第二巻二号に、栗山一夫の本名で書いたものの再録です。「オマンコ」が全国に広く知られるようになったのは、私の記憶ではせいぜい一九六〇年代以降。それより三〇年ほども前に採集された、兵庫県加西郡の一九三三年の「オマンコ」は、古い京の文化の名残と考えていいでしょう。

その後、私も『日本春歌考』（添田知道《そえだともみち》・一九六六）、これは大島渚監督の同名映画『日本春歌考』（一九六七）を着想する元ともなった書物ですが、その中の大阪府の泉南地方に伝わる「歳神唄《さいじんうた》」（歳神とは、正月に家々で祭る神）に、

べらべらしよッしよッ
一《い》つかけ　二かけ　三かけて　四かけたおまんはやめられん

という歌詞を見つけました。「仕掛けた性行為はやめられない」という意味でしょう。文書には残されずとも、こうした歌の形で京の「オマンコ」類は地元近畿に生き残っていたのです。

古い文献に頼るだけでは、言葉の変化は捉えられても日本人の心の変化のさままで捉えきれ

ません。言語地理学によるアプローチは、しかしそれを可能にします。「オマンコ」「チンポ」という言葉ひとつをとっても、日本人のみずみずしい感性を如実に露わにしてくれるのです。

春画展に知性ある女性が群がるほど、現代人の意識は変わりました。

男の場合、愛くるしく、かわいらしい「チンポ」「オチンチン」の類いで十分でしょう。しかし自らの身体名を失った女性は、これを奪還することが求められています。

かわいさ、美しさ、いとおしさを極めつくした「オマンコ」、格調と気品に満ち、究極の表現でもあった「オソソ」は、この研究が端緒となって、再び婦女子の言葉としての栄えある復権を果たすことができるのでしょうか。

あるいは妥協の産物としか言いようがない、西洋文化に打ちのめされた結果、やむなく生まれた、貧困な精神の産物「オマタ」が、なおも生き延び続けねばならないのでしょうか。それともグローバルの世にふさわしく、不気味な語感のラテン語「バルバ」が日本を侵略することになったり、小林製薬の和製英語「デリケートゾーン」が、新語好きな『広辞苑』のお墨付きを得ることになるのでしょうか。

そうではなく、新しい時代に合った、かわいく、愛らしく、品格もあって、誇らしく感じられる、麗しき日本語が生み出されるのでしょうか。私は女陰語の輝くべき未来を心から期待してやみません。

第九章　今までの「おまんこ」研究

日本言語学界と「オマンコ」

私は、ある大学のきわめて優れた若き男性の言語学の先生に、メールで「ある言葉について研究をしております。よろしかったらご相談に乗っていただけませんか？」と書き送りました。すぐに、こころよい承諾のお返事をいただきました。そこで、手紙と「男根」と「女陰」の全国方言分布図などの資料を郵送しました。手紙の要点は、次のようなものです。

「『おまんこ』『ちんぽ』類に関する、辞書にも載っていない古い文献を、今まで見かけられたことはありませんか？」

数週後、学会でその先生にお会いしました。先生は私を見つけてすぐに近寄ってきて下さいましたが、いきなり私のお送りした資料を返却すべく手渡しながら、こうおっしゃいました。

「松本さん、まことに申し訳ありません。じつは、この種の言葉については、私は心が『ざわつく』のです」

それは、心からの誠実さにあふれたお言葉でした。私は驚きましたが、拝聴しました。

「心が『ざわつい』て、この言葉には、近づけないのです。ですから、松本さんのお書きになった文章も、私には、まともに読めませんでした。さっと目だけは通しましたが」

その申し訳なさそうな真面目なご表情に、私は一瞬のうちに、日本の言語学者がこの種の言葉に関わることが、今もって、よくよく困難であることを感じ取りました。私はやはり日本言語学界の、いちばんのタブーを犯そうとしているらしい。そんな思いを実感しました。

たしかに私も、「『おまんこ』や『ちんぽ』の方言について研究している」と周りの男性に言うと、多くの男たちからは、「松本さん、そんなことしたら、変態と思われますよ」とか、「松本さんも、いよいよ頭、おかしなったん違いますか」などと言われました。いずれも冗談交じり、笑いながらではありましたが、私が不真面目、あるいは変態好事家《こうずか》の極み、と世間から色眼鏡で見られてしまわないかと心配してくれているのを感じました。

むしろ知的で魅力ある女性たちの方が、老若や既婚未婚を問わず関心を持ち、真面目に話を聞いてくれました。これは意外なことでした。しかし考えてみれば、それは当然のことだったかも知れません。女性たちは生まれながらにして、大きな不満を抱きかかえていたのです。

女陰語は汚い言葉である。どんなに顔や身体が魅力あふれる女性であったとしても、その女陰は、醜く、不潔で、卑猥である。男たちによって、女性たちはそんな、あからさまな差別を受けてきました。女性たちも、ずっとそう信じ込まされてきました。

しかし私の研究結果は、それとはまったく逆のものでした。日本の言葉の歴史を子細に訪ねると、「オマンコ」「ボボ」を始めとする言葉は、女性の陰部が愛らしく、かわいらしく、いとおしいものであることを、主張し続けてきた歴史であることが分かったのです。親たちはそんな深く優しい思いで、新たな女陰語を開発し続けました。それを知った女性たちは、誰も私を冗談にすら、「変態」とか「頭がおかしくなった」などとは、言いませんでした。むしろみんな私の応援団になって、一所懸命に私の研究を支えてくれたのです。

女陰語は、研究に値しない「下品」な言葉である、と近世以降、日本の学者は考えてきたのではないかと思います。こういう「下劣」で「性的」な言葉に関わることは、自身のステイタスを護持する上でも大きな損失であるという先入観でもって、忌避されてきたのではないか。しかしこれは誤った判断です。学者は、真理の使徒たるべきではないのでしょうか。

自然科学である、医学的な方面では、「下《しも》のネタ」はけっしてタブーではありません。子宮、睾丸《こうがん》、前立腺など「下《しも》の病気」は、まったく逆に近年、長足の進歩を遂げ、iPS細胞を用いた治療も今や実用化が目前に迫っており、多くの人類の運命と、生命そのものを救おうとしています。そしてこの分野ではわが日本が世界をリードしており、山中伸弥氏、さらにがん免疫療法を確立した本庶佑《ほんじょたすく》氏などはノーベル生理学・医学賞まで受賞している世の中なのです。

私は即座に、その先生に問いかけました。

「『おまんこ』は、あの歴史学者・白鳥庫吉《しらとりくらきち》が、昭和初期に短く言及した以外、近代以降、一世紀半にわたって現在に至るまで、何千人もいたはずの日本の言語学者は、誰ひとりとしてまともに研究しようとしないできました。しかし近年、まさに日本文化の恥の極致であるかのように見られていた『春画』の美術的かつ文化的価値が、勇気ある日本の優れた学者たちと、欧米の優れた学者たちの連携によって、世界的に大きく見直されるようになり、日本文化への尊敬と賞賛を集めている、絶好の時機が到来しています。今こそ、タブーだった陰部の言葉の言語学的研究のチャンスが来ているのではないでしょうか?」

そう力を込めて訴えても、残念ながら直ちに共感を得ることはできませんでした。

それもやむを得ないことであったでしょう。私にしても、研究には大きな躊躇《ちゅうちょ》があったのです。地に落ちる覚悟が必要でした。世間からどんなに冷ややかな目で見られることだろうかと。

私はテレビ界にあって、自主規制の枠の中で特に何の考えもなく、安穏と仕事をしてきた人間です。しかし、ひとり静かに勉強を進めるうちに、数百年、千数百年にわたって日本人という民族が、女陰・男根語を命名するにあたって、つねに一貫して品位ある美しい心性をもって臨んできたことを知るに至りました。そうなると私は、これを日本人の誇りとして、はっきり世に示さない限り、死んでも死にきれない、強い信念に突き上げられるようになったのです。

白鳥庫吉の「オマンコ」語源説

東京帝國大学教授だった白鳥庫吉氏が自著の中で「オマンコ」に言及していることは、『日国』の「おまんこ」の項の「語源説」を読んで知っていました。こう書かれています。

語源説

マンコはメノコ（女子）の転〔神代史の新研究＝白鳥庫吉・国語拾遺語原考＝久門正雄〕。

『日国』は「語源説」として、「マンコはメノコ（女子）の転」とみなしたという、高名な歴史学者・白鳥庫吉氏（一八六五〜一九四二）の『神代史の新研究』（一九五四）と、さらに愛媛県の教育者であった方言研究家・久門正雄氏（一八九二〜一九七九）の『国語拾遺語原考』（一九六〇）を掲げています。ふたりとも同じ説の持ち主ということらしいのです。

白鳥庫吉。この明治の歴史学者の名を知る日本人は、今も少なくないはずです。かつては高校の教科「日本史」で、邪馬台国がどこにあったかというテーマについて学ぶ際に、白鳥庫吉氏は九州説を唱えた東京帝國大学の代表者であり、畿内説を唱えた京都帝國大学の内藤湖南氏とともに、セットで教えられることが多かったからです。私もそう学びました。今なお続く邪馬台国論争に関心ある人で、このふたりの学者の名前を知らない人は、おそらく皆無でしょう。

まず東の「オマンコ」の地域の人、上総国（現・千葉県）生まれの白鳥庫吉氏の『神代史の新研究』の「オマンコ」について書かれた部分を読んでみましょう。この本は、「序」によれば、白鳥氏の死後出版されたもので、執筆は、一九二八年に行われた講演の草稿としてなされたもののとのことです。

> 國語では男女の陰根を呼ぶ名は、男女の性を表はしたものが多い。例へば男根を「屁の子」といふのは、「男《ヲ》の子」の轉であり、女陰を「おまんこ」といふのは「(オ)女の子」の義である。

白鳥庫吉氏は「オマンコ」は、「(オ)女の子」から来たとしています。「女の子」は、「めのこ」と読むのでしょう。「オ」をつければ「おめのこ」となります。白鳥庫吉氏は、この「おめのこ」が「おまんこ」と変化したと考えたのです。

しかし、ここではふつう学者がなすべき論理的な考察はまったく行われていません。どこか怪しげな新興宗教の教祖のように、何の根拠をも示すことなく、ひとり突然に、独自の見解を披露しているだけなのです。こんなものが一学説と評価されるに値する、学問と言えるでしょうか。ただ勝手に白鳥庫吉氏がそう思い込んでいただけの「放言」としか見えないのです。

一方、西の「オマンコ」地域の人で、愛媛県の元教育者・久門正雄氏は、その著書名を『国語拾遺語原考(愛媛新居方言精典)』(一九六〇)と、いかにも物々しい、荘重なタイトルにしていますが、実質は語源に迫ろうとした「新居方言辞典」に過ぎません。氏は、地元愛媛県・新居郡(新居浜)の方言としての「オマンコ」について、こう書いています。

おまんこ（名）「お」は接頭語。「まんこ」は、「めのこ（女子―古語）→めんこ→まんこ」と変化したもので、「め」は女の義。

これは、白鳥庫吉説を、分かりやすく丁寧に言い直しただけのもので、やはり語源が「めのこ」であるという結論に至るまでの、論理的考察過程を完全に欠いているのです。

以上が、『日国』を通じて知ることのできた語源説に関する知識です。白鳥説も久門説も、ともにきちんとした論理的な根拠を示しておらず、とてものこと承服することはできません。『日国』がこんな説を記載したのは、よくよくほかに語源説が見いだせなかったからでしょう。

『日本国語大辞典』第二版の「語源説」の特質

ところで、私は語源説の存在を、このように『日国』の第二版に求めました。ここで『日国』の「語源説」そのものの問題を探ってみましょう。

『日国』の第二版は、二〇〇〇〜〇二年に刊行されたもので、会員になって毎月、費用を振込んでいさえすれば、ウェブで読むことができます。私もその利用者です。初版は一九七二〜七六年に刊行されており、それを改訂したものが第二版です。第二版が発刊される七年前に私は『全国アホ・バカ分布考』を書き、「バカ」や「アホ」を始めとする語の、既成のいくつかの語源説の論理的妥当性を打破し、新たな語源説を提唱しました。そうすると、私のような、素人で、無名の者の語源説ではあっても、『日国』の第二版は、過去の語源説にひとつ付け加える形で、これらを採用してくれました。「馬鹿」の語源の場合は、こう記述されています。

語源説

(1)痴の意の梵語Moha(慕何)の転〔塩尻・外来語辞典＝荒川惣兵衛〕。また、無智の意の梵語Mahallaka(摩訶羅)の転〔東亜語源志＝新村出・大言海・ニッポン語の散歩＝石黒修〕。
(2)ボケの義〔松屋筆記・菊池俗言考〕。
(3)ヲコの転〔笑の本願＝柳田国男〕。
(4)マカ(間所)の転で、マカは大マカ・小マカのマカと同じ〔俚言集覧・海録〕。
(5)小児の玩具の名ベカから〔名言通〕。
(6)「史記」の、趙高が鹿を馬と言って廷臣をためしたという故事から〔異説まちまち・物類称呼・話の大事典＝日置昌一〕。
(7)ワカ(若)の転という〔猫も杓子も＝楳垣実〕。

(8)白居易が「秦中吟」「新楽府」で風刺した、奢り高ぶって落ちぶれた高官の豪邸「馬家宅」の「馬家」から〔全国アホ・バカ分布考＝松本修〕。

旧版には語源説は(7)までしかありませんでした。しかし第二版ではこのように、第八番目に私の説も採用していただいたのです。末尾であっても、ありがたいことです。のちの研究者は、私の考えを吟味せずして、新たに語源を論ずることができなくなったからです。

ここでちょっと注目しておきたいことがあります。(1)では言語学界の巨頭・新村出が、(3)では日本の民俗学の創始者・柳田國男が、顔を見せているという点です。「馬鹿」について真剣に考えることは、大学者にとってもけっして恥なことではありませんでした。

「阿呆」も見てみましょう。

語源説

(1)中国江南地方で「おばかさん」を意味する方言「アータイ（阿呆）」を、五山の禅僧が漢籍を通じて取り入れ、日本語読み「アハウ」で用いるようになったものか〔全国アホ・バカ分布考＝松本修〕。

(2)アワツ（狼狽）の語根を擬人化したアワ坊の約音アワウ。またはアバウ〔大言海〕。

(3)アハ（淡）からか〔日本語源＝賀茂百樹〕。
(4)アホウ（阿保＝乳母）を付けておかねばならぬようなうつけ者の意〔色道大鏡〕。
(5)秦の始皇帝が阿房宮を造って国を亡ぼしたことから〔物類称呼・俚言集覧・海録〕。
(6)ヲコ（烏乎）から分化した語〔不幸なる芸術＝柳田国男〕。

なんと「阿呆」の場合は、よっぽど有力な説と評価していただけたのか、いきなり語源説のトップに躍り出ていました。なお、ここでも(6)に柳田國男は顔を出しています。

このように私自身が体験してきたことを振り返っても、『日国』第二版のスタッフは、十分に世の語源説を捜索し、蒐集した結果を、積極的に辞書に取り入れてきたことが分かります。非常に意欲ある編集姿勢だと思います。

「おまんこ」の語源説も、それなりに論理的妥当性の感じられるものはすべて検討し、積極的に採用したはずのものと思われます。しかし、「馬鹿」や「阿呆」には参戦した新村出・柳田國男も、「オマンコ」「チンポ」などという言葉には、一顧だにすることはありませんでした。西欧の学問の洗礼を受けた、言語学者・民俗学者の大家としてのプライドが働いたせいでしょうか。そんな中で、名乗りを上げたのは、わずか東の「オマンコ」地域・千葉県に育った歴史学者・白鳥庫吉のある種、神がかり的な説と、それをひたすら支持する西の「オマンコ」地域・愛媛県の在野の研究家・久門正雄の説だけだったとは、なんと淋しいことでしょう。

澁谷知美氏による「まんこ」語源説の分析

「オマンコ」の語源を学問的な視点で探ろうとした文章は、『性的なことば』(二〇一〇)の「まんこ」の項の冒頭において読むことができます。これもまた、やはり言語学者ではなく、社会学者、澁谷知美氏によって書かれています。過去に発表されたあらゆる文献を丹念に吟味した上で考察された叙述です。冒頭、こう始められます。

世に語源不詳のことばは数あれど、「まんこ」ほどその出自が不確かなものはない。性語辞典・俗語辞典の類は、メジャーなものからマイナーなものまでありとあらゆる性器の呼称をコレクションし、読者に見せつけるが、語源を説明しない。親切な辞書は「まんこ」に「満紅」「満戸」「万古」「万戸」「真所」などの当て字が当てられることを教えるものの、それは語源の説明にはなっていない。

まさに現実はその通り、近代、明治以降に、新たな西欧の言語学の手法を学んだ言語学者たちは誰ひとり、まともに「マンコ」「オマンコ」の類いを考察しようとした人はいなかったのです。しかしながら幕末・明治の神職であり、国学者でもあった松岡調《みつぎ》（一八三〇～一九〇四）が、明治一八年（一八八五）に刊行した『陰名考』に、澁谷氏は関心を持ちます。引用してみましょう。

> そんな中、やっと見つけた語源の説明らしい説明は、性器を意味する古代の和語「美《み》斗《と》」を由来とするというものだ。性器の名称について考察した『陰名考』（松岡調、一八八五年）に「今女陰を専ら　マンコ　メコ　と云フは。此美斗より出し名なるべし」とある。江戸期の国学者・六人部《むとべ》是香《よしか》と平田篤胤に依る。
> 「美斗」はもともと男女両方の性器を指していたが、いつからか女性器だけを指すようになった。松岡はこの「みと」が「まんこ」に変化したと説明する。まず、「みと」の「み」の音が「ま」になる。さらに「ま」が音便化して「まん」になる。そして、「みと」の「と」の音が「こ」に変化。ここに「まんこ」が誕生する。「めこ」も同様である。

ここに描かれている松岡調の語源説は、「オマンコ」は、古代の和語「美斗《みと》」が変化してできた、というものです。つまり「ミト」という言葉が訛りに訛った末に、ついに「マンコ」にたどり着いたというものです。この語源説の驚くべきポイントは、元の「ミト」がとんでもなく訛り果てた結果、もはや原形を全然とどめていないという点にあります。こんな無謀な古説は、現代の人文科学の目で見て、果たして「学」と呼ぶに値するでしょうか。むしろ「詭弁《きべん》」と呼ぶことこそふさわしいのではないでしょうか。さて、澁谷氏の文章の続きを読みましょう。

万葉がなの「萬依《まへ》」をオリジンとする説もある。（中略）『陰名考』は、この「萬依」が「まんこ」になった可能性をも示唆している。明言はしていないが、「萬依」→「まんへ」→「まんこ」と変化したといいたいようだ。

これは、万葉がなの「萬依《まへ》」が、またもや訛りに訛って「マンコ」に至ったという説です。つまり、ここまでに紹介されてきた語源説たちは、「マンコ」が、日本の「古代語」が変化して生まれたという考えばかりなのです。

しかし、日本で流行りすたりを繰り返してきて今に残る言葉は、それ程古いものではありません。「オマンコ」「マンコ」にしても、数十年前まで、日本に数ある女陰方言のうちの、関東や四国などにきれいに周圏分布する、一方言に過ぎなかったことは、すでに私たちの共通認識です。それほど古くはない方言なのに、なぜ聞いたこともない古代語を、原形なきまでに訛りまくらせて引きずらなければならないのか。妥当な考えである訳がありません。

澁谷氏は最後に「どんなことばにもいえることだが、語源をつきとめることは難しい」と悲観的に結んでいます。やむなき結論と言えるでしょう。そしてこれこそが、日本の近世以降の識者たちによる「オマンコ」認識の、空しい到達点を示していることは間違いないところです。

しかし、日本の人文科学はそれで終わったのではありません。戦後、ベルギー人の方言学者でもあった、W・A・グロータース神父の指導のもと、柴田武先生や、わが師・徳川宗賢先生など、日本の方言学者によって営々と築き上げられてきた「言語地理学」という斬新な学問の手法によって、旧来の学問的結論や水準が、易々と覆され、ダイナミックに突破されるだろう日の来ることを、「オマンコ」自体が、今か今かと待ち続けていたに違いないのです。

もし白鳥庫吉が「女陰　全国分布図」を解読していたら

近代以降、「オマンコ」の語源について発言した学者は、言語学者ではなく、歴史学者だった白鳥庫吉のみであったらしいことについては、先に述べました。まことに荒唐無稽な空想ですが、もし、一九九二年のアンケート整理の時点で、白鳥庫吉先生がご存命であり、頭脳明晰にして、かくしゃくとしていらっしゃったなら、私は惜しげもなく、作り上げたばかりの「**女陰　全国分布図**」を進呈していたことでしょう。まだパソコンが普及していなかったため、手書きで丹念に作り上げた分布図を。もし生存されていたら一二七歳。白鳥庫吉先生は、方言周圏論も十分に研究した上で、分布図をじっくり解読し、文献とも照合した上で、「オマンコ」の語源を直ちに、私の場合と同じく「マンジュー」に改められたと思うのです。

白鳥庫吉先生が、くだらないメンツにこだわらない、まっとうな学者であったのなら、自らの知性に促されるまま、「オマンコ」を「(オ)女の子」の義である、などとは書かずに、

女陰を「おまんこ」といふのは「(オ)饅(饅頭の女房詞)コ(指小辞)」の義である。

と、きっと改められていたことでしょう。おや、私がまるで白鳥先生にでもなったような気がしていました。危ない、危ない。

もし「言語地理学」が世界的にもっと早く勃興し、これに則った方言調査が、明治の一九世紀の時代に数万、数十万の語彙や文法について、琉球列島を含む日本全国で実行されていたとしたら、日本の言語学は、さらに飛躍的な成果を上げていたことは確実でしょう。空前の生きとした、豊かな学問の資料が蓄えられたことでしょう。もちろん、女陰語が卑猥で下品な言葉でなく、日本人の心の素晴らしさを示す、魅力的な言葉の花園であったことも、とっくの昔に明らかにされたことでしょう。そして今もって多くの言語学者を激しく襲う、あの心の「ざわつき」などは、遠く一世紀以上も前に、きっぱりと克服されていたことでしょう。

第十章 「まん」を生きる人生

いい名前だなぁ

紅《くれない》萬子《まんこ》さんと初めてお会いしました。この異色のお名前で生きてきた、半世紀近い人生のことを伺いたかったからです。

紅萬子さんは一九五三年、大阪のお生まれで、大阪弁の人情喜劇「浪花人情紙風船団」を主宰するかたわら、ドラマにも数多く出演してこられました。いつも脇役ながら、NHKの連続テレビ小説だけでも、『よーいドン』（一九八三）以来、『純ちゃんの応援歌』（一九八八）、『ぴあの』（一九九四）、『走らんか！』（一九九五）、『てるてる家族』（二〇〇三）、『だんだん』（二〇〇八）など一一作品にも及んでいますから、その知名度は甚大なものがあります。闊達な大阪弁で、庶民的で明るい人柄を、円熟した巧みな技で演じてこられました。

紅萬子さんが、なんと二〇一五年一月から「紅壱子《いちこ》」に改名しておられたことは、お会いする前にネットで読むまで知りませんでした。現在の所属プロダクションはMC企画、私にもなじみの深いプロダクションであり、気軽にインタビューをお願いしたら、何よりもご本人が関心をお持ち下さって、マネージャー氏とともに、お出まし下さったのです。

「どうも、初めまして」と、明るい声で現れた紅さんは、生き生きとした溌剌《はつらつ》さ、そして気さくさに満ちあふれた女性でした。いきなり交換した名刺には、こう書かれていました。

浪花女の心意気　紅 萬子

「きょうは『萬子』の古い名刺を持ってきました。そういう趣旨の取材と伺ってましたので」

「分かりました。でもほんとは、今は、もう壱子さんなんですね」

「六〇歳になったあと、すべて一から出直そうという意味で、萬から壱に変えました。けれど、大阪ではみんなに、『萬子』と呼んで、と言ってます」

「じゃ、ぼくもきょうは『萬子』さんと呼ばしてもらいます」

紅「萬」子さんは、そしてこうおっしゃいました。

「私は、人生で、『しまった！』と思ったことが三つあります。ひとつは、旦那と別れてしまったこと。二つ目は、マネージャーにお金を持っていかれたこと。三つ目は、『壱子』と改名したことです」

「まだ、改名されて三年ですよね。それなら、元に戻すことも簡単ですし、あるいは壱子と萬子を、演じる場所や、メディアによって、使い分けされるのも面白いんじゃないですか。ビートたけしさんなんか、映画監督のときには北野武で通しておられますよ」

「あら！　いい例を、出して下さいましたね」

「芸能人は、古い名前は、大切ですよ。ファンにとっては、青春と重なっていますからね。今、樹木希林さんとみんな呼んでますが、ある世代以上は、そんな名前であるもんか、あの人は悠木千帆やないか、と心の中では思ってますよ」

「なるほどねえ。私も使い分けしていこうかしら」

「じゃあ、まだまだ萬子を棄てきらないで下さい」

私は、「紅萬子」の芸名の由来を聞くことにしました。

「本名は藪本満子《みつこ》さんでいらっしゃいますね。本名の『満』と関係があるのですか？」

「ええ、あります。私は小さいときから、友達から『まんちゃん、まんちゃん』と呼ばれてきました。父親は、昔の映画女優・吉川満子《みつこ》が好きで、それで私は満子《みつこ》と名づけられたんです」

吉川満子。名前だけでは思い出せませんでしたが、帰ってネットで写真を見たらすぐに分かりました。吉川満子（一九〇一〜九一）は、『生れてはみたけれど』（一九三二）を始めとする小津安二郎監督の作品に、常連の脇役として出演している女優だったのです。晩年には、伊丹十三監督の『お葬式』（一九八四）にも出演しています。

なお、吉川満子の生まれは、銀座四丁目。本名は、なんと「吉川マン」です。きっと幼いころから紅さんと同じく「マンちゃん」、「おマンさん」などと呼ばれて育ってきたでしょう。明治三四年（一九〇一）生まれ。すなわち二〇世紀初頭には、「マン」の女性名は、銀座ばかりでなく、おそらく東京全体でもけっして恥ずべき名前ではなく、かわいらしい、愛すべき名前だったに違いないのです。

「吉川マン」の名は、「オマンコ」「マンコ」という江戸以来の女陰語が、まだタブーとはなっておらず、婦女子たちに自由に使用されていたことをうかがわせます。「オマンコ」の女性による使用は、前に見てきたように江戸社会ではタブーではありませんでした。きっと新首都・東京でも、女性自身による使用は、ある時期まで当たり前に行われていたのでしょう。

「私は新劇の出身ですが、若いときからアングラが大好きでしてね。特に唐十郎の赤テント」

「ぼくも京大西部講堂前に設けられたテントの中で、見たことがあります。すごい迫力でした」

「全盛時代だったでしょ。あのころ、お芝居の世界に入ったんです。芸名を付けるにあたって、色と数字を入れようと思いました。赤テントに影響されて、苗字は『紅』、そして名前は本名の『満子』が『まんちゃん』と呼ばれていたことから、数字の『万』の旧字を採用して『萬子』」

「なるほど。よく分かりました。芸名の、命名は何年ですか?」

「一九七五年ぐらいです。二〇過ぎやったでしょうか」

「そのころ女陰としての『マンコ』という言葉は、ご存知でしたか?」

「もちろん、知ってましたよ。もう小学生のころから。あのころ、公衆便所に入ると、女陰や男根の絵がいろいろ書いてあって、そこに『おまんこ』とか『まんこ』とかいう字もあって、東京では、そういう言い方をすることは十分に、知っていました。大阪で芝居を始めるにあたって、アンチ東京、という気持ちもあった。東京に合わすことあるかい！　という気持ちでした。『紅萬子』、これは、『呉れない、まんこ』でもありますから、『貞操の固い女』という意味もかけています。アンダーグラウンドっぽい女に見てほしかった面もあります。当時、新劇は、サブカルチャーでしたからねえ。そういうネーミングも、別に異常なものでもなかったんです」

ここで紅さんは、漫才師張りに大阪弁でまくし立てて、愉快に笑いを挟んで下さった。

「こう思っていました。梶芽衣子、中村メイコに『お』付けたら、大阪で仕事できひんやろ！一緒やないかい！　名前に貴賤はない！」と。たしかに名前に「お」を付けると、ふたりとも「おめいこ」となって、関西の女陰語の代表「オメコ」と似てくる。

紅さんと二時間ほどしゃべっていて気づいたことですが、紅さんは「マンコ」「オマンコ」は、何ら抵抗なく連発して口に出されるのに、梶芽衣子さん、中村メイコさんを語る文脈の中においてすらも、「オメコ」という言葉は、絶対に口に出そうとはされなかった。地元関西の女陰語は、紅さんにあっても、けっして口に出せない言葉だったのです。

このことから見ても、現代の東京の人たちが、「紅萬子」という名前に、相当なショックや拒否反応を覚えたこともよく分かる気がします。だからこそ、当然のことだったかも知れませんが、あるワイドショー番組で、東京の女優さんから、

「やめてよ！　こんな名前！　この人とは、仕事しません」

と、共演を拒否されるなど、名前のために仕事を失ったことも少なくなかったそうです。

「それまでは、私の名前が放送コードに引っかかると判断されて、『萬子』に、わざわざ『まこ』という嘘のルビを入れられたりしてたんです。私の恩人は、NHKの原島さんという方です。『君は、紅萬子《くれないまんこ》のままで、出ていいからね！』と、認めて下さったのです。朝ドラの『よーいドン』のときでした。もう二九歳になっていました。

そのときひとつ、私にとって大切な、いい思い出があるんです。『よーいドン』でご一緒さしてもろた南田洋子さんの家に泊めてもろたとき、南田さんがご主人の長門裕之さんに、『一緒に仕事さしてもらっている紅萬子《まんこ》さん』と紹介してくれはったら、長門さんは、『おー、萬子か（オマンコか）。いい名前だなぁ。ゆっくりしていけっ！』ってね。粋《いき》な言葉に支えられて、とっても嬉しかったのを思い出します」

「長門さんは、もともと『オメコ』『オソソ』の京の人ですから、『オマンコ』にはまったく抵抗はなかった。紅さんの心意気を分かってくれはったんでしょうね」

そんなよき思い出も持ち、四〇年も大切に使ってきた『萬子』という芸名を、どうしてまた最近になって『壱子』に変えてしまったのか？

「私のお茶の先生が六〇歳になって、還暦を迎えはったとき、『ぼくは、初めの「一」に戻ろ思うねん。「稽古とは　一より習い十を知り　十よりかへる　もとのその一」と、千利休の教えもある』と、そんなふうに言わはった。千利休は還暦を過ぎてから、一に戻って、茶の湯を完成したんです。別れた婿はんにも相談してみたら、賛成してくれはった。それで『壱子』になったんです。自分の『きっしょ』（大阪ことばで「ものごとの区切り、きっかけ」）にしたかったんです。けど、変えてみて初めて『萬子』の名前の大事さを知りました。今でも『萬子』言われても、ぜんぜん抵抗はないですね。むしろそう呼ばれて落ち着くんです。じつは今日お会いする前に、松本さんから送っていただいていた『kotoba』に連載の『オマンコ・チンポを学問する』を読ませていただいて感動しました。『オマンコ』は素晴らしい言葉やったんですね」

「理解していただいて、たいへん嬉しいです。近代以降、現代まで、日本に言語学者は何千人もいた中で、『オマンコ』『マンコ』についてまともに考えた言語学者は、ゼロやったんです。私は世界で最初に『萬子』さんの言語学的な、理解者となった人物です」

「あら、そうでしたか。ありがとう！　これをもしもう数年早く読んでいたら私は改名しなかったと思います。私、名前に疲れていたのかも知れません。つらいことが余りにも多かったですから。でも今『萬子』ともう一回向き合う、いいチャンスがめぐってきたように思います」

「いいことですね。突き進んで下さい」

「私は、『萬子』でいろいろ言われてきました。そやけど、『まん』という名前の女性は、昔からたくさんいたはったんやないですか？」

「その通りです。よくご存知ですね。たとえば、あの近松門左衛門が大坂で書いた浄瑠璃『源五兵衛おまん　薩摩歌』では、主人公の娘の名は『まん』、通称『おまん』です。『おまん』は、きっと人気のある女性名のひとつやったのかと思います。江戸の町の『おまん』のことは、前田勇先生の『江戸語の辞典』にたくさん載っています。江戸で『おまんが飴』といえば、人気の飴売りでした。おいしいお寿司の『おまん鮓《ずし》』、きれいな夕焼け雲は『おまんが紅《べに》』などです。『おまん』は、女性の名前だけでなく、何にでも、あこがれのよきものに用いられていました。それは明治以降にも、まだまだ続いていたはずです。だから結局、差別されてきたのは、歴史的に、世界で、紅萬子さんひとりだけだったのです」

「やっぱり、そうでしたか」

ため息をつくように頷いた。しかし紅さんはうなじをあげて、きっぱりとこう言われた。

「役者というものは、傾《かぶ》いてんと、あかんと思うんです。どっか、はぐれている、傾いているところがあるべきなんです」

「傾く」とは、「勝手気ままなふるまいをする」（『日国』）という意味です。「歌舞伎」という言葉と、底でつながっているのだと思います。

「私は、紅萬子という名前をハンディキャップと思っていました。でも改名して、それをなくしてしまって、賢《かしこ》なってしもた。でも私の今は、まだプロセス。今でも、芝居のことで、喧嘩を売ることもありますからね」

「今もなお芝居のために闘っているんですね。素晴らしいことですよ。この先、どんな女優でありたいと思われますか？」

「美女でもなし、才女でもなし、一生懸命に生きる、かわいい女。これが大阪の女です。私は、こういう大阪の匂いを感じさせる女優であり続けたいと思います。その庶民性も、その品のある姿も込めて」

そう真面目に答えてから紅さんはにっこり微笑んで、いたずらっぽくこうつぶやきました。

「これから、最後には、名前を『紅お萬子』とつけたろか。どうや！」

冗談にしても、このアドリブには驚きました。でも私の心の奥底に、哄笑《こうしょう》する愉快さがあふれてきました。紅さんが切ったそんな啖呵《たんか》に反応して、私は、三五年前の、南田洋子さんが心から愛した夫・長門裕之さんのお姿を思い浮かべ、こっそりと、こうつぶやいていました。

「紅、お萬子か（オマンコか）！　いい名前だなぁ」と。

大阪の舞台女優として、浪花千栄子、ミヤコ蝶々、京唄子ら巨星亡きあと、その後に続いて舞台の中央に立ち、団員たちと笑いに満ちた勝負をし続ける、「浪花人情紙風船団」の座長・紅「萬」子さんの偉大な奮闘ぶりを、私は今後、心から声援してやむことはあるまい、と思ったことでした。

それから一カ月あまりのち、道頓堀の劇場に、紅さんの舞台を初めて見にいきました。共演する男女の役者は、ほとんどが芸達者の四〇代までの若手でした。その中でも、紅さんの抜きんでた芸の巧みさ、普段と変わらぬ洒脱さ、軽妙さ、そして何よりも体全体から醸し出す、豊かな風格と気品。まさしく浪花の大女優だと圧倒されました。「壱」どころではない、すでに華やかに「萬」の花のこぼれ咲く女優でした。

依頼者は京のヴィーナス

完成した「女陰　全国分布図」を意気揚々と携えて、一九九五年に依頼してきた京都市内の女性に、京都のホテルのロビーラウンジへ会いにいきました。二四歳の娘だった依頼者は、四七歳の成熟した女性になっていました。中学生の女児の母であるということでした。まだ年若い娘さんのことも考慮し、ご本人の希望も入れて、麻田美優さんと仮名で記すことにします。

美優さんは約束の時間より先に着いて、ロビーで立って待ってくれていました。彼女を初めて認めたとき、その均整のとれたプロポーションと、往年の美人女優、山本富士子さんを少しふくよかにしたような美貌とに驚かされました。こんな魅力的な人が「女陰」分布図の作成を依頼してきて下さったとは、驚きであるとともに、私にはちょっとした喜びでもありました。

私は、今は京の二条城近くに住んでいる、小学時代からの友人で、中三のときには一緒にミロのヴィーナス像を作った山下クンを伴っていました。一対一で話すより、彼女がもっとくつろいでしゃべってくれるかも知れないと思ったからです。山下クンはもう孫もいる、気さくで話しやすい男なのです。

喫茶の席に座って、私は分布図を取り出しました。

「これが、完成した分布図です。これをあなたに差し上げます」

「ああ、これが！　もうとっくに諦めていました。でも、お忘れにならんと、ついに完成させていただいたんですね」

弾むような声で言って、食い入るように彼女は分布図を眺めました。

「ええ、二三年も、お待たせしてしもてすみません。この分布図も、『アホ・バカ』のときと同じように、京を中心に、きれいな周圏分布の円を描いて広がっています。『オマンコ』は、関東一帯と、四国、中国、一部の九州あたりの方言でした。今は東京の文化として、全国に普及していますが、もとは京の言葉でした」

「やはり、京ことばやったんですか？」

「その通りです。あなたは昔、東京で、お饅頭のことを『オマン』と言って、男性までも赤面させましたね。『オマンコ』を連想させたからでしょう。でもまさに『オマンコ』は、お饅頭の婦女語『オマン』から生まれた言葉なんですよ。『コ』は、かわいく、いとしいものに付ける接尾語です。女の赤ちゃんの、その部分が、白くて、ふっくらしていて、まさに『おまん』そっくりやからなんです」

「へーえ、そういうことやったんですか！」

「『オマン』はもともと『マンジュー』ですよね。ほら、『女陰』の分布図を見ると、東北の北部と、九州の西部・五島列島や、九州南部に分布しています。まさに周圏分布なんです」

「それが、京では『オマン』に替わってゆくんですね」

「まさにそういうことです。御所ことば『オマン』です。ところで、あなたが東京で配った『おまん』は、京のどこの『おまん』でしたか？」

「母が送ってくれたのは、阿闍梨餅《あじゃりもち》か、鶴屋吉信《つるやよしのぶ》やったような気がします」

「ああ、阿闍梨餅は、ほんまにおいしいなぁ」

と、お酒好きながら甘党でもある山下クンが、大喜びして言いました。

「なるほど、いずれも京都の高級な『おまん』ですね。でも本来『おまん』は、真っ白でふっくらした酒蒸し饅頭のことやったんですよ」

「なるほど。女の赤ちゃんには、かわいいおまんが」

と麻田さんも目を輝かせ、嬉しそうに応じました。

「『ボボ』の広がりも、あなたは関心を持たれていますね。これも東は東北の南から関東各地に見られ、西は鹿児島にまで広まっています。ボボは、もともと京で、赤ちゃんのことを意味しました。それで、赤ちゃんが生まれるところやから、その名がついたのでしょう。御所ことば、女房詞です。みんな、とびきり素性のええ、上品な言葉やったんですよ」

「知りませんでした。そんな上品な、ええ言葉やったんですか」

私は、ほかの言葉についても、一通りの説明をしました。

「昔、京で、せんぐりせんぐり（京ことばで、「次々に」）新しい言葉が生まれて、地方に伝わっていったんどすなぁ」

「その通りです。日本統一以前の『ホト』とかはともかく、多くが京から発信された言葉です」

「なんちゅう、不思議なことどすやろ……」

そして、彼女は深々と思いを込めて言いました。

「ああ、ものすご嬉しおす。うちの、一生の宝どす！」

「あのう。麻田さん、さっきから完璧な京ことばをおつかいですね」

「へえ、すんまへん。堪忍どすえ。嬉しなって、ついつい」

「今どき、そんな古い京ことばをつかうのは、舞妓、芸妓ぐらいなもんどっせ」

「いやぁ、けど松本はんも、京ことばしゃべっといやすえ」

「へえ、場合によっては。ぼくの友達で田口《たぐ》ちゃんちゅう、三味線が得意なお医者のセンセいたはります。京大の医学生のころは『ラブアタック!』のアタッカーに出てくれたはったお方どすけど、えらい出世しやはって。その人に宮川町によう連れてってもろてるんどす。舞妓ちゃんは、東北やら九州やら出身の子が多《おお》て、アクセントがよう間違《まちご》うたはる。それでぼく、アクセントのインストラクターしてます。そやしぼくの京ことば、まだ錆びてぇしまへんえ」

「そうどすか、錆びさしたらあかしまへんなぁ。じつはうちも、ちっちゃい時分から結婚するまで、大正七年（一九一八）生まれのおばあちゃんと同居しておりまして、ご近所さんも古なじみの方ばっかどっさかい、せんど古い京ことばを使《つこ》てきました。うちは近所の明治育ちのおばあちゃん方から、『美優ちゃんは、うちらの娘時分みたいやなぁ』ちゅうて、よう褒めてもーてたんどすえ」

私にとって半世紀以上前の古い京ことばは、とても親しみ深い言葉なのです。私の祖母は大正後期、江州のほかの多くの若い独身女性たちと同様、何年も京の商店に女子衆《おなごし》として働きにきていました。京は祖母の心伸びやかな青春の地だったのです。また祖母のふたりの妹は、河原町通りの京でいちばん大きな書店だった駸々堂《しんしんどう》の店長と、祇園の宝飾店、現ジュエリー・ナラフジの店主に嫁いでいたため、私は小学校入学前の昭和二〇年代終わり以来、京にはしばしば祖母に連れてきてもらい、とてもなじんでいました。そんなこともあり、私は今でも、明治育ちの人たちの古い京ことばを、ほぼ完璧なまで流暢に使うことができるのです。

「そやったら、きょうは、このあとずっと京ことばで、しゃべらさしてもらいましょう。私かて、京ことばでしゃべるのが大好きどっさかいに」

「ぜひとも。そら、楽しおすなぁ」

彼女はしみじみと、自分のことを語ってくれました。

「うちは、そんな生まれ育ちのおかげどしたか、だんだん京ことばに深う興味を抱くようになってきたんどす。堀井令以知先生の御本が好きどして、京ことばへの愛着がますます深まりました。また、大人になってからは、日本各地の方言の美しさにも、心を惹かれることが、ようおした。日本各地の方言て、どこもかしこも、なんてきれいなんどすやろと！」

「そうどす。方言は、私の江州の方言もそうどすけど、どこの方言かて、美しいんどす！」

「ほんにそうどすなぁ。そやけどうちは、二四歳のとき、あこの方言にバリエーションが仰山《ぎょうさん》あるのを知って、衝撃を受けました。もう前のような恥は、掻きとおへん。もう恥ずかしい言葉は使わんとこ。そう決めたのに、そんな言葉のことを書いたはる本は、なんぼ探しても、どこにもあらしまへんのどす。そやけど、あの『全国アホ・バカ分布図』を作り上げやした『探偵！ナイトスクープ』はんやったら、きっと解決してくれはるんとちゃうやろか、と思いついたんどす。よう気張ってくれやはって、大抵やおへんどしたか。ほんまに、おおきに」

「何、ゆうといやす。滅相もおへん。あんさんのおかげで、私かて身をふるい立たせてここまで研究ができたんどすがな。お礼をゆわんなんのは、ほんまは私の方どす。こんなに喜んでもうて、ほんまによかった。おおきに、ありがとうさんどす」

私はこの稀有な依頼を出してくれた、彼女の人生をもっと知りたくなり、さまざまに質問しました。それに丁寧に答えて、彼女はこころよく昔語りを続けてくれました。懐かしげに、そしてときに、少し誇らしげに。標準語に直して、記述しましょう。


私は高校生のとき、交通事故にあって、腰を痛めました。しかし高校を卒業すると会社に勤めることになり、東京・新宿の本社で三カ月の研修を受けました。京を離れて暮らしたのはそのときだけで、その滞在中にあの「おまん事件」が起きました。

京に帰って元気に仕事に就いたものの、立ち仕事が多く、やがて交通事故の古傷の痛みが出るようになりました。治療のため鍼灸《しんきゅう》治療院に通っているうちに、自分自身が鍼灸治療師になってみるのもいいな、と思うようになり、会社を辞めて、その養成学校に通いました。そこで出会ったのが「さるぼぼ」で真っ赤になり、何も言えなくなった彼氏です。そのころ、『ナイトスクープ』に依頼を出したのです。

鍼灸師となったあと、以前勤めていた会社の上司に誘われて、絵を描くことを始めました。女性のヌードのクロッキーを描く。女性の体は、なんと美しいのか。私は女性の裸体のデッサンにのめり込んでいきました。あるとき元上司に言われました。

「君もいっぺん、モデルせーへんか？　ほかのモデルより、君こそモデルにふさわしい思う。自分が描きたいポーズを取ったらええんや」

強い声に押されて、やってみました。すると人気が出て、あっという間に売れっ子となり、一年先まで、モデルの予約が入るような状況でした。鍼灸の仕事は辞めました。

今は別の仕事を持っていますが、巨匠の先生から、どうしてもあなたをと頼まれて、モデルを引き受けることもあります。体は三〇くらいまでのままではありませんが、今でも一応の自信はあります。本来、女性の体はきれいで、神秘的なものだと思います。微妙な曲線と柔らかさがあるからこそ、おのずと女性の美が生まれてくると思えるのです。


半世紀以上前、一緒にミロのヴィーナス作りをした、山下クンと私は、予想もしていなかった彼女の青春語りに引き込まれていました。まさか依頼者自身が、美しき京のヴィーナスだったとは……。最後に、私は二四歳のときの彼女の手書きの依頼文のコピーを進呈しました。

「えんばんと（京ことばで、「あいにく」）、手書きのお手紙はもう残ってぇしまへん。けどこのコピーだけを、ずっと大事に、押し入れの中に残しておいたんどす」

「いやぁー！」と、彼女は激しく喜悦の声を上げ、強く握手を求めてくれました。

「気ずつない（京ことばで「申し訳ない」）ことで。娘時分の願いが叶《かの》て、ほんま嬉しおす！」

その純粋に幸せそうに喜ぶ様子に、私は、かつて依頼文を書いてくれた、二四歳の若い娘のころの彼女の表情を見るような気がして、喜びがあふれました。

「けど、最後になって、こんなことゆうてしもて、よろしおすやろか」

と、彼女は急にためらうように言いました。

「何どす？　遠慮しやはらんと、なんでも言うとくれやす」

「二三年前、うちには『おまん』が、東京の人の前では、ようしゃべれへん、恥ずかしい言葉どした。けどいつの間にか『おまん』は、もう恥ずかしい言葉やおへんようになりました。東京のお方に対しても、『これは、京のおいしい、おまんどす』て、自信を持って言えます」

「よろしかったやおへんか！　『おまん』は、ほんまに上品な、ええ京ことばどす」

「京ことばへの愛着が深まったせいかも知れまへん。堂々としゃべったら、東京の人かて、顔を赤《あ》こしたり、恥ずかしがったりてなことは、もう、しやはらしません」

「その通りどす！　笑われても怒られても、こっちが堂々と顔を上げて、まっすぐ前を向いて胸を張ってたら、ええだけのことどす。誰にも恥じひん、誇りちゅうもんが、大事なんどす」

そして私は、今までに得た認識を、短い言葉でこう語りました。

「徳川時代以前はもちろん、明治以降も、昔の日本の女性は、ちゃんと自分の女陰語をしゃべれました。昔は、男女一緒に銭湯で風呂を楽しむことができました。何の恥じらいも、下品な、いやらしいもんと思うこともものうて。京やったら、遠い昔は『ボボ』や『オメコ』、つい昔は『オソソ』とかを、京の女の誇りを持ってしゃべることができたはずなんどす。そやのに、その大事な心を失わせていったのが、大正以降の歴史、急激に普及し始めた西洋思想の影響どした。なにもかにも、日本人は伝統的な誇りを失い、西洋を崇めて、そっちばっかりに傾き過ぎた。今こそ、その歴史は、改められるべき時期に来てると思うんどす」

私は思いを込めて語り続けました。

「これ聞かはったらびっくりおしやすやろけど、標準語を普及させることを急いだ明治政府の目的は、軍隊の強化どした。全国から兵を集め、指揮を執るには、お国言葉しか分からへんのでは難儀どす。国家によって方言は貶められ、郷土の誇りは排除されたんどす」

「なるほど、そういうことどしたか。日本政府はんは長いこと道に迷わはって、あかんことどしたなぁ。たしかに『オソソ』は、おばあちゃん方は、みんなしゃべったはりました。うちら、そんな言葉にも、まず女の誇りを取り返さへんことには、次の一歩はあらしまへんのどすなぁ」

こんな認識と会話に至るために私は二三年も、この手紙を残しておいたということなのか。私は、彼女の言葉に刺激を受けて、さまざまに語らいながら、しみじみとした嬉しい、熱い思いに満たされていったのでした。

結びの章　花咲く京の春の大団円

河村能舞台にて

「皆さん、きょうは、よくお集まりいただきました！　ただ今より、『日本の伝統文化を守り、京都発の科学技術、人文科学と芸術の進展を祝う会』を開催いたします！」

と、司会の豆谷和男氏が高らかに宣言しました。

二〇一八年春たけなわの吉日、京の空は晴れ渡っていました。御所の西北部に位置する河村能舞台には、テレビ番組『探偵！ナイトスクープ』に端を発した、『全国マン・チン分布考』に登場していただいた善男善女を始めとする、二十数名の人々が集まっていました。

「大層なタイトルを掲げてはいますが、きょうのテーマは、なんと『お饅頭』です！　じつはきょうは、女陰や男根語の多くが京の都で生まれ育まれた室町時代に、観阿弥・世阿弥父子によって完成されたお能を楽しみ、またその時代に庶民の間にも広まった、古典的女陰語のひとつのモデルでもあった、酒蒸し饅頭を賞玩するための会でもあるのです！」

司会の豆谷和男氏は、友人たちから豆ちゃんの愛称で呼ばれています。『ラブアタック！』に大学生時代しょっちゅう出演していた「みじめアタッカー」と呼ばれる人物たちのひとりで、抜群の司会力を持った、天才的な話術の持ち主です。生まれ育ちは東京・世田谷で東京っ子なのに、京都の大学に進学し落研《おちけん》（落語研究会）に入って上方落語を演じるうちにみごとに大阪弁をマスターしてしまい、完璧な東阪バイリンガル人間となったのです。

河村能舞台には、私の呼びかけに応じて、多くの人々が参集して下さいました。紅「萬」子さんに二三年前の依頼者、麻田美優さん、最初に「オソソ」は上品と気づいてくれた松井恭子さん、スタイリストの横田陽子さん、娘が「バルバ」と呼ぶように教育された天埜聖子さん、私の教え子で東京在住の尾口沙耶さん、同じく東京在住の元新聞記者の奥村晶さん。同志社女子大学名誉教授の朧谷寿先生と、教え子の小林彩子さん、弘前からは岩井里砂子さん。そして岩手県久慈市の出身で、国立国会図書館などでの調査をサポートしてくれた日沢五月さん、鹿児島県日置市出身の丸山倫《りん》さん、京大広報部の播真純《ばんますみ》さん。そして旧友の浅尾克巳氏や山下眞弐氏、元アタッカーの田口保志医師、私が会長を務める京の着物会の「キャプテン」こと、上七軒の旦那・足立敏《さとし》氏はじめ、私の多くの男の友人たちも。

豆谷氏は、さらに格調高く、抜群の話術で語り続けました。

「ちょうど能が、京で確立された室町時代、饅頭は、花の盛りを迎えていました。中国から渡来した最初は『マンジュー』でした。しかし一六世紀前半には饅頭は御所ことばで『マン』と呼ばれるようになりました。やがて安土・桃山時代のころになると丁寧語『オ』が付けられて、『オマン』となります。現代の、京都の呼び方と同じです。ところで、饅頭には『餡』がつきものですが、これに『コ』を付けて、『餡子』と言うとかわいくなります。ですから『オマン』にも『コ』を付けると、『オマンコ』となります。

『オマンコ』とは、赤ちゃんのときの、白いふっくらした酒蒸し饅頭の形から来たものです。それを思いっきり、上品に、かつ、かわいく言ったものです。これも、もしかしたら御所で生まれた言葉かも知れません。そうだとすると『オマンコ』とは、畏れ多くも天皇陛下ご自身が親しんで使用されていたかも知れない、きわめて高貴な、もったいないお言葉なのです！」

豆谷氏の軽妙な司会で、まずは、河村能舞台の河村純子さんが紹介され、今日《こんにち》の饅頭が庶民の口に上った初期のころの室町時代の京の様子の説明がなされました。河村能舞台は、足利義満が築いた往時の「花の御所」の北側に隣接してあります。将軍義満とともに観阿弥・世阿弥は、生前伸びやかに、まさにこの土地の上を闊歩していたであろう、と純子さんは語ります。室町の世が、身近になったような思いがします。

次に、豆ちゃんによって祝電が披露されました。

「まずは、松本の長年のガールフレンド・俵万智さんからです！　きょうのこの日を寿《ことほ》いで、わざわざ歌を詠んで下さいました。今は『マンジュー』の里、日向《ひゅうが》にましますます美貌の歌人・俵万智さんの詠めりける歌！」

誰もが豆ちゃんが詠み上げる短冊に視線を集めました。

両の手で頬を包める優しさに「お」と「こ」はそっと「まん」を守れり

「これは、掛詞《かけことば》ですね。『お』と『こ』は、『男』でもありましょう。男は、女性の『まん』を守らねばならない！　珠玉のお言葉です！　まさに、この会の開幕にふさわしい、マニュフエストとも言える美しい歌です！　万智さん、ありがとうございました」

「ああ、なんて素敵！　やはり万智さんは私たち女性の心を、分かって下さってますね」

と、いつも控え目な日沢五月さんが、目を輝かせて私につぶやきました。

俵万智さんは、私が二五年前に書いた『全国アホ・バカ分布考』をいちばん最初に新聞の書評欄に採り上げて下さった恩人です。俵さんの美しく、好意的な書評を読んで、それまで店舗に置いていなかった地方の書店がこぞって本を並べて下さり、本の名は全国にあまねく知られてベストセラーになったのです。お礼にふるさとの鮒《ふな》寿司を贈ったことがきっかけとなって、お寿司も焼肉も日本料理も付き合ってもらえるお友達となりました。祝電は続きます。

「さて次。いくら昔なじみとはいいながら、こんな会のために、祝電を山極寿一京大総長にお願いしてしまうところが、主催者・松本修の破廉恥で、厚顔無恥なところです。しかし、山極総長は、なんと！　下さいました祝電を。全文読み上げさせていただきます！」

と、読み上げられた電報は、次のようなものでした。

京都に来て、「おまん」という言葉に胸をどきどきさせ続けた私にとって、この会の設立は待ちに待った希望の星です。

心よりお祝い申し上げます。古今東西、そして人間の枠を越えて文化の多様性と不思議に挑んでください。

京都大学総長　山極寿一

会場に熱烈な拍手が鳴り響きました。希望の星！　ユーモアの心を持って、こんな会にまで付き合ってもらえたとは。一九歳のころの山極氏を思って、私は胸躍る嬉しい心地でした。

「ああ！　こんな大らかな方が総長でいらっしゃるなら、日本の将来も明るいですね！」

と、小林彩子さんは感に堪《た》えない面持ちで、美しい声をもらしました。

山極寿一氏は、東京から京に進学してきたばかりの一九七一年七月、氏が一回生、私が四回生のときに知り合った、はるけく古い知友です。一緒に志賀高原京大ヒュッテで過ごした夏、スキー部の新入部員であった彼は、その男気のある自然なふるまいからすでに将来のリーダーたるべきオーラを放つ、魅力ある人物でした。今まさに周囲に推されるままに、なるべくしてなった総長です。氏の研究対象のゴリラにたとえれば、名実ともに群れの長《おさ》たることを運命づけられたシルバーバックと言えるでしょう。

山極寿一総長の祝電は、心に深くかみしめれば、ちょうど南方熊楠が生涯、誇らかに持ち続けたひたむきな学究精神のように、何らのタブーに抑圧されることなく、堂々と世界トップクラスの研究を突き進み続けてきた日本の自然科学側からの、日本の人文科学研究に向けての、情熱《なさけ》きエールのようにも思えるのでした。

次に、朧谷寿同志社女子大学名誉教授による「御所と天皇」と題する講演が行われました。天皇のお住まいになった大極殿が、現在の位置に移されたのはいつであったのか。日本人にとって天皇はどのような存在であったか、などの詳細が、さすがに人気教授であった先生だけに、聴く者の心をがっちりと捉える魅力の語り口で、分かりやすく明らかにされてゆきました。しかし何より印象的だったのは、先生の最後のお言葉でした。

「天皇さんに、京都にお帰りいただく、ということには、じつは私は反対論者でした。天皇にも人権がおありになる。お友達も東京にたくさんいらっしゃるだろう。人権蹂躙《じゆうりん》は、避けたいところです。しかし松本さんのお考えを教え子から詳しく聞き、思いを改めました。私もまた、平安京以来の居所《きよしよ》である京都に住んでいただくのが望ましい、という気持ちになりました。今になって、私は教えられました」

その先生の謙虚な結びのお言葉に、絶大な拍手が贈られました。

次に紅「萬」子さんによる「『まんこ』として生きる人生」というショート講演が行われ、

みんなを爆笑の世界に誘いました。

また、東北の「マンジュー」地域を代表して、弘前市代表の岩井里砂子さんと、西南の「マンジュー」地域の代表、鹿児島県出身の丸山倫さんとが対面し、両者の間で、地元の最高級のお饅頭の交換が行われました。東と西に生き別れて、長い日本の歴史を旅し続けた「マンジュー」の、おそらくは五〇〇、六〇〇年ぶりの再会となったわけです。豆ちゃんは宣言します。

「さあ、諸国のおいしいおまんを、賞玩いたしましょう！」

「はい！　賞玩いたしましょう！」

さらに岩手県や五島列島から持ち寄られた「おまん」も。あとにはお薄《うす》も控えています。

秘すれば花なり

そのとき奥の扉が開いて、袴姿の青年が舞台に現れました。河村浩太郎氏が登場したのです。この舞台で浩太郎氏を見たのは、もう七、八年ぶりでしょうか。しばらく見ない間に、堂々たる大人になっていました。そのりりしい姿は、若者というよりも、厳しい修行を乗り越えてきた、華あるみごとな男ぶりでした。私は早世したその父の舞台を何度も見ています。その死を乗り越えて、彼は、観阿弥・世阿弥の伝統を受け継いで、今まさに新たに大きな花を咲かそうとしているのだと、身の打ち震えるような頼もしさを感じさせました。舞い終えた浩太郎氏に、最大の拍手が贈られました。

そのとき私の脳裏には、あの天才・世阿弥の、有名な言葉が心に浮かんでいました。世阿弥は『風姿花伝』の中で、こう語っているのです。

秘すれば花なり。秘せずは花なるべからず

女陰は、『古事記』の昔、すなわち神代の昔から、やたら他人に見せびらかすものではなかったものであることは、先に見てきた通りです。特に男たちに対しては秘すべき「隠しどころ」であり続けてきたことでしょう。隠しどころでなければならなかったその訳は、本来、それが醜く、卑猥で、下品であったからでは、けっしてありません。そうではなく、真心を込めて愛すべき、そしていざとなれば男が命を懸けて守るべき、秘められた花のような、世にも可憐な存在であったからでしょう。「秘すれば花」、それはまさに、まっとうにこの世に生きる女性たちに捧げられるべき、輝ける賛辞ではないでしょうか。

目を閉じると、よき意味での「女々しく」、また「楚々とした」、輝くようなとりどりの、花のイメージが立ち現れました。私には、やはり今ここで「あの歌」を歌うことこそふさわしい。そんな思いに捉われました。

「いやぁ、舞台の板も、ええ音でまんなぁ。素晴らしい舞台でした！」

豆ちゃんが、妙な視点で場を盛り上げています。私は興奮に震える手で、鞄《かばん》の中から昨夜コピーしておいた、この日のための楽譜付きの歌曲を取り出しました。

曲は一週間も前からひとり用意していました。その曲は、私の素朴な思いの赴くままに、おこがましくもベートーヴェンの「交響曲第九番合唱　歓喜の歌」に対抗すべく創作した歌曲でした。荘厳にして明るいメロディーに、日本の諸国の女陰方言の数々を美しい花々に見立てた、世界音楽史上おそらく初のチャレンジとなる楽曲でした。

じつは私は、高校時代から作詞と作曲を数少ない趣味のひとつとしています。一九六六年、高校二年の春、音楽の夏谷正義《なつたにまさよし》先生から作曲の課題を出され、「古典」の教科書で学んだ、『万葉集』の山部赤人《やまべのあかひと》の秀歌、「田子《たご》の浦ゆ　うち出でてみれば　真白にぞ　不二《ふじ》の高嶺《たかね》に　雪は降りける」という和歌に曲を付けて先生に提出したところ、思いがけなくも授業の時間に絶賛され、気をよくして、それ以来、作詞と作曲をすることが私の趣味のひとつとなったのです。

「私のオリジナル歌曲を一曲、みんなで歌わせて下さい」

私は、豆ちゃんに頼みました。

「松本さんの歌曲が、きょうのためにできたのですね！　さっそく披露してもらいましょう」

私は、舞台に上る階段の下まで行って、できたばかりの新曲を、みんなを促しつつ、アカペラで歌い始めました。

男女を問わず、何人もが最初、私をあきれ果てたような顔で見つめていました。私はかまわず、心を込めて歌い続けました。「マンジュー」や「ボボ」や「オソソ」などさまざまな女陰方言が歌い込まれた歌曲を。

やがて私についてくる歌声も聞こえ始めました。よく見ると、中には静かに唱和しながら、涙ぐんでいるかのように見える人がいました。

弘前市のピアニスト、岩井里砂子さん。大正一一年（一九二二）に津軽に生まれ、五年前に九一歳で亡くなったおばあちゃんに、幼い日、「どらっ、『マンジュー』、食ってまるぞ！」と戯れに脅され、終生、いとしさいっぱいにかわいがられて育てられたのです。

そして、私と同郷の若き友である西村一真クンも、メガネの奥の瞼《まぶた》をしばたたかせて、心温かそうに小さく微笑んでいました。明治四一年（一九〇八）生まれで、九七歳まで生きたおばあちゃんは、妹には、「おなごはそんなに『ボボ』を掻くもんとちがう！」と諫《いさ》め、両親に叱られて泣いている西村クンには、「一真に罪はない」と、かばい続けてくれたのです。

また、スタイリストの横田陽子さんも、目を真っ赤にして深く頷いていました。明治三九年（一九〇六）に生まれ、いつも着物姿の凛とした美しさで、九六歳まで生きたあこがれのおばあちゃんは、「陽子ちゃん、まず、『オソソ』をきれいにお湯で流しなさいね」と、かわいい孫娘に言い続けて、こんな素敵な女性に育ててくれたのです。

それぞれの地域の女陰語を歌った歌は、自分のおばあちゃんから受けた深い愛の記憶を、今ここに鮮やかに蘇らせたのでしょうか。一〇〇〇年以上、あるいは二〇〇〇年以上にもわたる日本人女性の美しい心の伝統が、一〇〇年にもわたって痛ましくも虐げられ続けた西洋文明による呪縛から、ようやく自由に解き放たれようとしているのでしょうか。

じつは私も京都の病院に入院していた母を昨夏、八八歳で亡くしたばかりでした。六九歳、若くして認知症を発病してから、一九年間、生きることは闘いでした。一四年前に、父が亡くなったことも、もう認知できませんでした。晩年はほとんどうつろに眠ってばかりでしたが、認知症になってからもずっと、私と対するときはいつも穏やかな表情を見せてくれました。この人は、根っから心優しい人なのだと実感し続けました。だからこそ、私も毎週末土日は滋賀に帰省して、施設にいる母に顔を見せ、せめてのこととて食事介助を続けることができたのです。優しく、美しく生きた人生だったと思います。母も祖母も、私たち男の兄弟の前で女陰語を口に出すことはありませんでしたが、幼い日の明るい夏の午後、祖母とふたりで、おっぱいを丸出しにしてくつろいでいた、健康ではちきれんばかりの胸の母の思い出は、まるでゴーギャンがタヒチで描いた絵の輝く美しさのように、私の脳裏に焼きついています。

日本人は、女陰語を自由に口に出したり、おっぱいを丸出しにしたりする文化を生きてはきたけれど、それはけっして野蛮や下品ということではなかったのです。日本人は、昔から、どんなに貧しい生活の中にあっても、大らかにして清らかで、気品ある美しい人生と文化を生きてきたのです。女陰や男根の名称をつけるにあたってすらも、品位と格調と、節度と、深い愛情を注ぎ込んできたのです。今の人間の心の方が、ときに、さもしく、醜く、汚れている面があるかも知れません。

日本のこれまでの近代以降のあらゆる言語学者の精神にしても、過去の日本人の生き方に敬意を払わず、真実に立ち向かうまっとうな勇気さえもないままに、最初から研究を放棄してしまっていたのではないでしょうか。

歌が終わると、豆ちゃんが直ちに司会席の中央に戻って、

「おお！　なんか、この神聖な能舞台が、異常な空間のようになってきましたね」

と言って、みんなの笑いを取りました。私は、胸を張ってこう主張しました。

「しかし、今こそ、これが正当な誇りと自信を回復すべき日本人の、新しい文化の夜明けとなるかも知れません！　さあ、この黎明を祝して、みんなもう一度、盛大に歌いませんか！」

「えらいまた、大げさな！」

「豆ちゃん、頼むで！」

「しゃあないなぁ、松本さんは、困ったもんや。昔から変わらんな」

そうぼやきつつも、豆ちゃんは男女のみんなを促し、両手で力強く指揮を執り始めました。

御所夢幻の世界へと

私はみんなが歌い始めたのをあとに、静かに能舞台の外に出ました。御所を見たかったからです。一五〇年間、ひたすら天皇のご帰還を待ち続けてきた、緑なす荘厳な、あるじなき社《やしろ》を。

午後の能舞台の外には、美しい京の春を祝福するかのように、明るく冴え冴えとした陽が、新緑の庭に照り映えています。そこへ、一陣のさわやかな春風が、歌声の響く河村能舞台を包み込むように舞いました。歌声を乗せた風は、やがて相国寺をかすめ、美しい同志社大学のキャンパスを横切り、お隣の御所にまで届きました。

そうです。私はすでに、誰も見たことのない、夢想の世界をさまよい始めていました。

『探偵！ナイトスクープ』とともに三〇年余、世に突き抜けたバカさ加減の笑いと涙とを併せ持つこの番組とともに人生を一緒に歩んできて下さった延べ五〇〇〇万人を超える視聴者の皆様への心からの感謝と、その幸あるご生涯への祝福の意を込め、私の幻視した、とびきりに愚かしくも、また美しく清らかなる光景を敢えてここに描ききることによって、いよいよ華やげる結びといたしましょう。番組のことは何も知らず、ここまで付き合って読んで下さった読者の皆様へは、私からのささやかな、掉尾《ちょうび》を飾るプレゼントとご理解下さい。

若葉を揺るがせて、涼やかな風が御所にも渡ってきました。

とこしえの女房たちが、ふと、御湯殿の上で、それぞれの働きの手を止めました。

「あれは？　あの歌の調べは、何じゃ？」

丁度、御湯殿の上に立ち寄られたさる高貴なる御方が、女房たちにお尋ね遊ばしました。

「白拍子の今様《いまよう》でもなければ、阿国《おくに》歌舞伎のようでもないようじゃが」

そう述べ遊ばされて見上げられた北の御所の外の遠くから、明るい男女の歌声が響いていました。高貴なる御方の問いかけに、女優の南田洋子に似た女房の頭《かしら》が、こう答えました。

「へえ、いかにも、珍しき歌声に覚えまする。はて、何でござりましょう」

南田洋子に似たその女房もまた、庭に近づき、耳を傾けました。

「わたくしの思《おぼ》し召しまするに」

とその女房は、神妙な面持ちで、高貴なる御方に申し上げました。

「この大八洲《おおやしま》のおちこちから都に集うた諸国の民が、かつて御所で盛んに使われし『ボボ』『マンジュー』『オマン』『オマンコ』と、そのほかに京の町衆の間で盛んに使われし、わたくしどもおなごの隠しどころの言の葉を、それぞれ美しき花にたとえて、おなごとしてこの世に生きる喜びを、心いっぱい歌に歌わっしゃるご様子にござりますわいのう」

尊き御方は、まなこを大きく見開き、感に堪えないといったご様子でこう述べ遊ばしました。

「おお、きょうこの日、そのような奇瑞《きずい》が訪れるとは。それは目出度い！　諸国に広がった言の葉が、生まれ故郷のこの京に、そして御所に、はるばる里帰りを果たしておるということか」

「さようにござりまする。なんとお懐かしき、目出度きことにござりましょう」

「いと、耳にこころよき、麗しき言の葉と、妙なる調べじゃ。民の明るい心の声が、わが胸の奥底にまで、伝わってくるようじゃのう」

「ほんに、楽しげに、嬉しげに。こうして耳にするさえ、ありがたき幸せに存じまする」

「ならば、そちたちも、どうじゃ？　ともに歌ってみんか。諸国の民を京に迎えて、日本国の弥栄《いやさか》を祈りつつ」

「はい、慎みまして！」と、いつに名乗りを上げたのは、女優の黒木華に似た、いちばん声の美しい若い女房でした。ほかの女房たちもみな喜んで襟を正しました。

女房たちは、どこかで見知った女性たちに瓜二つでした。それは河村能舞台に集まった女性たちばかりではなかったのです。ほかにもこんな顔ぶれが見いだされました。

教え子の榎元千穂さん、冴えわたった知性と、男たちを悩殺する女性のフェロモンで関学人脈を繋いでくれた池田裕子さん、朝日放送の誇るべき京美人の先輩・吉田多満子さん、女房詞に造詣深い美人日本語学者・郡千寿子さん、旧友見上崇洋らが世界で初めて春画・艶本の研究に博士号を授与した絶世の美女・石上阿希さん、盛岡の美人TVプロデューサー中村好子さん、女陰・男根の分布図を美しく仕上げてくれた美人姪の山本静さん、この本の企画の価値を見いだし、導いていただいた知的で麗しき女性編集者河井好見《よしみ》さん。

さらに、郷里富山県の地域語の「チャンベ」さえも知らぬうぶな少女として育ち、やがて「オマンコ」の女王として世に立った美人大学者・上野千鶴子さん、そして母性と少女の魂を併せ持つ歌人・俵万智さんと京都愛の海より深い優美な林真理子さん。そしてなんと、世にもチャーミングでキュートな魅力あふれる瀬戸内寂聴さんと、美人秘書作家の瀬尾まなほさんのコンビ。さらにまた、この本に好意あふれる推薦文をお寄せいただいた、愛くるしく才色兼備の新妻・阿川佐和子さんまで加わって。すでに私や読者の皆様に親しいこうした人々に「あくまでも瓜二つ」の女房たちが、風に流れ来る歌に唱和し始めました。

花よ可憐に　花は咲く
花は野辺や　花壇だけでなく
花はわが家の　御湯殿にも
秘すればこそ　清らに咲ける

マンジューの花に　オマンの花
オソソの花に　ボボの花
オマンコの花に　オメコの花

ダンベの花に　チャンベの花
ホトの花に　へへの花
メンチョの花に　メメの花

南の島には　ピーの花
ホーの花に　ホーミの花
まだまだ花はあるけれど

この世に愛もて　生まれし花
どの花劣らず　生命《いのち》に満ちて
真白き花も　ピンクの花も
一生懸命　今こそ咲こう

女の誇りを　清《すが》しき胸に
永遠《とわ》に輝け　蒼穹《そら》の果てまで
この世にまたなき　美しさ

歌詞を重ねて歌ってゆくうちに、なぜかそれぞれの女房たちの目から、清らかな涙がほろほろと流れ落ちてくるのでした。とりわけて法悦の涙にくれていたのは、紅の打衣《うちぎぬ》を身に纏《まと》った「まん」という名の女房でした。

誰もが願う国の弥栄。それは女だからというだけの理由で、世の男たちから差別を受けたり、見下されたりすることなく、まっとうに美しく生きることのできる国の弥栄ではないのか。

涙拭くお懐紙を左手にしかと握りしめながら、右手でしゃもじ（しゃ文字。御所ことばで、「杓子《しやくし》」のこと）を指揮棒代わりにお振り遊ばす御尊《たつと》き方の気高き御心はただひとつ。

「この瑞穂の国の、すべてのおとこ、おみなの民よ！　いや、この世に生きとし生けるものよ！　いや、今に生きるものだけではない。そなたたちを心より愛し、今は遠く身罷《みまか》りしものたちよ！　すべてもろともに、永遠《とわ》に幸あれかし！」

そうおつぶやき遊ばした途端、いと尊き御方の両まなこから熱き涙が滂沱《ぼうだ》と流れ落ちました。

その尊き御方こそ誰あろう、北はるか陸奥《むつ》の国のご生誕にして、今は東《あずま》の都に御住まい遊ばす、われらが西田敏行卿《にしのたのとしのゆききょう》。

春の息吹に満ちた澄みきった京の青空に、胸豊かに弾む美しい歌声が、高貴な香りをみなぎらせて、さわやかに、ひときわ華麗に、舞い昇ってゆくかのように感じられたのです。ちょうど、汚れなき瑞々しき心の白鳥《しらとり》が、自由に天空を飛翔してゆくかのように。

秘すればこそ　清らに咲ける
この世に愛もて　生まれし花
女の誇りを　清しき胸に
永遠に輝け　蒼穹の果てまで
この世にまたなき　美しさ

おわりに

「この書をご覧になったら、徳川先生は、どうお感じになり、何とおっしゃったことだろう」そんな思いが、執筆の合間、いつも心に去来していました。びっくりされ、当惑されるだろうか？　いや、おそらく徳川先生なら、きっとまた、破顔一笑して面白がって下さるはずだ！　そんな気がしていました。

徳川幕府八代将軍吉宗公の末裔たる徳川宗賢先生からは、かつて多大な学恩を賜りました。『探偵！ナイトスクープ』における「全国アホ・バカ分布図の完成」編の番組作りのためにご指導をいただき、それまで聞いたこともなかった「日本方言研究会」という方言の学会での発表を勧められ、さらに「これは、本にして残した方がいいですね」とのご提案を受けて、放送ののちにも、単行本『全国アホ・バカ分布考』の執筆のために、重ねてご指導をいただくことになったのです。当時、徳川先生は、大阪大学の教授でした。

「博士課程の院生が、もし博士論文のテーマとして『アホ・バカ』をやりたい、などと言い出したら、私は反対していたでしょうね。『アホ・バカ』の研究では、どこの大学も、教員として採用してくれないでしょうからね」

と愉快そうに笑っておっしゃって、多重の周圏構造を発見した私たちの仕事を、心から面白がり、褒めて下さったのです。

徳川先生は、その後数年して大阪大学から学習院大学に移られ、一九九九年六月、今の私の年齢、六八歳の若さで亡くなってしまわれました。先生、早すぎるじゃないですか。私はその死を惜しみました。最後にお会いしてから、もう二〇年以上になるでしょうか。

四〇代後半でテレビ制作部長になったころから私は多忙になり、学会からも足が遠のいていきましたが、今世紀になってから、またちょいちょい顔を出させていただくようになりました。二〇〇七年七月には、徳川先生同様つねに心にかけ、絶えざる書簡でご指導下さっていたもうひとりの先生、東大名誉教授の柴田武先生（一九一八〜二〇〇七）も八八歳でお亡くなりになりました。柴田先生と徳川先生は、先にも触れたように、ベルギー人のW・A・グロータース神父の指導のもと、戦後、日本の言語地理学の確立のために、先人なき学問的手法をもってともに闘ってこられた偉大な学問の戦士たちだったのです。私は自分の指導者であり、心温かい支持者でいて下さった先生を、ふたりとも失ってしまいました。

この柴田先生にも、徳川先生とはまた別に、格別の思いがあります。私が作った新しい全国方言地図群をきわめて貴重なものと評価し、言語学の雑誌に分布図と解説を毎月連載するよう働きかけようとご提案下さったのは、柴田先生でした。それは、当時私が余りにも多忙であったため、実現はなりませんでした。しかし今、分布図作りもようやく完成しつつあります。

柴田先生は、『方言地理学の課題』（二〇〇二）の冒頭、「W・A・グロータース神父と方言地理学」という論文で、グロータース神父の思い出を語っておられます。グロータース神父（一九一一〜九九）は方言学者でもあり、戦後の一九五〇年、カトリックの神父として来日されるや、日本に言語地理学（方言地理学）を「移植」し、ゼロから身をもって指導すべく、若き研究者、柴田先生と徳川先生とともに、昭和三二年（一九五七）より糸魚川地方において、地元の人と一対一で親しく向かい合って方言調査を行うなど、新しい研究法を牽引し、「根付かせ、花開くまで丹精に育てあげた」（同書の「まえがき」、馬瀬良雄先生の記述）、偉大な学の先達なのです。この『方言地理学の課題』は、グロータース神父が逝去されたのち、神父の日本の言語地理学への貢献に対する深い感謝の意を込めて、多くの方言学者の賛同を得て企画された論文集なのです。以下、巻頭を飾る柴田先生の論文の、冒頭の記述です。

もう、いつのころだったか年代は思い出せないが、敗戦間もないころのこと、日本言語学会が主催して何回か研究会が開かれ、毎回大盛況だったことがある。（中略）肝心の発表の演者も、その内容もまったく記憶にないが、発表後の質問と自由発言のある一瞬は、今に至るまで実に鮮明に覚えている。

それは、W・A・グロータース神父がアクセントに関する発表のあとで、唐突に

もう少し人間のことを考えたらどうですか。

と発言したことである。（中略）と、すかさず、離れた席にいた服部四郎教授が

その必要はありません。

という明確な一言が返ってきた。

先に琉球語の分離の年代を考える項でも触れた服部四郎氏は、のちに文化勲章を受けることになる優れた言語学者です。当時まだ四〇代の若さであったろう服部氏の「明確な一言」に、「瞬間会場は静まり返った」というのです。神父は服部氏の迫力ある言葉を受けて、もはや反駁せず、沈黙されました。神父から言語地理学を学んでおられた柴田先生は、さぞかし戸惑われたことでしょう。言語学、その中でも語彙や音韻、文法の変化など、地域と時代を生きる人々の生活や人生そのものである言葉を研究対象とする方言学では、人間のことをまったく考えずして、学の成立などあり得るはずがないと考えるのです。

柴田先生ご自身はその論文において、服部氏の明快なお考えにも、専門分野の違いから来た

ものだとご理解を示しておられます。私も服部氏の多くのご研究を拝読した結果、「記述言語学」（特定の言語（方言）の特定の時代での構造をありのままに記述し、さらに言語構造についての一般的な理論を打ち立てようとする学問。『日国』による）において、そういう考えはあって然るべきかと思います。ただ私は重ねて言いたいのですが、その時代を生きる人間が、新しい表現を生き生きとした心で次々と紡ぎ出していったという事実を棚に上げて、人間のことを考えないということは、方言学、とりわけ「言語地理学」の世界ではあり得ないことのように思えるのです。

「もう少し人間のことを考えたらどうですか」

そのグロータース神父の透徹したお心は、柴田先生のお心でもあったように思われます。

グロータース神父のご葬儀にあたって、いつも冷静沈着で理知的でいらっしゃる柴田先生ですが、「追悼の言葉を述べる柴田先生のお声が次第に嗚咽《おえつ》に変わった」という馬瀬《ませ》良雄先生の記述を読むにつけても、柴田先生のグロータース神父への深い敬愛と感謝のお心が偲ばれます。その柴田先生は、私に対しても、すなわち、新しい表現を次々と創造してきた日本人の発想力やその心を追い求め続けてきた私のような本来は部外の者にも、学問における慈父のように、つねに温かい眼差しを向けて下さいました。

柴田先生が亡くなった年、二〇〇七年の一一月に琉球大学で行われた日本方言研究会が終わって、懇親会のさらにあとの二次会で、福島県の方言研究者で私の友人となっていた小林初夫さんに導かれて、お顔だけはよく存じ上げていた佐藤亮一先生に初めて、那覇市内のバーで楽しく奢っていただく機会に恵まれました。佐藤先生は、長く国立国語研究所（国研）にお勤めになったあと、フェリス女学院大学、次には東京女子大学で教壇にお立ちでした。佐藤先生は、徳川先生とともに国研で『日本言語地図』、その後はリーダーとなって『方言文法全国地図』の作成に打ち込んでこられた方です。いっぺんに私の心の通う師となって下さいました。それ以降、しばしば佐藤先生は、懇親会後の楽しいお酒の席に付き合って下さいました。

「先生、いよいよ私、オマンコとチンポの方言の、きれいな多重周圏分布の成立と、その言葉のルーツを研究する本を書いています」

と、先日申し上げると、佐藤先生は、

「それは楽しみですねぇ！　女陰・男根の方言は、あの大部な東條操《とうじょうみさお》の『全国方言辞典』においてすら、意識的にすべてが排除されているんです」

と、毅然とお話しになって、

「本にする前に、日本方言研究会でも発表してほしかったなぁ！」

と、いつもの明るいお声で、心からお喜び下さいました。

東條操（一八八四〜一九六六）は「日本の方言学の母」と呼ばれ、柳田國男とともに、日本の方言学の礎《いしずえ》を築いた大学者です。しかしやはり、柳田國男と同様に、性的なものはいっさい排除するという精神を、生涯かけて貫いたのです。

学会にはもうおひとり、私の全国方言分布図と、この本の完成を楽しみにして下さっている先生がいらっしゃいます。井上史雄《ふみお》先生です。本の原稿にも一部目を通して下さり、南方熊楠を語る文章の中に「満腔《まんこう》の歓びと誇りを胸深く抱いてしまうのです」と私が「満腔」という熟語を入れたことについて、「あなたは、うまいですねぇ」と、いつもの悠揚迫らざるご様子で、興がって下さったりしたのです。

かつて、いわゆる「半疑問イントネーション」や「発音の平板化」が一般人に目立ち始めたころ、新聞や雑誌の記者の方から「アホ・バカ」方言を書いた私に安直にも電話が入って、コメントを求めてこられると、「申し訳ありませんが、私にはさっぱり分からないんです。けど、東京外国語大学の井上史雄教授にお聞きになったら、詳しく教えて下さると思いますよ」と、ぜんぶ井上先生にお任せしていました。若者の新しい表現についても、いちばんの専門家でいらっしゃるからです。そんなこともあって、何とも知れず一方的に親しみを感じ続けてきたお方でもあるのです。

このおふたりは関心高く見守っていて下さった先生ですが、実際に研究のためにわざわざ手を差し伸べて下さった先生方がいらっしゃいます。大学院生時代に井上先生に学ばれた、今や甲南大学教授の都染《つぞめ》直也氏は、本文を通読して、記述の疑問点を洗い出すという骨の折れるサポートをして下さいました。また非常勤講師時代から知る福島大学教授の半沢康《はんざわやすし》氏は、私にはまったく発音できない鼻濁音や入りわたり鼻音について、丁寧な指導を施して下さいました。両先生の熱心なご指導には、心よりのお礼を申し上げなければなりません。

いよいよ書き上げて、私自身は書き切ったと思って満足な気持ちではあったものの、これが果たして読む人の心に正しく伝わるのか、私にとって心外な読まれ方をされることはあり得ないのか、特に結びの章は私としては、とても大切な章だけれども、果たして読者の共感を得ることができるのか。扱うテーマが特異なものであるだけに、一抹の不安が残りました。

そこで一〇人ばかりの男女の友人に原稿をメールで送り、その友人の友人にも読んでいただけそうな人がいたら、頼んでもらえないかと依頼しました。三日以内に、リアクションのほとんどが集まりました。さまざまな意見がありました。

「今まで、松本さんの書いたものの中で、いちばん面白かったです。違和感なく最後までスラスラ楽しく読めました」と、肯定的に捉えてくれる男女の意見も少なくなかった一方で、ひとりの男性は、「タブー視してきた単語がバンバン連呼される文章をずっと読み続けることに、しんどさを感じました。特に女児にからんだところは、まだ幼い娘を持つ父親として、抵抗がありました」と、正直に拒否感を告白していました。さらにまたひとりの女性は、「最後の歌は、無くても伝わる気がします。結びの章からは、先達を論破するそれまでのクールな印象と異なり、松本さんの夢の、それもちょっと混濁した狂気の世界に入り込んだような感じを受けました。だから怖いような」と、結びの章を完全に否定する意見をくれました。

そんな中、友人のそのまた友人で、今まで会ったこともなく、お名前すら知らなかった方が、まるで絶賛とも受け止められるような「読書レポート」を寄せて下さり、それが私の心を救ってくれました。神学者である広島大学教授の辻学《つじまなぶ》氏の筆になる、以下のような文章でした。

送っていただいた原稿、すぐに読み始めたところ、面白くてとまらなくなりました。昨夜はさすがに途中で切り上げましたが、今日も朝から夕方までずっと読み続けていました。さて、読み終えての「読書レポート」ですが、何よりも印象的なのは、松本さんの研究者としての素晴らしさです。通説や高名な人の説に対しても、根拠がないものにはきちんとそのことを指摘し、明快な論理をもって反駁を加える姿勢には、尊敬の念を抱かずにはおれません。言語学界がこのテーマを忌避していることへの痛烈な批判もそうですし、『広辞苑』の怠惰に対する叱責も、説得力に満ちています。「マラ」は梵語から来たという説を論破する部分は、学術的議論のお手本ともいうべき内容で、痛快ささえ感じます。

松本さんの文章は、ところどころに品の良さを感じさせる言い回しも織り交ぜられていて（例、一三九頁「日々のたつきを立てていた」、一五五頁「赫奕《かくえき》と乗り越えていってほしい」）、それがこの本全体の上品な雰囲気を支えているようにも思えました。

女陰（と男根）語が本書の主題なわけですが、松本さんが実にいろいろな女性とこのテーマで会話をしておられることが、主題に爽やかな印象を与えています。

この主題が決して卑しくもなければ恥じるべきものでもないということが、女性たちとの会話から伝わってきます。女性に限らず、松本さんの人的ネットワークのすごさには、ただただ恐れ入るばかりです。こういう研究には欠かせないのがこのネットワークですが、やはり松本さんの魅力ゆえなのだろうと、感心しながら拝読しました。

第四章あたりを読んでいると、これから「オソソ」が再び広まっていくのではないかという気がしてきました。

本書は冒頭がややスピードが遅い感じがするのですが、中盤になると非常に学術的かつ興味深い考察が次々と展開されます。中盤は緊張感とスピード感があるので、やや横道的な話も、ちょうど良い息抜きに感じられます。

最後の結びの章は、第十章まで続いてきた「松本劇場」のタイトル通りの大団円と言うべき部分であり、劇に喩《たと》えれば、最後に登場人物が全部揃って、それまでの展開を顧みつつ、本書で得られた知見をまとめあげ謳い上げる重要な最後の柱です。女陰は決して醜くもないし卑猥でもないし下品でもない。その名付け方には、「大らかにして清らかで、気品ある美しい人生と文化を生きてきた」日本人の心が表われているというこのテーゼは、(近代以降の言語学者たちに対する批判とも相俟《あいま》って)明確で厳しい「近代批判」になっています。

それはまた、女性という性を(とりわけ西洋の影響を受けた近代以降の我々が)貶めてきたことへの批判でもあり、女陰を讃える歌は、女性を讃える歌、ひいては「性」を大らかに受け止め、「性」と共に生きてきた日本人の伝統への賛歌にもなっているように思いました。ですからこの章が今のような形で存在しなかったとすれば、フィナーレのない劇と同じことになったでしょう。

冒頭は展開がやや遅く(しかし面白い)、叙述が中盤になるとスピードや緊張感が増していきますが、結びの章は、その知的緊張感に満ちた叙述が軟着陸し、読み手の心にしみ通るような形でフィナーレを迎える、そのために欠かせない章と思えます。つまり、序盤の柔らかい雰囲気と終章の詩的な雰囲気とはうまく対応していると感じられるわけです。狭義の学術書ならあるいは不要なのかも知れませんが、非常に専門的な内容を多く含みながらも、心が温かくなって終わる本書の魅力は、この序盤と終章が作っているのでしょう。

最初の読者の一人にしていただけたこと、感謝しております。刊行が楽しみです。

何というありがたい「読書レポート」であることでしょう。辻学氏は仄聞《そくぶん》するに、関西学院高等部でアメリカンフットボール部の、ディフェンスのラインバッカーとして素晴らしい活躍をした選手であったということです。「大学に入っても、ぜひ関学ファイターズに！」という周囲の強い勧めにもかかわらず学への強い思い断ちがたく入部せず、神学部でひたすら学問に打ち込み、スイスに留学して神学博士となられました。

その辻学氏が、私の意図を深い洞察と愛の魂をもって酌み取って下さった上に、過分のお褒めや冷静な批評まで下さった。このたった一通のメールのおかげで、不安は一挙に霧散し、私はこのささやかなる一書を、胸を張って世に問う自負と気合を回復することができたのです。

ここまで付き合って下さったすべての読者の方々に、花咲く京の御所の、尊き例の御方様になり代わって、心よりお祈りいたしましょう。

「永遠《とわ》に幸あれかし！」と。

二〇一八年初秋　宝塚にて

松本　修

出典および主要参考文献

辞書・方言辞典など

・秋田県教育委員会編（二〇〇〇）『秋田のことば』無明舎出版
・井之口有一・堀井令以知編（一九九二）『京ことば辞典』東京堂出版
・大野 晋・佐竹昭広・前田金五郎編（一九九〇）『岩波古語辞典補訂版』岩波書店
・大槻文彦編（一九二四）『言海』吉川弘文館・六合館（二〇〇四、ちくま学芸文庫）
・大槻文彦編（一九三二～三七）『大言海』全四巻、索引 冨山房
・久門正雄（一九六〇）『国語拾遺語原考（愛媛新居方言精典）』新紀元社
・国立国語研究所編（一九六三）『沖縄語辞典』大蔵省印刷局
・真田信治監修（二〇一八）『関西弁事典』ひつじ書房
・柴田千秋編（一九九八）『性語辞典』河出書房新社
・嶋戸貞良（一九三五）『鹿児島方言辞典』鹿児島県教育会印刷部
・尚学図書編（一九八九）『日本方言大辞典』小学館
・上代語辞典編修委員会編（一九六七）『時代別国語大辞典 上代編』三省堂
・新村 出編（二〇一八）『広辞苑』第七版 岩波書店
・東條 操校訂（一九四一）『物類称呼』岩波書店
・東條 操編（一九五一）『全国方言辞典』東京堂出版

・土居重俊・浜田数義編（一九八五）『高知県方言辞典』高知市文化振興事業団
・土井忠生・森田 武・長南 実編訳（一九八〇）『邦訳 日葡辞書』岩波書店
・中井幸比古（二〇〇二）『京都府方言事典』和泉書院
・永井義男（二〇一四）『江戸の性語辞典』朝日新書
・中田祝夫・和田利政・北原保雄編（一九八三）『古語大辞典』小学館
・中野栄三（一九六八）『陰名語彙』大文館書店
・中野栄三（一九九三）『江戸秘語事典』慶友社
・中村幸彦・岡見正雄・阪倉篤義編（一九八二〜九九）『角川古語大辞典』全五巻 角川書店
・日本国語大辞典第二版編集委員会、小学館国語辞典編集部編（二〇〇〇〜〇二）『日本国語大辞典』第二版、小学館、WEB版
・半田一郎編著（一九九九）『琉球語辞典』大学書林
・堀井令以知編（一九八八）『語源大辞典』東京堂出版
・堀井令以知編（二〇〇六）『京都府ことば辞典』おうふう
・前田 勇編（一九六四）『近世上方語辞典』東京堂出版
・前田 勇編（一九七九）『江戸語の辞典』講談社学術文庫
・牧村史陽編（一九七九）『大阪ことば事典』講談社学術文庫
・松木 明（一九八二）『弘前語彙』弘前語彙刊行会
・宮良當壮（一九八〇）『宮良當壮全集8 八重山語彙甲編』第一書房

・室町時代語辞典編修委員会編（一九八五～二〇〇一）『時代別国語大辞典　室町時代編』一～五　三省堂
・諸橋轍次編（一九五五～六〇）『大漢和辞典』全一三巻　大修館書店
・山村秀雄編（一九八〇）『青森県平内方言集』平内町教育委員会

著書・論文など（サブタイトルは省略しました）

・青木信光編（一九八三）『好色の女』全一〇巻・別巻　図書出版美学館
・赤松啓介（一九九四）『民謡・猥歌の民俗学』明石書店
・有坂秀世（一九五五）『上代音韻攷』三省堂出版
・アルベール・ドーザ著　松原秀治・横山紀伊子訳（一九五八）『フランス言語地理学』大学書林
・アンドリュー・ガーストル（二〇一一）『江戸をんなの春画本』平凡社新書
・飯倉照平監修（二〇〇五）『南方熊楠英文論考［ネイチャー］誌篇』集英社
・飯倉照平監修（二〇一四）『南方熊楠英文論考［ノーツアンドクエリーズ］誌篇』集英社
・飯豊毅一ほか編（一九八二）『講座方言学4　北海道・東北地方の方言』国書刊行会
・石上阿希（二〇一五）『日本の春画・艶本研究』平凡社
・五木寛之（一九九四）『蓮如』岩波新書
・井上章一・斎藤光・澁谷知美・三橋順子編（二〇一〇）『性的なことば』講談社現代新書
・井上史雄（一九八九）「子音の発音の変化」『講座　日本語と日本語教育2』明治書院
・井上史雄（二〇〇三）『日本語は年速一キロで動く』講談社現代新書

・今泉忠義（一九七一）『日葡辞書の研究』桜楓社
・井之口有一・堀井令以知・中井和子（一九六五）『尼門跡の言語生活の調査研究』風間書房
・井之口有一・堀井令以知（一九七四）『御所ことば』雄山閣出版
・揖斐　高（二〇〇九）『江戸の文人サロン　知識人と芸術家たち』吉川弘文館
・上田万年著　安田敏朗校注（二〇一一）『国語のため』東洋文庫
・有働義彦編（一九九五〜九六）『江戸名作艶本』全一二巻　学習研究社
・大西拓一郎（二〇一六）『ことばの地理学：方言はなぜそこにあるのか』大修館書店
・大石初太郎・上村幸雄編（一九七五）『方言と標準語―日本語方言学概説―』筑摩書房
・大野　晋（一九八一）『日本語とタミル語』新潮社
・岡　茂雄（一九七四）『本屋風情』平凡社
・岡田　甫編（一九五二）『定本誹風末摘花』第一出版社
・岡田　甫ほか訳・校注（一九七四〜七五）『秘籍　江戸文学選』全一〇巻　日輪閣
・岡田　甫校訂（一九七六〜八四）『誹風柳多留全集』全一二巻・索引篇　三省堂
・奥野高廣（二〇〇四）『戦国時代の宮廷生活』続群書類従完成会刊
・小高　恭（一九八五）『お湯殿の上の日記の基礎的研究』和泉書院
・加藤和夫（二〇〇二）「方言地理学の再生」『21世紀の方言学』日本方言研究会編、国書刊行会
・加藤正信ほか著（一九八八）『方言に生きる古語』南雲堂
・木々康子（二〇一五）『春画と印象派』筑摩書房

・京都大学文学研究科編（二〇一五）『日本語の起源と古代日本語』臨川書店
・宮内庁侍従職編（一九九〇）『おほうなばら　昭和天皇御製集』読売新聞社
・宮内庁（一九九一）『昭和天皇御製歌』講談社
・宮内庁（二〇一七〜二一予定）『昭和天皇実録』全一八巻＋索引　東京書籍
・國田百合子（一九七七）『女房詞の研究　続篇』風間書房
・W・A・グロータース著　柴田　武訳（一九七六）『日本の方言地理学のために』平凡社
・郡千寿子（二〇一二）「近世日本語の一面―往来物資料からの分析―」『日本語言文化研究』第二輯（上）　延辺大学出版会
・E・コセリウ著　柴田　武　W・A・グロータース共訳（一九八一）『言語地理学入門』三修社
・小林　隆（二〇〇四）『方言学的日本語史の方法』ひつじ書房
・小林好日（一九五〇）『方言語彙学的研究』岩波書店
・坂梨隆三（二〇一八）「『ずくめ』は『尽くめ』にあらず」『近代語研究　第二十集』近代語学会編、武蔵野書院
・佐藤春夫（二〇一七）『南方熊楠　近代神仙譚』河出文庫
・佐藤亮一（二〇〇一）『生きている日本の方言』新日本出版社
・佐藤亮一監修（二〇〇二）『お国ことばを知る　方言の地図帳』小学館
・真田信治（二〇一八）『標準語史と方言』真田信治著作選集　シリーズ日本語の動態　第一巻
・塩田雄大・東美奈子（二〇一七）「鼻濁音の位置づけと現況」『放送研究と調査』四月号　NHK放送文化研究所
・柴田　武（一九六九）『言語地理学の方法』筑摩書房

・柴田 武（一九八八）『方言論』平凡社
・澁澤敬三編（一九五一～五二）『南方熊楠全集』全一二巻　乾元社
・網野善彦ほか編（一九九二～九三）『澁澤敬三著作集』全五巻　平凡社
・白鳥庫吉（一九五四）『神代史の新研究』岩波書店
・新村 猛（一九七〇）『「広辞苑」物語』芸術生活社
・新村 恭（二〇一七）『広辞苑はなぜ生まれたか――新村出の生きた軌跡』世界思想社
・添田知道（一九六六）『日本春歌考』光文社
・高田 宏（一九七八）『言葉の海へ』新潮社
・寺島良安著　島田勇雄・竹島淳夫・樋口元巳訳注（一九八五）『和漢三才図会2』東洋文庫
・寺山修司（一九六八）『自叙伝らしくなく　誰か故郷を想はざる』芳賀書店
・土居重俊・浜田数義編（一九八五）『高知県方言辞典』高知市文化振興事業団
・徳川宗賢（一九九三）『方言地理学の展開』ひつじ書房
・徳川宗賢（一九九六）「語の地理的伝播速度」『言語学林1995-1996』三省堂
・戸田桂太編（二〇〇〇）「テレビを変えた男たち」『放送文化』一月号　日本放送出版協会
・虎屋社史編纂委員会（二〇〇三）『虎屋の五世紀～伝統と革新の経営　史料編・通史編』虎屋
・中井精一（二〇〇八）「女性器の方言にみる列島の地域史」『方言研究の前衛』桂書房
・中村孝也（一九六七）『和菓子の系譜』淡交新社
・中本正智（一九七六）『琉球方言音韻の研究』法政大学出版局

・新田眞之介編（一九五二）『女護島延喜入船』紫書房
・蜂矢真郷（一九九八）『国語重複語の語構成論的研究』塙書房
・濱田 敦（一九八六）『國語史の諸問題』和泉書院
・橋本進吉（一九五〇）『國語音韻の研究』岩波書店
・橋本進吉（一九六六）『國語音韻史』岩波書店
・長谷川興蔵編（一九八七〜八九）『南方熊楠日記』全四巻 八坂書房
・服部四郎（一九五九）『日本語の系統』岩波書店
・服部四郎著 上野善道補注（二〇一八）『日本祖語の再建』岩波書店
・服部四郎・柴田 武ほか編（一九八〇〜一九八一）『日本の言語学』全八巻 大修館書店
・早川聞多と上智大学国文女学生の会（二〇一〇）『現代語訳 春画 詞書《ことばがき》と書入《かきい》れを読む』新人物往来社
・早川聞多監修・解説（二〇一五）『別冊太陽 錦絵春画』平凡社
・林 美一＋リチャードレイン共同監修（一九九七〜二〇〇〇）『定本・浮世絵春画名品集成』第一期12巻 第二期12巻 別巻1巻 河出書房新社
・林 美一（二〇一三〜一四）『林美一 江戸艶本集成』全一三巻＋別巻一 河出書房新社
・日野資純（一九八六）『日本の方言学（国語学叢書14）』東京堂出版
・外間守善（一九八一）『日本語の世界9 沖縄の言葉』中央公論社
・前田富祺（一九八五）『国語語彙史研究』明治書院
・馬瀬良雄（一九九二）『言語地理学研究』桜楓社

・馬瀬良雄監修（二〇〇二）『方言地理学の課題』明治書院
・松井利彦（二〇一四）『女中ことば集の研究―女性語の制度化と展開―』武蔵野書院
・松崎寛雄（一九七三）『饅頭博物誌』東京書房社
・松本　修（一九九二）「テレビがひろめた言葉――広辞苑第四版に思う」『月刊　言語』三月号（通巻二四三号）大修館書店
・松本　修（一九九三）『全国アホ・バカ分布考』太田出版（新潮文庫　一九九六）
・松本　修（一九九四）「「面倒」は甚だめんだうなり」『月刊　日本語論』九月号（二巻九号）山本書房
・松本　修（二〇〇〇）「「全国ダメ・アカン分布図」を読む」『国語語彙史の研究一九集』和泉書院
・松本　修（二〇〇四）『抱き・しめたい。志賀高原京大ヒュッテの夏』竹林館
・松本　修（二〇〇五）『探偵！ナイトスクープ　アホの遺伝子』ポプラ社（二〇〇八　ポプラ文庫）
・松本　修（二〇〇八）「東京における「させていただく」」『國文学』（第九十二号）遠藤邦基教授古稀記念特集　関西大学国文学会
・松本　修（二〇一〇）『「お笑い」日本語革命』新潮社（『どんくさいおかんがキレるみたいな。』新潮文庫（二〇一三））
・南方熊楠（一九七一～七五）『南方熊楠全集』全一〇巻＋別巻二　平凡社
・長谷川興蔵編（一九八七～八九）『南方熊楠日記』全四巻　八坂書房
・柳田國男（一九三〇）『蝸牛考』刀江書院
・J・ロドリゲス原著　土井忠生訳注（一九五五）『日本大文典』三省堂

本書は、集英社クオータリー『ｋｏｔｏｂａ』の連載「方言分布図でたどる日本の心」（二〇一七年春号、夏号）に大幅に加筆したものです。

松本 修《まつもと おさむ》

TVプロデューサー。一九四九年、滋賀県生まれ。京都大学法学部卒業後、朝日放送入社。『ラブアタック!』（七五年）、『探偵!ナイトスクープ』（八八年）など数々のヒットテレビ番組を企画・演出・制作。大阪芸術大学で教授を、関西大学・甲南大学・京都精華大学などで講師を務めた。著書に『全国アホ・バカ分布考』『どんくさいおかんがキレるみたいな。』（以上新潮文庫）、『探偵!ナイトスクープ　アホの遺伝子』（ポプラ文庫）など。

インターナショナル新書〇三〇

全国《ぜんこく》マン・チン分布考《ぶんぷこう》

二〇一八年一〇月一〇日　第一刷発行
二〇一九年 六 月二五日　第五刷発行

著　者　松本《まつもと》 修《おさむ》
発行者　椛島良介
発行所　株式会社 集英社インターナショナル
〒一〇一‐〇〇六四 東京都千代田区神田猿楽町一‐五‐一八
電話 〇三‐五二一一‐二六三〇
発売所　株式会社 集英社
〒一〇一‐八〇五〇 東京都千代田区一ツ橋二‐五‐一〇
電話 〇三‐三二三〇‐六〇八〇（読者係）
〇三‐三二三〇‐六三九三（販売部）書店専用
装　幀　アルビレオ
印刷所　大日本印刷株式会社
製本所　大日本印刷株式会社

Printed in Japan　ISBN978-4-7976-8030-0　C0281
定価はカバーに表示してあります。

インターナショナル新書

025
お釈迦さま以外はみんなバカ
高橋源一郎
キラキラネーム考／大阪おばちゃん語の憲法／名作を2秒で読む？　作家が見つけた表現とことばの数々。その秘められた意味も深掘りしていく。

026
英語とは何か
南條竹則
ネイティヴも目からウロコの英語の歴史をお教えします。日本人に適した「正しい英語との付き合い方」を知れば、語学がさらに面白くなる！

027
驚くべきCIAの世論操作
ニウコス・スカウ
伊藤 真＝訳
自らの非合法行為を隠蔽し、それを暴こうとする記者を陥れる！　ハリウッドにも影響力をもつCIAのメディア操作の実態を暴く。望月衣塑子氏推薦！

028
ヌードがわかれば美術がわかる
布施英利
ヌードの彫刻が男性像だけだった古代ギリシアで突然、女性のヌード像が登場した。以来、美術の一大テーマとなったヌードの魅力と鑑賞のポイントを紹介。

029
消えたフェルメール
朽木ゆり子
一九九〇年に盗まれて以来、姿を消したフェルメールの〈合奏〉。他のフェルメール作品盗難事件の分析や、FBIの最新調査情報から事件の新事実に迫る。